D1748358

Austern im Schnee
und andere Sommergeschichten

Eine literarische Landkarte
von Lech und Zürs

Austern im Schnee und andere Sommergeschichten

Eine literarische Landkarte
von Lech und Zürs

Herausgegeben von Daniela Egger

BUCHER

Inhalt

Vorwort Zwölf Legierungen aus einem Tiegel ... 9
Schreiben ist eine Form der Alchemie.

Arno Geiger Was uns zum Leben fehlt – Hotelbetrachtung 16
In Paderborn sagte eine gleichzeitig mit mir eintreffende alte Frau zur Frau an der Rezeption, sie bleibe nur für eine Nacht, sie mache einen Friedhofsbesuch.

Egyd Gstättner Die Bewegung zwischen den Schritten – Drei Tage außerhalb der Welt 22
1. Tag – Wegen dichten Nebels über Zürich konnte die Maschine nicht in Kloten landen und musste vom Tower nach Innsbruck umgeleitet werden.

Michael Köhlmeier Aurora – die Morgenröte, eine Liebeserklärung 60
Irgendwann in den Neunzigerjahren rief mich Ludwig Muxel an.

Gabriele Bösch Brösel für einen Tag 68
Madame Chazals Blicken ist es zu eigen, dass sie frühmorgens gewöhnlich in Ecken fallen.

Alexander Peer Wir Omeshornbläser 112
Metzgertobel, Mohnenfluh, Omeshorn ... als ich die Karte des Arlbergs entfalte, erzählt sie mir von Namen, die mich in die Landschaft eines Fantasyromans führen.

Norbert Loacker Gute Berge, Böse Berge 134
„Fühlen Sie sich als Gespenst?"

Irene Prugger Ende der Saison 174
Was macht die ältere Dame, die nicht mehr Ski fahren kann, ausgerechnet in Lech?

Wolfgang Mörth Formarin! Formarin! 198
Um etwa 10 Uhr verlasse ich das Hotel Chesa Rosa.

Zsuzsanna Gahse Kreisen Stürzen Fallen Gehen
.... 240
Beinahe zwei Tage lang stieg ich durch die nahe liegenden Wanderwege in Oberlech, fuhr mit dem Bus in Richtung Lechquellen ...

Marjana Gaponenko Brief Annuschka 256
Nacht.

Michael Stavarič Am Ende war der Schnee
.... 300
Ich erinnere mich, wie mir jemand erzählte, ich würde endlich zur Ruhe kommen, mich „fangen", vielleicht sogar Wurzeln schlagen in Lech, am Arlberg ticken die Uhren anders.

Kurt Bracharz Lech blanc, Lech noir 328
Im April 2008 verbrachte ich auf der Suche nach einem geeigneten Schauplatz für ein spektakuläres Verbrechen einige Tage in Lech am Arlberg.

Eine unerhörte Begebenheit 341
Hoffmann war den ganzen Nachmittag über in Lech umhergelaufen und hatte fotografiert.

Fotografien von Gerhard Klocker Schneebilder
.... 352

Nachwort 354

Biografien 359

Vorwort
Zwölf Legierungen aus einem Tiegel

Schreiben ist eine Form der Alchemie. Mit dem geschriebenen Wort verfestigt sich das innere Bild, das der Schreibende eben noch in der flüchtigen Form der Erinnerung bewahrte. Das Wort verdichtet und macht sichtbar, was sich im Schmelztiegel eingeprägter Bilder, sinnlicher Eindrücke, Gerüche und Töne befindet – unbestimmt und der ständigen Verwandlung oder Auflösung unterworfen. Der fertige Text ist die zufällige Legierung aus den Substanzen, die im Moment des Schreibens gerade aktiv sind. Ist der Text fertig, kehrt vorerst Ruhe in den Schmelztiegel, ein mögliches Bild ist definiert und zu ewigem, unveränderlichem Dasein erstarrt. —— Elf Autorinnen und Autoren, und ein Fotograf, sie alle waren zu Gast in Hotels und Pensionen in Lech und Zürs von Herbst 2007 bis Frühsommer 2008. Ihre Texte entstanden während oder nach ihrem Aufenthalt, keinerlei Vorgaben gab es für die Arbeiten, keine Einschränkung, was das Thema oder die Länge betraf. Zwölf Hotelbetriebe waren bereit, dieses Unternehmen zu unterstützen, Kost und Logis zur Verfügung zu stellen und sich und ihre Häuser in Augenschein nehmen zu lassen, nicht wissend, ob sie überhaupt, und wenn Ja, ob sie positiv in den Texten erwähnt würden.

So unbeständig wie die Jahreszeiten in den Bergen, so vielseitig sind die literarischen Ergebnisse, die jetzt in dieser Anthologie vorliegen. Die Alchemie des Schreibens verwandelt den berühmten Wintersportort am Arlberg zum Schauplatz von Kurztragödien, fiktiven Begegnungen erfundener Protagonisten mit echten Bewohnern des Ortes, von liebenswerten Affären oder philosophischen Betrachtungen. Sie verwebt die Titanen der griechischen Schöpfungsmythologie mit dem mächtigen Bergpanorama um den Formarinsee der Gegenwart, oder heftet eine Reihe berühmter Gedankenfäden aus der Literatur- und Philosophiegeschichte an die neu gewobenen Imaginationen auf einer Lecher Sonnenterrasse. Es wird schnell offensichtlich – Lech und Zürs haben nicht nur touristisch, sondern auch literarisch viel zu bieten. Die kleine Gemeinde am Arlberg ist wieder ein Schmelztiegel, einer für hochempfindliche Ingredienzien, die auf wundersame Weise harmonisch zusammenwirken. Berghänge und Gipfel, Schneemassen und endlose Pisten, Luxusoasen, Bauernhöfe und sommerliche Wanderwege, Konzerte, Weinverkostungen und Haubenküchen, das Philosophicum, die enge Talschneise, Autoschlangen, Touristen, Einheimische, Saisonfachkräfte, Investoren und jene besondere Klasse von Gästen, die mit einem dezenten Gefolge von Leibwächtern und anderen dienstbaren Wesen anreisen – sie alle bringen die unwahrscheinliche Legierung zum Vorschein, die den Zauber dieses Ortes ausmacht. —— Den Texten vorangestellt ist ein Beitrag von Arno Geiger über das Hotel und seine Bewohner im Allgemeinen. Seine Betrachtungen über das Ankommen, Fremdsein und das Leben unterwegs gehören zu diesem Buch wie die Bilder von Gerhard Klocker, der mit seiner Kamera wieder eine andere Art von Alchemie betreibt. Seine Bilder erstarren nicht zu unveränderlichem Dasein (obwohl Fotos dies in der Regel tun) – sie bewegen sich durch das Buch und wandern vor dem inneren Auge des Betrachters weiter, aus dem Buch heraus, die Berghänge hinauf und in das Innere des Schnees. Sie erzählen ihre eigene Geschichte, und sooft man dieses Buch auch aufschlagen mag, sie erzählen sie jedes Mal neu. Jetzt bleibt mir nur noch, den Autorinnen, Autoren und dem Fotografen zu danken für die Texte, die Bilder und die Poesie dazwischen. Dank an die beteiligten Hoteliers von Lech und Zürs und vor allem an Tourismusdirektor Gerhard Walter und Lisa-Maria Beck, ohne deren Mitwirkung das Buch nicht entstanden wäre. —— Den Titanen, die Lech und Zürs in ihre Mitte nehmen, auf dass es ein außergewöhnlicher Schmelztiegel bleibe, ihnen sei das Buch gewidmet.

Daniela Egger

Arno Geiger
Was uns zum Leben fehlt –
Hotelbetrachtung

In Paderborn sagte eine gleichzeitig mit mir eintreffende alte Frau zur Frau an der Rezeption, sie bleibe nur für eine Nacht, sie mache einen Friedhofsbesuch. Das erinnerte mich daran, dass die Menschen, bevor sie sich selbst behausten, ihren Toten Häuser bauten, während sie selbst Reisende blieben, passing through, auf der vorhistorischen Suche nach Nahrung und auf der Flucht vor dem Winter oder der Dürre. Die alte Frau erinnerte mich auch daran, dass Hotels zu den Orten gehören, an denen man nicht seine Toten hat, weil man dort nicht zu Hause ist. Hotels sind Orte des Übergangs, Orte für Menschen, die sich mit Plänen tragen, Orte der Lebensbejahung. —— Das eigene Haus erinnert an die eigene Sterblichkeit. —— Ein Hotelzimmer ist etwas, das an tiefe Sachen rührt, an etwas, das mit dem Wesen des Menschen als Reisender zu tun hat und mit dem Wesen des

Zimmers als Raum, in dem man nicht bleiben wird. —— Ein Mensch auf Reisen ist ein Mensch hohen Grades, Sinnbild für das menschliche Dasein. Inwiefern, fragt sich, soll und kann das Hotel an dieser Sinnbildlichkeit Anteil haben beziehungsweise: Steht das Hotel dem Ankommen oder dem Abreisen näher? Ist ein Hotel Station oder Teil der Bewegung? Soll das Hotel Heimat imitieren oder Heimatlosigkeit illustrieren? —— Ich bin mir nie ganz sicher, ob ich es bedauern soll, wenn ich eine Frage nicht beantworten kann, oder ob ich froh sein muss, froh deshalb, weil die Reise – genau genommen – beendet wäre, sowie Frage und Antwort einander finden. Im aktuellen Fall finden die beiden einander deshalb nicht, weil der Sinn eines Raumes sein Gebrauch im Alltag ist – weil eine Aussage über die Brauchbarkeit von Hotelräumen abhängig ist von der individuellen Herausforderung, die von außen an diese Räume herangetragen wird. —— Die meisten Hotels, die ich kenne, sind Orte für Ankommende bzw. für immer schon Dagewesene. Sie imitieren Heimat. Man findet sich in den Zimmern blind zurecht, sie sind gleichförmig, auf eine biedere Weise wohnlich. Die meisten Hotelzimmer sind Räume, die nicht den Möglichkeitssinn ansprechen, also das, was sein könnte (was uns zum Leben fehlt), sondern Räume, die uns vor Augen führen, was wir sind. Wir treten ein und sehen, dass auch hier (mein Gott, schon wieder) unsere Sterblichkeit auf uns lauert. —— Nikolaj Gogol bedient sich in seiner grandiosen road-novel *Die toten Seelen* der radikalsten Art der Ortsbeschreibung, die mir in der Weltliteratur vor Augen gekommen ist. An einer Stelle schreibt er: „Wie es in diesen Sälen aussieht, weiß jeder Reisende nur allzu genau: überall dieselben mit Ölfarbe gestrichenen Wände, die oben rauchgeschwärzt sind und unten wie poliert von den Rücken der Reisenden und der einheimischen Kaufleute." —— Und die Hotels? Wie werden die wohl sein? —— „Von der üblichen Art, nämlich so, wie die Hotels in den Gouvernementsstädten nun einmal sind." —— Gogol braucht nicht näher auf die Hotels der russischen Provinz einzugehen. Jeder scheint sie gekannt zu haben. Aber selbst einer solchen Einförmigkeit kann man offenbar

Gutes abgewinnen. Diverse Hotelketten haben die Monotonie aus Rücksicht auf ihre Kunden zum Prinzip erhoben; eine Vorstellung von Behaglichkeit, die ich persönlich nicht teile. Aber es soll sogar Menschen geben, die sich die Wohnung der Geliebten genau so einrichten wie das eheliche Zuhause, vielleicht damit sie beim Aufwachen von vertrauten Wänden und Dingen angesehen werden. Das – wiederum – erinnert mich an die Häuser der Toten, jener Toten, die sich auf ihrer letzten Reise wie zu Hause fühlen sollen, damit sie nicht als Geister auf die Erde zurückkehren. —— Es ist die Vielfalt, die den Menschen in Bewegung hält, nicht die Einförmigkeit. Der Reisende, der gerne Reisender ist, soll wissen, dass er seinem Heim und seinen Freunden entkommen ist und dass die Reise weitergeht. Hotels sollen sein wie das Reisen selbst: Leicht und licht. Schwebend. Vorübergehend.

Arno Geiger

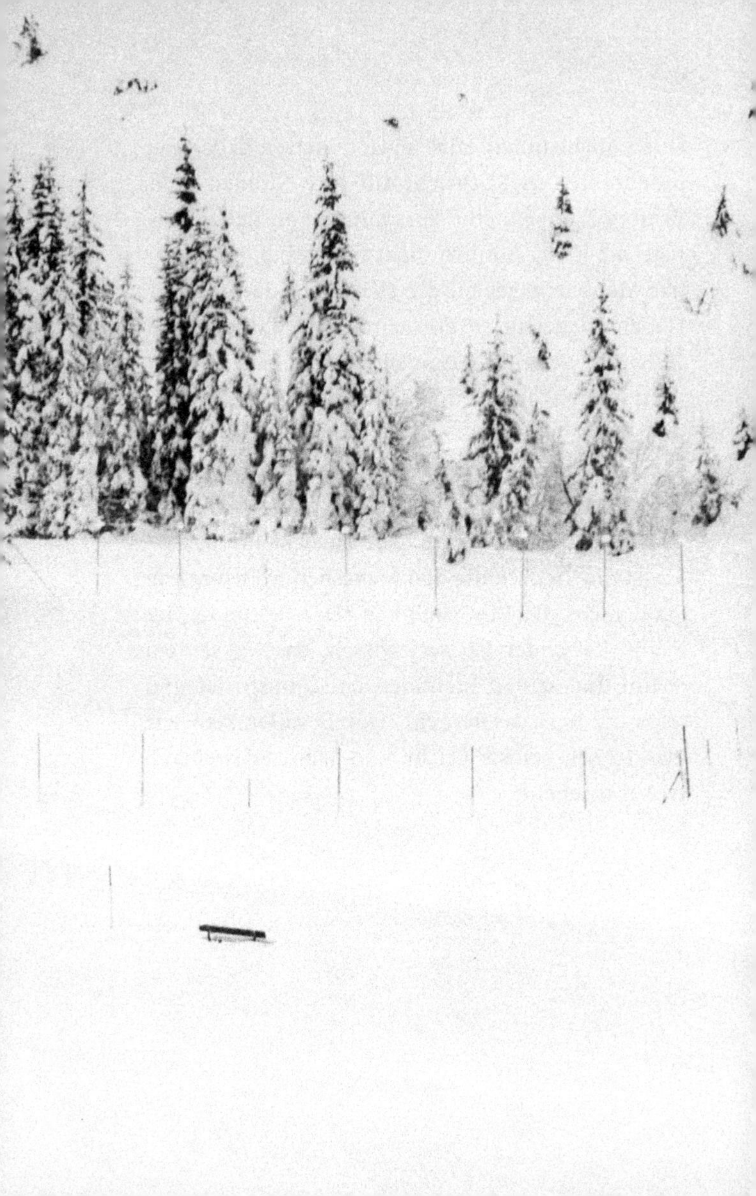

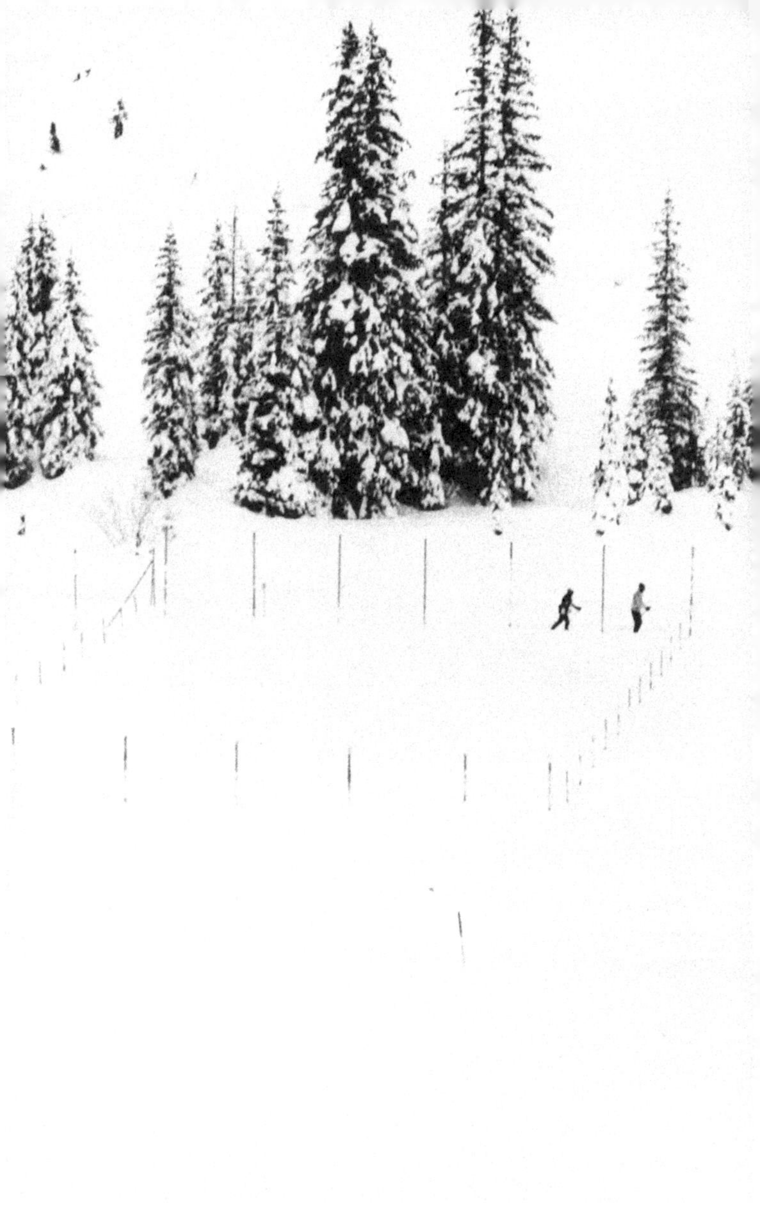

Kristiania
Omesberg 331
6764 Lech am Arlberg
Österreich
T 0043-(0)55 83-25 61-0
www.kristiania.at

Egyd Gstättner
Die Bewegung zwischen den Schritten
Drei Tage außerhalb der Welt

1. Tag

Wegen dichten Nebels über Zürich konnte die Maschine nicht in Kloten landen und musste vom Tower nach Innsbruck umgeleitet werden. Wendel Armbruster jun. stand Todesängste aus und hätte sich beinahe übergeben, als das Flugzeug sich hin und her schaukelnd zwischen die bedrohlichen Berge hineingeschwindelt hatte und endlich am Rollfeld von Kranebitten aufsetzte. — Wie geplant wurde er zur Weiterreise von einem Chauffeur im Maserati abgeholt. Es gab aber kaum ein Weiterkommen, denn die Autobahn war vollgestopft mit Leichenwagen. Jedenfalls hielt Armbruster all die Wagen mit den Särgen am Dach für solche. Im Schritttempo bis Telfs, nach Stams, nach Imst, nach Landeck, und dann in dieses unendliche schwarze Loch hinein, in den fürchterlichen

Arlbergtunnel, fünf Kilometer, zehn Kilometer, fünfzehn Kilometer. Panikattacke. Panikattacke. PANIKATTACKE!!! Ich will hier raus! Wendel hatte schon von österreichischen Tunnelunglücken und Tunnelkatastrophen gelesen, aber damals nicht für möglich gehalten, selbst jemals durch einen solchen zu müssen. Solche Tunnels und solche Leichenwagenstaus gab es in Baltimore nicht. Musste sein Vater ausgerechnet beim Skilaufen verunglücken? Hätte Wendel Armbruster sen. nicht – was weiß ich – auf Ischia urlauben und dort tödlich verunfallen können? Mandolinen um Mitternacht! Von dort hätte Wendel Armbruster jun. die Leiche seines alten Herrn lieber abgeholt und in die States zurückgebracht. –— Kaum aus dem einen schrecklichen Arlbergtunnel heraußen, eine kleine Rechtskurve und schon wieder in einen anderen Arlbergtunnel hinein, dieser im Berginnern sozusagen steil bergauf führend, im Unglücksfall lauert der Kamineffekt. Endlich wieder unter freiem Himmel führten Serpentinen weiter aufwärts, und es war mittlerweile stockdunkel und neblig geworden. Wendel Armbruster konnte

nur den Schatten gespenstischer Gebirgsriesen ausmachen und sah, dass sich nach dem zweiten Tunnel plötzlich überall gewaltige Schneemassen türmten, denn der Schnee schimmerte im fahlen Mondlicht, das sich da und dort durch die Nebelbänke kämpfte. Die weißen Gipfel der Riesen leuchteten noch in der Dunkelheit. Von der Straße abgesehen keinerlei Anzeichen von Zivilisation oder Leben. Überall war anbrechender Frühling gewesen, hier ist tiefster Winter. Die Schrecken des Eises und der Finsternis. Wo war er? Hier fliegen die Krähen hintrisch herein, dachte Wendel. Nein, hier fliegen die Krähen gar nicht herein. Die würden an den Felswänden zerschellen. Ich will hier weg!, dachte er. Drehen wir um! Ich bleibe nicht eine Minute auf diesem Berg außerhalb der Welt!
—— „Wir sind gleich da!", meldet der Chauffeur. Da vorne kommt schon Zürs. Ein Ort wie jenseits von Zeit und Raum, eine Oase im weißen Nichts. Dann sind es nur noch vier Kilometer nach Lech. „Man hat das beste Haus am Platz für Sie reserviert, Mr. Armbruster, das *Kristiania*, da steigen Könige und Staatsoberhäupter ab, da wird es Ihnen

gefallen!" Hinter dem Maserati ein Postbus. In dem sitzt Mrs. Pamela Pigget aus London, hat einen Reiseführer am Schoß liegen und lernt Deutsch. Kaspressknödel, Käsespätzle, Hüttenzauber. Sie ist mit derselben Maschine wie Mr. Armbruster in Innsbruck gelandet. Drei Reihen hinter ihm ist sie gesessen und hat ihn heimlich beobachtet. Zwar kannte sie ihn nicht, aber sie wusste, um wen es sich bei Wendel Armbruster jun. handelt. Umgekehrt war das nicht der Fall. Der Zug brachte sie bis Langen am Arlberg. Dort war Endstation, und Pamela musste für die letzten Kilometer in den Bus umsteigen. Aber nun kamen Wendel Armbruster jun. und Mrs. Pigget gleichzeitig im *Kristiania* an. Did you have a pleasant journey? Silvana Settembrini, die Hotelmanagerin, kondolierte beiden zur Begrüßung diskret, und sie bekamen auch zwei Zimmer nebeneinander, als gehörten sie zusammen. Auf den Zimmern warteten zum Empfang gekühlter Champagner, ein Teller mit geschnittenen Ananasscheiben, Orangenscheiben, Kiwischeiben, Melonenscheiben, in Schokolade getauchte Erdbeeren. Das Deutschlernen im Bus hätte sich Mrs. Pigget getrost sparen können: Beim Nobelabendessen in der Bauernstube hört man ausschließlich Englisch, und es gibt auch weder Kaspressknödelsuppe, noch Käsespätzle, sondern Calamariterrine und King Crab Tatar mit Balsamicolinsen. Als Hauptgang Stör. Das Abendessen wird inszeniert: Es ist ein richtiges kleines Gastronomietheaterstück. So viele Personen an einem Tisch sitzen, so viele Kellner kommen auch, nehmen so synchron wie bei einem Parallelslalom die Servietten aus den silbernen Serviettenringen, falten sie auf und legen sie locker auf den Schoß des Gastes. Genauso parallel und synchron werden nun Gang für Gang serviert und abserviert, der Hauptgang unter einer goldenen Käseglocke. Allez hopp, voilà der Stör. Nur der Trommelwirbel fehlt bei der feierlichen Enthüllung. Mr. Armbruster und Mrs. Pigget sitzen zwar jeweils allein an ihrem Tisch. Die Tische stehen aber nebeneinander. Also bekommen auch sie die Parallelbehandlung. Und sie gehören ja irgendwie zusammen. A little more bread? — Yes, please. — You're welcome! — Gedämpftes Licht. Goldene Stehlampen mit karminroten Samtschirmen vor dem Fenster, Kerzen in wuchtigen Glasbehältern, holzvertäfelte Wände, Rosen- und Nelkenbouquets, kaum hörbares Klaviergeklimper. Die Weinkarte ist ein Buch mit circa 400 Seiten, wiegt 25 Kilo, und hat man sie einmal in der Hand, weiß man nicht, wo man sie abstellen soll. Jedenfalls geht es Wendel Armbruster so. Nach langem Grübeln hätte er gern ein Viertel Zweigelt, egal welchen. –– Ja also, da hätten wir: fruchtig, barrique, trocken, halbtrocken, aber im Abgang doch ... E-gal! It doesn't matter! –– Wendel ist müde und entnervt. Beim Weineinschenken dürfte es sich in Österreich um eine eigene Wissenschaft handeln, die an chemische Experimente im Labor erinnert. Man braucht zwei Gläser, schüttet ein paar Tropfen hin und her, bis beide Gläser angepatzt sind. Eines der beiden wird dann auf den Tisch gestellt und nach einer Pause von ein paar Sekunden halbvoll geschenkt. –– Armbruster hält die Prozedur für reinen Unsinn, sagt aber nichts, um nicht für einen neureichen amerikanischen Banausen gehalten zu werden, der keinen Sinn für Küche, Keller und Kultur hat. –– Excuse me, where do you come from? –– Baltimore. –– I come from London.

Since my childhood, it's the first time in my life, I see snow. It's so romantic! —— Well. —— An der Wand ein echter wuchtiger Egger-Lienz: Eine Szene aus dem harten Landleben: Bauernknechte und eine Magd, rund um einen Holztisch hockend, stumpf ins Leere stierend, ihre Gerstensuppe löffelnd. (Nicht, dass Wendel Armbruster Egger-Lienz irgendetwas sagen würde.) Alle fünf Sekunden huscht irgendwer vom Servierpersonal mit einem hell gesungenen „Good appetite!" in C-Dur vorbei. Zwischendurch ein Gruß aus der Küche: Eine Auster. A greeting from the kitchen. Enjoy it! —— *Kellner* ist sicher nicht der korrekte Ausdruck für diese Burgschauspieler: In Anlehnung an den Kammerschauspieler wäre der Kammerkellner sicher angemessen. In der Seitentasche des Jacketts des Kammerkellners stecken weiße Handschuhe. Er habe noch keine Gelegenheit gehabt, sie anzuziehen, antwortet er Pamela, die neugierig nach der Bewandtnis gefragt hat. Einmal angezogen, muss man sie auch fünf-, sechsmal pro Abendessen wechseln, im Grund nach jedem Weineinschenken. Meinetwegen muss er die Handschuhe nicht anziehen, raunzt Wendel und denkt: Ich passe nicht hierher. Schnell erledigen, was zu erledigen ist, und dann: Ab! — Gruß aus der Küche war recht? — Ja, aber sie hätte ihn sich sparen können. Unser Essen dauert jetzt schon zwei Stunden, und wir sind noch nicht einmal bei der Vorspeise. Sagen Sie dem Koch bitte, er soll nicht grüßen, sondern kochen! Das alles sagt Mr. Armbruster aber nicht, sondern denkt es bloß. Schon wieder hat er schmutzige Fingernägel. Immer in den unpassendsten Situationen. Immerhin passen sie zu Egger-Lienz. Never mind! Prinz Harry hat jetzt auch schmutzige Fingernägel in Kabul. Alles für das Empire. Lieber wäre er wahrscheinlich ebenfalls hier in Lech auf ein Schwätzchen mit den holländischen Königskollegen und ließe sich vom Kellner die Serviette auf den Schoß legen. Da, ein Feuerwerk über dem nächtlichen Lech, und die Lichter neben dem Feuerwerk, die in der Finsternis den Berg hinaufrollen, das sind die Pistenraupen. Wenigstens die Pistenraupen hätten den armen Wendel Armbruster sen. bemerken müssen, wie er da mitten in der Nacht hoch oben im abgeschalteten Sessellift saß. Aber es hat ihn niemand gesehen, als er in den Lift stieg als letzter Passagier. Das war schon die Kontrollfahrt. Leider hat der Liftwart nicht so genau geschaut und ihn übersehen. Und schaltete den Lift ab. Der Lift blieb stehen, und Wendel Armbruster sen. hing bewegungslos in der Luft in 15 Metern Höhe. Er schrie um Hilfe, aber niemand hörte ihn. Der Sessellift hat zwar beheizte Sitze, aber die funktionieren natürlich nur, solange der Lift fährt. Jetzt wurde es kalt. Eiskalt. Schlimme Sache.

Ich kann das alles eh nicht essen. Mich sticht wieder einmal die Zahnprothese. —— Gibt es hier ein Krankenhaus? Gibt es ein Zahnambulatorium hier im Gebirgsgefängnis? Es gibt den Zahnarzt Dr. Miomir ... —— Ich will nicht zu Dr. Miomir. Ein Arzt ohne Krankenhaus ist kein Arzt.

Ich möchte nicht so viel Geld haben, dass ich für ein Abendessen vier Stunden brauchen muss. Ich möchte den Teller voll haben und wissen, was ich esse, ohne dass es mir der Kammerkellner erklärt.

Ich möchte nicht, dass er nach jedem Gang mit dem Silberbröselentferner kommt. (Eventuell als „Ding der Woche" einreichen!) Ich möchte mir selbst nachschenken, wenn mir danach ist. Ich möchte am Ende des Essens satt sein. Du musst dich in einen Genfer Bankier hineindenken, sagt Pamela, in einen Juwelier aus Strasbourg oder Mailand, in einen englischen Lord, in einen Großindustriellen aus Boston oder Baltimore. Wenn solche Leute ankommen, erwarten sie ganz einfach, dass auf ihrem Zimmer Champagner wartet und zwischen den Gängen ein Gruß aus der Küche kommt. Ja, aber könnte die Küche nicht gleich in Form eines Grilltellers grüßen? Und Champagner ist doch sauer und stößt auf. —— Na ja, aber wenn man Champagner trinkt, muss das, was man vorher gemacht hat, ein Sieg gewesen sein. —— Das spricht gegen Siege. Mir würde der Champagner auch nicht schmecken, wenn ich Großindustrieller aus Baltimore wäre. Was trinkt man nach einer Zwangsneurose?

2. Tag

Du liebe Zeit, es schneit, es schneit! Es fetzt! Schneeflocken von oben, Schneeflocken von unten, von links, von rechts. Alles weiß: Weiße Berge, weißer Himmel, weiße Nebel, irgendwo da draußen vor der Tür hinter dem Weiß muss Lech sein. Den ganzen Winter lang haben wir daheim vergeblich auf eine einzige Schneeflocke gewartet, immer war da unten eine Art kahler Frühling. Jetzt sind wir Ende März hier oben auf 1.500 Meter und werden von Schneemassen förmlich erschlagen. — Das Zimmer ist nicht besonders groß und wirkt wegen der niedrigen Holzdecke und der marineblauen Wandfarbe dunkel. Aber es bietet jeden Luxus, von der Badewanne bis zur Wärmeflasche, von den Filzpantoffeln bis zur Schlafmaske. Eine Schlafmaske hatte ich noch nie. Beim Abnehmen blendet der Schnee. — Wir sind eingeschneit. — Wir sind eingesperrt. — Wir sind gefangen und von der Außenwelt abgeschnitten. — Ich stelle mir vor: Die Straße hinunter in die Wirklichkeit musste gesperrt werden, Schneechaos, Lawinengefahr, was weiß ich. —— Wir kommen hier nie wieder weg! Die nächste Panikattacke kommt bestimmt. Ich schiebe die Schlafmaske wieder vor die Augen.

Na, ausgeschlafen? So entnervt, übermüdet und von der Reise strapaziert wie ich gestern war, sieht man die Dinge freilich ein wenig verzerrt. Pamela sagt, ihr fange der Aufenthalt jetzt doch zu taugen an. Wie wär's mit einer Schlittenfahrt? Immerhin befinden wir uns in einem weltberühmten Wintersportort in einer der prächtigsten europäischen Skiregionen in einem der allerbesten österreichischen Hotels. (Und wo auf der Welt gibt es bessere Hotels als in Österreich?) So ein Glück! Noch ein Luxus, den man erwähnen sollte, ist die hauseigene Taschenbuchedition des *Kristiania*. Welches Hotel kann eine solche Einrichtung noch von sich behaupten, eine solche Errungenschaft noch für sich in Anspruch nehmen? Am Nachtkästchen liegt das Büchlein eines jungen Autors. Laut Klappentext eher ungenau in Norddeutschland geboren, lebt er jetzt in Vorarlberg. Im Vorwort schreibt die Herausgeberin und Hotelmanagerin Silvana Settembrini, ganz genau in Götzis auf die Welt gekommen, dieses Reisetaschenbuch möge den Gast in eine Welt der Poesie entführen, ihn inspirieren und neugierig machen. Es soll keine Selbstbeweihräucherung des Hotels sein, sondern ein Forum für junge Dichter und Denker, die erste Publikationsmöglichkeiten suchen. *Christiania* und zuvor *Kristiania* hieß übrigens bis in die Zwanzigerjahre des Zwanzigsten Jahrhunderts die norwegische Hauptstadt Oslo. In dieses Kristiania zog Henrik Ibsen, in Skien geboren, wo man nicht bleiben kann. Im Alter des jungen Vorarlberger Hoteldichters hatte er aber schon viele Publikationen hinter sich, etwa den *Peer Gynt*. Gleich einer der ersten Sätze im Büchlein lautet: „Die Poesie ist die Bewegung zwischen den Schritten". Also so eine Art Adduktorenzerrung.

Die Empfangsdame im Trachtensakko sagt beim Frühstück: Seems to become a perfect winterday! — Ja, nur Skifahren kann man nicht. Keine Fernsicht. Überhaupt keine Sicht auf der Piste. Die allerprächtigste europäische Skiregion nützt nichts bei diesem Wetter. Die meisten englischen und amerikanischen Gäste scheinen ohnehin verkühlt zu sein: Good morning! (geträllert) Did you sleep well? Is your cold getting better? Not really! Da kommt auch schon Madonna zum Frühstück. Good morning! Good morning! Sie trägt Fuchsfellstiefel, eine ärmellose weiße Bluse mit Stehkragen und darüber einen schulterfreien schwarzen Pullover, wodurch trotz zweier Kleidungsstücke übereinander die beiden Schulterenden, die beiden Armaufhängungsschulterteile frei und nackt bleiben, die aber auf den zweiten Blick doch älter und unknackiger sind als auf den ersten. Egal. Madonna hat eine zarahleandertiefe Stimme vom vielen Undercover-Wodkasaufen und löffelt daher jetzt nur Joghurt und Müsli. Jedes Blatt Wurst, jedes Blatt Käse müsste man ohnehin eigens bestellen, damit es nur ja frisch auf den Tisch kommt. Dieses konsequente Überbedientwerden erschließt einem neue Dimensionen der Lebensunfähigkeit: Eine monarchistische Gesamtunbeholfenheit des Existierens. —— Der kleine Bruder von Sean Connery Madonna gegenüber bestellt Omelett mit Käse und Schnittlauch (überraschenderweise in akzentfreiem Frankfurtdeutsch), mit Madonna plaudert er aber in akzentfreiem Hollywoodamerikanisch (und redet prinzipiell nur mit einer Weintraube im Mund: Alter Filmtrick, der einem auf Anhieb größere Bedeutung gepaart mit größerer Lässigkeit verleiht). Dazu Dreitagesbart, Rollkragenpullover, Rolex. Schon beim Frühstück hat er einen Blick aufgesetzt, als müsste Little Sean in den kommenden 90 Minuten nicht bloß Lech, sondern die ganze Welt retten. Die Frage ist jetzt: Wovor? Die Art, wie er die Serviette vom Mundwinkel entfernt und in zerknülltem Zustand wie nebenbei auf den Tisch legt, verheißt nichts Gutes! Und dann, nach einem Blick aus dem Panoramaglasfenster in die sich vorübergehend lichtende Schneehölle: It seems to become a little better. Durchatmen. Welcher Film wird hier gedreht? —— Das Personal ist freundlich und zuvorkommend und lächelt ununterbrochen durch seit Anfang November. Es ist nicht auszuhalten, und es muss ein schweres Los und eine schlimme Plage sein, ununterbrochen zuvorkommend sein zu müssen. Und es ist auch unglaubwürdig. Eben ein Film. Es muss schon schrecklich sein, ohne Aussicht auf Erlösung tagaus, tagein so penibel Obst schälen und schneiden zu müssen. Bei Albin Egger-Lienz lächeln die Knechte und Mägde ja auch nicht unentwegt. Egger-Lienz hat zwischen die Knechte und Mägde natürlich keine Firstclasstouristen hineingemalt. Have a nice day! Einen schönen Tag! (Es schneit. Es schneit. Es schneit) Woher kommt der Satz? Von H. G. Wells! Diese unheimliche, diese ununterbrochene, diese undurchdringliche und unbezwingbare Freundlichkeitswand, dieses gespenstische Dauerlächeln! Could you please stop smiling just for one single moment. I want to identify you as human being! Sagen Sie bitte ein einziges Mal: Lech mich doch am Arlberg! —— Das muss ich freilich zugeben: Noch nie bin ich in einer so großartig bequemen Hotelhalle gesessen wie im *Kristiania:* So gediegen! So behaglich! So britisch war es in London nirgends! Ich weiß ja nicht, ob der junge Arthur Conan Doyle in seiner Feldkircher Zeit auch einmal einen Abstecher nach Lech gemacht hat. Aber hier in diesem Salon hätte er sich ganz bestimmt wohlgefühlt! Wände in Bordeauxrot, Plüschbänke, Plüschfauteuils, darauf goldene Pölsterchen, Kachelofen, Flügel. Ein Augenschmaus. Auf dem Flügel eine Kiste mit Zigarren, ein Strauß rosarote Nelken, zwei Stehlampen, eine rostrote Riesenkerze im Glaskübel mit sieben Dochten, zwei Enden eines Geweihs, ein dicker Band mit Skizzen Leonardo da Vincis. Man kann sich gar nicht sattsehen, und draußen schneit es weiter – dogs and cats. Und das Allerbeste: Am Nachmittag ist niemand hier im Salon, und man hat die ganze Pracht für sich allein. Aus der Wand stecken ausgestopfte Hirsche ihre ausgestopften Köpfe samt Geweih, ausgestopfte Greifvögel sind an den Plafond genagelt. Wie es Tierpräparatoren gibt, sollte es natürlich auch einen Olympiasiegerpräparator geben: Denn die fehlen hier noch, die aus der Wand ragenden ausgestopften Skiolympiasieger. —— Am Palmsonntagmorgen fahren die Menschen mit Skiern auf der Straße vom Hotel durch den Ort zum Sessellift – oder in die Kirche. Kein besonderes, aber doch ein unglaubliches Bild: In einer der leeren Bankreihen der alten Lecher Kirche (es gibt eine neue, moderne, beheizte daneben) kniet eine Skifahrerin mit Skischuhen und Anorak und Skihelm und UVEX-Brille ins Gebet versunken. Pamela? Vergib uns unsere Schuld, wie auch wir vergeben unseren Schuldigern, und führe uns nicht in Versuchung, sondern erlöse uns von dem Bösen. Irgendwo hier müssen die Leichen sein. Tritt man aus der Kirche heraus, fällt der Blick auf ein Grab: „Der Tod ist nicht das Ende. Germana Muxel 1885–1971". Ein alter Kirchfriedhof, die Gräber begraben unter meterhohem Schnee, gleich hinter der Friedhofsmauer führt der Viererssessellift den Hang hinauf ins weiße Nichts. Der verhängnisvolle Sessellift! —— Lech ist ein Loch, man sieht keinen Weg hinaus und hinab führen. Rundherum ist der Arlberg, und er hat viele Gipfel. Welcher von all diesen Arlbergen ist jetzt der Arlberg? Das Omeshorn? Der Rüfikopf? Die Hasenfluh? Das Karhorn? Einmal schaut man zum majestätischen Berg hin, und er ist da. Einen Augenblick später schaut man wieder hin, und er ist weg. Kein Berg mehr, nur noch eine dicke Nebelwand. Gibt es das? Sehr gut sind die Kässpätzle im Restaurant. An den holzvertäfelten Wänden hängen gerahmte Schwarzweißfotografien stolzer Skifahrer aus den Zwanzigerjahren: Auf Holzbrettern stehen diese Pioniere auf der Piste und tragen Kniestrümpfe, Pumphose, weißes Hemd, Krawatte, graues Sakko, Gilet, Baskenmütze, und aus dem Mund hängt eine Pfeife. Ein anderes Bild zeigt, was für ein kleines Dorf Lech ohne Hotels war. Jetzt ist es dasselbe kleine Dorf mit Hotels und dem Spar *Filomena* und einer Swarovski-Filiale. Auf der wunderschönen Fassade des Gasthofs Post steht folgender Merksatz: „Es wird kein Ding so schön gemacht, / es kommt ein Spötter, der's verlacht. / Wärst du früher hergekommen, / hätt ich Rat von dir genommen; / drum gehe hin und schweige still, / es baut ein jeder wie er will." Man war also offenbar auf meine Ankunft vorbereitet. —— Am Nachmittag klart es ein wenig auf. Also zeigen wir Sportsgeist (der aber eigentlich niemanden wirklich interessiert) und erklimmen wie vor uns Kanzler Gusenbauer beim Europaforum den Sessellift auf den Schlegelkopf bis zur Mittelstation und fahren mit Skiern wieder hinunter nach Lech, was 10 Minuten dauert. Unten angekommen hören wir aus dem Mund deutscher Touristen von Sturmböen auf den Gipfeln, dazu kommt der eben erlebte Nachmittagsgatsch im Zielhang, Fußbrecherschnee. Also schnallen wir die Skier ab, entziehen uns wie vor uns Außenministerin Plassnik den widrigen Wetterverhältnissen und entschließen uns wie EU-Kommissarin Benita Ferrero-Waldner zu einem Spaziergang. Das Astronautige beim Skifahren fällt mir zusehends auf die Nerven. Ich komme vom Berg auf Skiern schon wieder herunter: Aber es ist unbezahlte Arbeit; sie bereitet mir wenig Freude. Ein wirklich erhebendes Freiheitsgefühl stellt sich erst ein, wenn man die klobigen Skischuhe wieder auszieht und es aus diesen beiden Privathochöfen munter ins Schneegestöber dampft. Im eingeschneiten stummen Verkäufer die Sonntagszeitung mit der Schlagzeile in Riesenlettern: „Warum wollte die Freundin des Skistars Selbstmord begehen?" Ist die Pistensau und Quizsau auch eine Privatsau? Genau die richtige Geschichte für einen Skiurlaub, wenn man vor lauter Schneefall nicht Skifahren kann. Wie gesagt: Es muss nicht immer ein poetischer Akt sein, der zu einer Adduktorenzerrung führt. Im Hotelwhirlpool Tony Curtis, Roger Moore, Jason King und Ed Straker. — Hallo, good evening! Did you have a nice day? — Yes. A lazy one. — Did you ski? — Yes. We did. For a moment. — Beim zweiten Abendessen scheint der eine Bauernknecht bei Egger-Lienz im Gemälde links außen noch tiefer in den wuchtigen Esstisch hineingesunken zu sein, als der Kammerkellner mit seinem Brotbauchladen an den Tisch kommt und sämtliche Brotsorten beschreibt. Zu diesem Abendessen waren nach Garnelenterrine mit Mangostückchen, serviert auf der Granitsteinplatte, und dem Kartoffelcremesüppchen, eingeschenkt aus dem Silberkännchen, Bison mit Bärlauchgnocchi angekündigt. Ich hatte den ganzen Tag die Befürchtung, bei „Bärlauchgnocchi" könnte es sich um einen Singular handeln, und der Bison könnte das Dinner überleben, indem man ihm nur eine Gewebeprobe entnimmt, die dann feierlich geschmückt auf meinem Teller endet. Aber da habe ich der Küche unrecht getan: Der arme Bison hat sich schon irreversibel aufopfern müssen, und auch die Gnocchi waren Plural (4). Abends ist der Salon in rötliches Licht getaucht, gediegen, urgemütlich. Diesmal wähle ich den Lederohrensessel, bestelle ein Glas Portwein, schlage ein Bein über das andere, lese, beobachte aus den Augenwinkeln zwischendurch die übrigen Gäste. Nach und nach füllt sich der Salon. Auf der Bank schräg gegenüber zwei Paare, die miteinander Karten spielen. Einer der Herren fordert den Kammerkellner zu manifesterer Musikberieselung auf, der aber bedauert mit einer entschuldigenden Geste, er habe seine Direktiven. Die Männer bestellen Zigarren, der Kammerkellner – jetzt trägt er die weißen Handschuhe – zündet sie ihnen mit einer Art Heizpistole an, dreht sie, überreicht sie den Rauchern gleichmäßig brennend. Was liegt, das pickt, beschwert sich eine der Frauen. —— Ein Hausgast studiert die *Harold Tribune*, der nächste das *Deutsche Handelsblatt*. Man möchte ja wissen, wie sich sein Vermögen draußen in der Welt in den letzten 24 Stunden entwickelt hat. Das Hotel besorgt jedem Gast jeden Tag die Zeitung, die er gerne hätte und hängt sie in der Früh in einem Plastiksäckchen verstaut an die Zimmertür. (Ich wollte keine. Bei allen meinen Urlauben war das Erholsamste immer der Verzicht auf Zeitungen.) Ein anderes Paar mit schwäbischer Intonation spricht über Beziehungsprobleme, aber nicht über seine eigenen. Fraglich, ob die beiden überhaupt ein Paar sind. Eher wirken sie wie beim Testurlaub nach dem Kennenlernen über eine Partneragentur. *Er, Unternehmer, vermögend, einfühlsam, kinderliebend und humorvoll, sucht nach großer Enttäuschung Sie, aufgeschlossen, tolerant, kuschelig, treu und ehrlich, gerne mollig oder älter, für gemeinsame Unternehmungen unter „Winter in Lech zu zweit".* „Wichtig für mich ist, dass ich es vom Gefühl her richtig mache." – Solche Satzfetzen. Alles in Ordnung? Everything's fine?

3. Tag

Es schneit und schneit und schneit. Wieder sind sämtliche Arlberge verschwunden. Nur die Verwegensten der Verwegenen wagen sich auf die Piste.

Ich hingegen werde von Tag zu Tag müder und müder. Ist es die Luft? Die Höhe? Der Schnee? Man könnte sich gleich nach dem Frühstück wieder niederlegen. Außer dem bordeauxroten gibt es im *Kristiania* auch einen moosgrünen Salon, das Golfer- und Skifahrerstüberl mit Skifahrerpolsterbänken und Golferaschenbechern, unzähligen Medaillen, Plaketten und Pokalen in einer Vitrine. Hier lasse ich mich jetzt unverwegen nieder, schaue dann und wann den Schneeflocken beim Fallen zu und blättere in einem Bildband mit den gesammelten Arbeiten von Vincent van Gogh, der da am Tischchen liegt, und ich schmökere ein wenig in seiner Vita. Alle großen Entscheidungen seines Lebens hat van Gogh in der Zeit um die Weihnachtsfeiertage getroffen: Den Bruch mit seinen Eltern oder den Entschluss zur Brautschau. Lange hat er nach einer Frau nicht suchen müssen; das Schicksal meinte es gut mit van Gogh und führte ihm bald eine zu: Er traf sie in einem Bordell, wo sie als Prostituierte arbeitete. Van Gogh störte das gar nicht. Hauptsache „ein Mitmenschlein neben sich im Bett, wenn man aufwacht". Draußen schneit es unvermindert weiter, an eine Abreise ist nicht zu denken. Selbst der Lecher Kirchturm ist jetzt kaum noch zu sehen. Der Hoteldiener schaufelt Schnee: Eine Sisyphosarbeit. Pamela kommt, schallend lachend, will mir etwas zeigen: Im Skizimmer im Keller schaut einer der vielen Hirschköpfe aus der Wand, da allerdings kein echter, toter, ausgestopfter, sondern aus Kunststoff. Wenn man auf den Kunststoffhirschkopfschalter neben dem Kunststoffhirschkopf drückt, beginnt der Kunststoffhirschkopf in der Wand mit den Ohren zu wackeln. Er öffnet seine Schnauze und singt inbrünstig *Old McDonald had a farm, iaiaooh!*

Beim dritten Abendessen ist der Bauernknecht von Egger-Lienz nun endgültig zusammengebrochen, der arme Hund! Die Bauernmagd schaut verzweifelt, nein, bloß frustriert, sie hat es ja kommen sehen. Die Serviette wird mit der Silberzange serviert. Der Koch grüßt unbekannterweise unbeirrt weiter, diesmal mittels Karotten-Ingwer-Terrine. Hatten Sie einen schönen Tag? (Die Amerikaner schätzen solche Fragen: Zuwendung!

Streicheleinheit! Soziales Edelaufgehobensein!) —— Nein, es hat ja die ganze Zeit geschneit. Wir mussten untätig herumsitzen und warten, dass die Zeit vergeht. Sauna ging auch nicht, wegen der Tage meiner Frau. —— Oh! —— Nein, Witzchen. Wir hatten einen guten Tag. Thanks a lot. So. Weiter. Man fühlt sich ein bisschen wie ein Ballbub nach dem Wimbledon-Finale, wenn der Herzog von Kent sich bei der Parade nach dem Wohlbefinden erkundigt. Mitgespielt hat man zwar nicht. Aber immerhin hat man keinen Tennisball aufs Hirn bekommen. Angesichts einer solchen royalistischen Ehre kann man den hohen Herrn ja auch nicht anfahren: Get lost, smalltalker!

Im Salon klimpert der Klavierspieler Gershwin und Westside Story, My fair Lady, Hello Dolly und Ich hab getanzt heut Nacht, die ganze Nacht heut Nacht. Sound of Silence und Bei mir bist du scheen. Da kommt mir die Idee, die Geschichte meines Lieblingsfilms *Avanti* von Billy Wilder von Ischia auf den Arlberg nach Lech zu verlegen. Aus dem raffinierten Hotelmanager Carlucci mache ich also die fleißige und umsichtige Managerin Silvana Settembrini, die sich vorzüglich um das Wohl ihrer Gäste kümmert, auch um das von Wendel Armbruster jun., aus Baltimore, den ein trauriger Anlass nach Lech geführt hat, nämlich die Leiche seines Vaters Wendel Armbruster sen. zurück in die Heimat zu holen, der hier seit zwanzig Jahren seinen Winterurlaub verbracht hatte, jedes Jahr von 15. Februar bis zum 15. März, und der heuer bei einem tragischen Skiunglück ums Leben gekommen ist. Er ist nicht mit einem anderen Skifahrer kollidiert, gestürzt, in eine Schlucht gepurzelt, gegen einen Baum geprallt, sondern über Nacht ganz einfach im Sessellift vergessen worden und erfroren. „Ich reise ab", hat er langsam erfrierend hoch über der Piste in tiefster Frostnacht schaukelnd genuschelt, und in einem metaphysischen Sinn hat das ja auch gestimmt. Wendel Armbruster sen. ist aber nicht allein erfroren, sondern gemeinsam mit Kate Pigget, die neben ihm im Sessellift war und im *Kristiania* im Zimmer neben ihm. Denn sie war seine geheime Geliebte, und sie haben seit zehn Jahren ihren Geheimurlaub hier verbracht. Kate Piggets Leiche wird nun von ihrer Tochter Pamela abgeholt, die ihr Zimmer nach alter Tradition neben dem von Wendel Armbruster jun. hat, der von der Vorgeschichte keine Ahnung hatte und den sie nun über das Verhältnis ihrer Eltern aufklären muss. So nebenbei kommt sich die Filialgeneration ebenfalls näher und näher. Sie unternehmen eine Kutschenfahrt durch den Ort, eine Schlittenfahrt, sie gehen in die Sauna, in den Whirlpool und wagen sich sogar einmal auf die Piste. —— Zunächst aber müssen – mit Silvana Settembrinis Hilfe – Särge bestellt, Formalitäten erledigt, Formulare ausgefüllt und natürlich die Leichen – sie sind in der alten Kirche aufgebahrt – identifiziert und mit Blumen geschmückt werden: Lech ist vor ein paar Jahren einmal zum schönsten Blumendorf Österreichs gewählt worden, also wird es diesbezüglich keine Schwierigkeiten geben. Andere Schwierigkeiten und Komplikationen ergeben sich aber schon: Über Nacht sind die Leichen nämlich aus der Kirche gestohlen worden. Wendel Armbruster jun. verdächtigt zunächst die kitschig-romantische Pamela, die die beiden Toten am liebsten Seite an Seite hier in Lech bestatten lassen würde, wo sie zu Lebzeiten glücklich gewesen waren. Doch dann melden sich bei der Hotelmanagerin Settembrini zwei mafiöse Laufbürschlein, nennen wir sie Petzi und Koli, im Namen eines Vorarlberger Geschäftsmannes, der im Gegenzug für die Leichen gerne einen guten Job in den States hätte. Denn, lässt der Geschäftemacher wissen, *the world in Vorarlberg is too small*. Und als Zeichen seines guten Willens *promise I, that I will English learn*. Jedenfalls kostet es Armbruster eine schöne Stange Geld, bis er die Leichen seines Vaters und dessen Geliebten wieder zu Gesicht bekommt. Aber Geld hat er ja. Nur hilft ihm alles Geld nicht, aus Lech wieder fortzukommen. Denn vor lauter Neuschnee und Lawinengefahr musste die Straße von Lech hinunter in die Außenwelt gesperrt werden. Ob tot oder lebendig, niemand kommt bis auf Weiteres nach Lech hinein oder aus Lech heraus. Lech ist zugeschneit. Lech ist von der Außenwelt abgeschnitten. Immerhin günstige Voraussetzungen für eine Liebesgeschichte. *Unternehmer, vermögend, sucht Mitmenschlein …;* Allerdings auch günstige Voraussetzungen für ein tragisches Ende. Mal sehen.

Der Portwein ist ausgetrunken, die Zigarre ausgeraucht. Der Klavierspieler im Salon packt seine Noten zusammen. Es ist schon fast Mitternacht. Man könnte schlafen gehen. Pamela ist schon auf ihrem Zimmer und wartet, ob Wendel vielleicht anklopft, mit einer Flasche Champagner oder wenigstens mit einem Teller frischer Ananas. Aber einmal möchte Wendel noch kurz vor die Tür hinaustreten, um nachzuschauen, ob es noch immer schneit. Es schneit noch immer. Wunderschöne Flocken aus der Finsternis. Kurzentschlossen die Pelzjacke angezogen, die Pelzmütze aufgesetzt, hinaus in die Nacht, ein Spaziergang durch das Schneegestöber. Wenn schon Winter, dann richtig. Kann es überhaupt etwas Romantischeres geben als ein tief verschneites Alpendorf im Hochgebirge im fahlen Schein der Straßenlaternen, auf das es in dichten Flocken ohne Ende weiterschneit? Diese Straßenlampen könnten aus dem Altlondon Arthur Conan Doyles stammen. Seems to be a perfect winternight. Jetzt nach Mitternacht trifft man kaum noch Leute auf der Straße, auch keine Pistenraupenaugen in der Finsternis. Das Schneetreiben wird heftiger. Wendel klopft sich seine zugeschneite Pelzjacke ab. Wie kleine weiße Feuerwerke in der Nacht sehen jetzt die Bäume aus. Delicious. — Everything's right? Enjoy it! Zu Wendels Überraschung ist es gar nicht kalt. Er geht mit festem Schritt. Der Schnee knirscht unter seinen Schuhen. Die Schneeflocken kommen von überall, auch die Straße ist jetzt zugeschneit. Die Schneedecke wächst und wächst. Es braucht schon Kraft, da durchzuschreiten. In der Meinung, alle Wege führten nach Lech, hat Wendel einen anderen Weg als in den Tagen zuvor gewählt. Er wollte zum Abschluss neue Bilder in seinen Kopf einspeisen. Er hat schon umgedreht und sollte eigentlich längst am Rückweg sein. Aber irgendetwas kann nicht stimmen. Die Lichter des Dorfes werden statt größer und stärker kleiner und schwächer. Wendel wendet sich um und macht abermals kehrt, aber das ändert gar nichts. Überdies kommt es ihm vor, als führte ihn sein Weg nun nach oben. Aber er sieht nichts mehr, wohin er auch schaut. Die Pelzjacke ist wieder zugeschneit. Wendel klopft sie nicht mehr ab, es hätte keinen Sinn.

Machen Sie das Beste draus! Everything's o.k.? Everything's fine. Obwohl ihm warm ist, kommt es Wendel vor, als wüchsen ihm Frostflecken im Gesicht. Wendel frohlockt, so stellt er sich das Leben vor: Extrem. Der Augenblick der Wahrheit. Enjoy it! Nur schwinden allmählich seine Kräfte. Das Atmen fällt immer schwerer. — Letzten Winter hat die Zeitungen monatelang der Fall eines jungen Mädchens beschäftigt, das nach einem Streit mit ihrem Freund das Haus verließ, nicht mehr zurückkam und monatelang verschwunden und verschollen blieb. Es gab Gerüchte, Verdacht und schlimmste Befürchtungen. Die Eltern waren verzweifelt, die Polizei tappte im Dunkeln, Suchtrupps hatten keinen Erfolg, von dem Mädchen fehlte jede Spur. Erst am Winterende gab die Schneeschmelze schließlich seine Leiche frei, die unter dem dicken Schneepanzer verborgen gewesen war. Das Mädchen musste auf freiem Feld gestürzt sein und konnte sich alleine nicht retten. So war es über Nacht erfroren, zugeschneit und unsichtbar geworden. — Der Schnee peitscht Wendel ins Gesicht. Delicious.

Delicious. Er würde sich gerne niedersetzen. Kann man erfrieren, obwohl einem heiß ist? Noch ist Wendel nicht völlig zugeschneit. Noch spürt er in seinem Hosensack jenen Zimmerschlüssel mit dem handgefertigten Zimmerschlüsselanhänger aus massivem Silber, für den ein Deposit von 280 Euro eingehoben worden war, aber er glaubt jetzt nicht mehr daran, dass er noch einmal in die Lage kommen wird, das Deposit wieder ausgefolgt zu bekommen. Macht nichts, never mind. Der Tod ist nicht das Ende. Marvellous! Jetzt ist er im Schnee versunken. Noch ganz im Schnee setzt er mühsam und mechanisch langsam, langsam ein Bein vor das andere, er geht nirgendwohin. Da ist ihm, als hörte doch allmählich die Bewegung zwischen den Schritten auf.

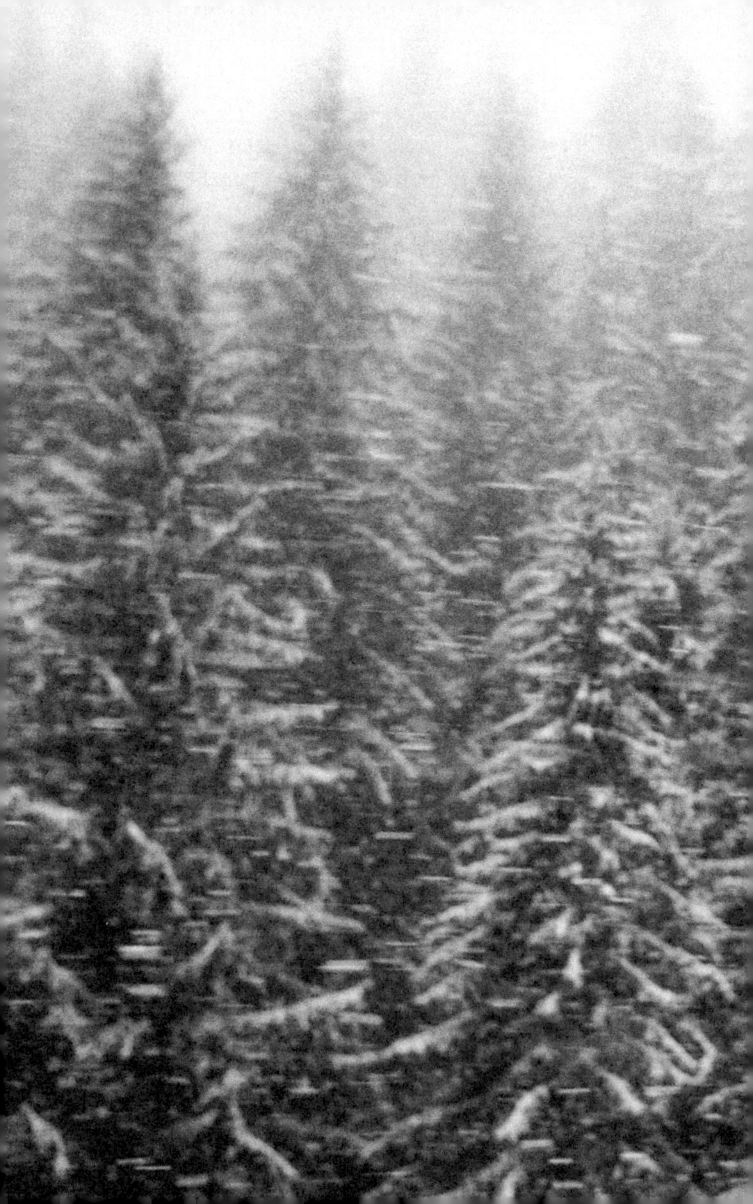

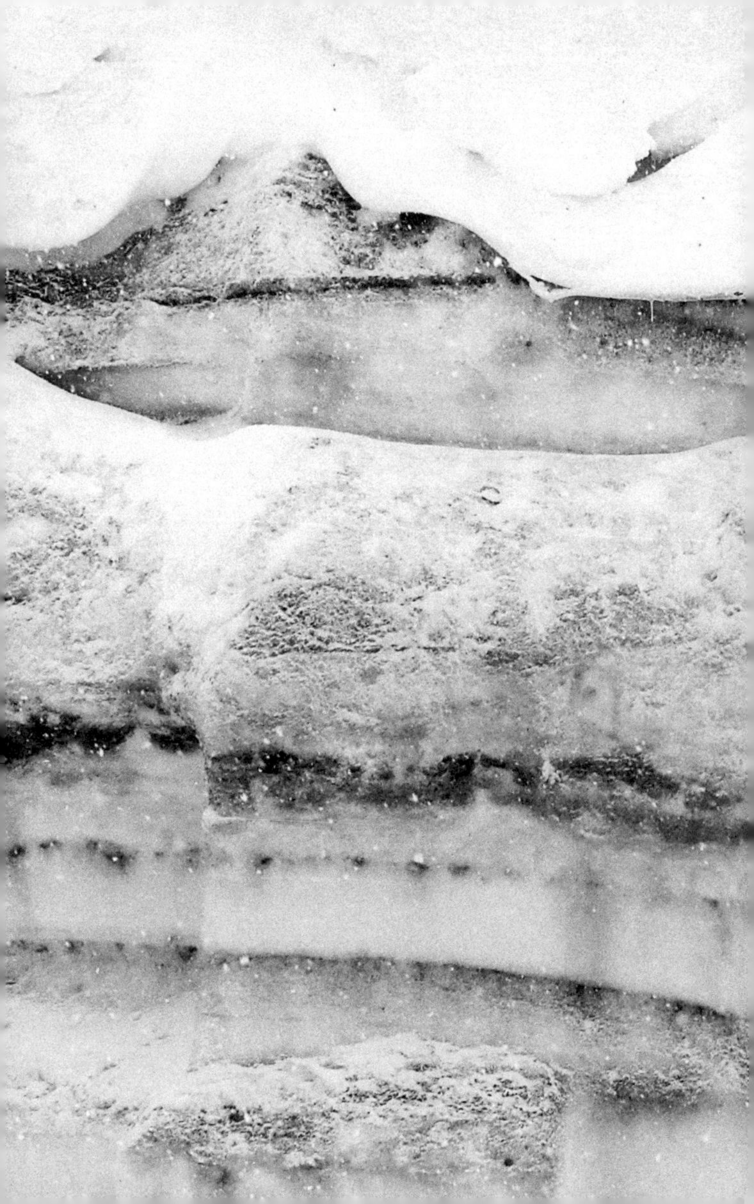

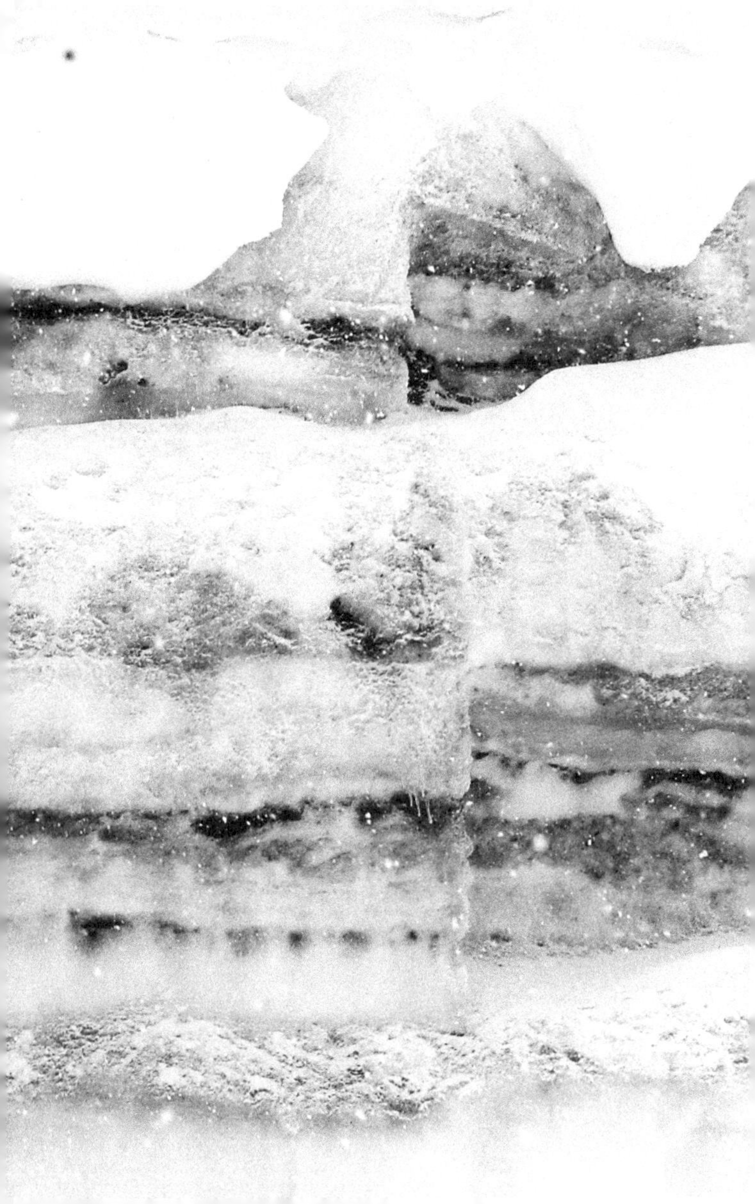

Aurora
Omesberg 209
6764 Lech am Arlberg
Österreich
T 0043-(0)55 83-23 54-0
www.aurora-lech.com

Michael Köhlmeier

**Aurora – die Morgenröte
eine Liebeserklärung**

Irgendwann in den Neunzigerjahren rief mich Ludwig Muxel an. Ob ich mir vorstellen könne, etwas über Lech zu schreiben. Er wisse, unterbrach er mich, noch ehe ich etwas gesagt hatte, dass ich mich nicht für den Fremdenverkehr einspannen lasse, das wisse er natürlich, aber darum gehe es ihm nicht. Er halte es für richtig und wichtig und eigentlich für seine bürgermeisterliche Pflicht, dafür zu sorgen, dass über die Lecher ein Buch geschrieben werde. „Damit sie sich selbst nicht ganz vergessen", fügte er etwas unsicher hinzu, schüchtern. —— Bereits am nächsten Tag besuchte er mich, wir saßen in meiner Bibliothek, und schließlich einigten wir uns darauf, dass ich, ausgehend von Männern und Frauen, die in dem schönen Dorf am Fuß des Omeshorns leben, eine Geschichtensammlung schreibe – Titel: „Die Leute von Lech". —— Also fuhr ich nach Lech hinauf, Wanderausrüstung und ein dickes Notizbuch im

Gepäck, und wohnte in der *Aurora*. Es war Sommer. Ich ließ mich verwöhnen und pflegte den Müßiggang – eine bestimmte Art des Müßiganges nämlich, wie er für die Schriftstellerei notwendiger ist als jede sogenannte gute Idee. Ideen sind gefährlich, die guten Ideen sind besonders gefährlich. Sie können ein Buch ruinieren, noch ehe es geschrieben ist. Eine gute Idee zieht zwangsläufig einen guten Plan nach sich. Wer plant, legt sich auf einen Weg fest und übersieht vielleicht die schönsten Blumen, die etwas abseits blühen, er stürmt auf sein Ziel zu und kommt dort an – und in den meisten Fällen war das auch schon alles. —— Ich beschloss, müde zu sein, faul zu sein, den Tag zu vertrödeln; mich nicht anzustrengen – Lech auf mich zukommen zu lassen: Ich war der Prophet, zu dem der Berg kommt. —— An den Abenden luden mich Diana und Ludwig in ihre Wohnung ein (die damals noch in der *Aurora* untergebracht war). Ich war kein Tourist, ich war ein Gast – ein besonders fauler, wahrscheinlich auch besonders langweiliger Gast. Wir aßen zusammen und unterhielten uns. Weder Ludwig noch Diana fragten, wie ich mit meiner Arbeit vorankomme. Ich habe keine Ermahnung und keine Sorge in ihren Augen gesehen. Sie vertrauten mir. Ich erinnere mich, dass ich immer der letzte war, der seinen Teller aufgegessen hatte. Das Essen war so gut, und mein Gaumen hatte wie alle meine Sinne die Langsamkeit für sich entdeckt. — Manchmal ging die Tür auf, und jemand kam herein und erzählte etwas. Wenn ich Glück hatte, war eine Bemerkung dabei, die in meinem Kopf einen Funken schlug. Nachdem der Besucher gegangen war, fragte ich Diana und Ludwig aus; was zur Folge hatte, dass nun sie zu erzählen begannen. Und wenn mich eine Person aus ihren Erzählungen besonders interessierte, fragte ich weiter, und nicht selten griff Ludwig oder Diana zum Telefon und vereinbarte mit dieser Person einen Termin für den nächsten Tag; an dem ich mich dann auf den Weg machte, um mir abermals Geschichten erzählen zu lassen, in denen wieder andere Personen vorkamen, mit denen ich mich – über Dianas oder Ludwigs Vermittlung – ebenfalls traf. So füllten sich allmählich die Seiten meines Notizbuchs. Und nicht einen Augenblick hatte ich das Gefühl, ich arbeite. —— Aber am Ende dieser Zeit hatte ich das Gefühl, ein wenig ein Lecher zu sein. —— Seit damals gelingt es mir nicht, die *Aurora* als eine Pension oder ein Hotel zu sehen. Dieses Haus ist für mich eine kleine, klar umzirkelte Heimat, sie ist die Gönnerin meines Müßiggangs, und nie habe ich das Haus verlassen, ohne dass ich einige Seiten in meinem Notizbuch als Beute mit nach Hause genommen hätte. Müßiggang ist ja nicht aller Laster Anfang, sondern der fruchtbarste Boden für die Kunst, für die Literatur, für die Musik – für jeden großen Gedanken. —— Wenn ich die *Aurora* betrete, schließe ich kurz die Augen und ziehe die Luft durch meine Nase ein. Das Haus hat einen ganz bestimmten Duft. Für mich riecht es – nach mir selbst. Nach meinen Erinnerungen an diese absichtslosen Tage im Sommer irgendwann in den Neunzigerjahren. Wäre ich ein weiser Mann – der ich (soll ich sagen, zum Glück, oder soll ich sagen, leider) nicht bin –, dann würde ich den Menschen den Rat geben, in ihrem Leben möglichst viele absichtslose Tage unterzubringen. So wie wir erzogen worden sind, halten wir nicht genutzte Zeit für misslungene Zeit, weil sie sich vor der großen Aufgabe des Lebens nicht rechtfertigen kann. Aber das Glück kann sich auch nicht rechtfertigen. –– Das Philosophicum ist aus solchen glücklichen, absichtslosen Gedanken entstanden. Ich habe lediglich einen Wunsch geäußert, das war alles. „Ich wünsche mir", sagte ich – da saßen wir wieder einmal um den Muxelschen Esstisch, und wieder war ich leicht high von der Lecher Luft –, „ich wünsche mir, in dieser wunderbaren Natur zusammen mit gescheiten Menschen zu sein und zuzuhören, was ein gescheiter Mann oder eine gescheite Frau zu einem Thema, das auf mich verweist, zu sagen hat." Und wieder kam der Berg zum Propheten. –– „Aurora" ist die Morgenröte – Homer nennt sie die Rosenfingrige, die Safrangewandete –, sie kündet die Zeit des Tages an, während der die Gedanken frisch sind wie die Luft, die vom Omeshorn herunter weht; später dann kommen die Wenn und die Aber. Glücklich, wer am Abend die Erinnerung an die Morgenröte nicht vergessen hat.

Michael Köhlmeier

Das Georg
Hnr. 212
6764 Lech am Arlberg
Österreich
T 0043-(0)55 83-29 86
www.das-georg.at

Gabriele Bösch
Brösel für einen Tag

Madame Chazals Blicken ist es zu eigen, dass sie frühmorgens gewöhnlich in Ecken fallen. In den dunkleren Winkeln wiegen sie sich im Auslauf der Nacht. In den helleren Winkeln schaukeln sie fröhlich im Einfall des Lichts. Manchmal fällt es Madame schwer, eine Wahl zu treffen. Doch an diesem Morgen entscheidet sie sich zunächst für das noch dunkle rechte Eck. Dort sitzen zwei Engel. Sie sind eindeutig weiblich. Das freut Madame Chazal. Sie findet, auch die Nacht sei weiblich. Der cremefarbene Hut einer kleinen Stehlampe schirmt die Engel gegen oben ab. Auch das, findet Madame Chazal, sei äußerst wohltuend, die weibliche Seele brauche Schutz. Eine Teekerze in einem durchsichtigen Schälchen rüstet die Engel gegen Stromausfall. Madame Chazal wünscht sich selbigen für den kommenden Abend. Zu gerne hätte sie eine Feuer entfachende Hand. —— Im linken Eck steht einsam ein silberner Kerzenhalter. Er wartet noch auf einen Engel. Madame Chazal fühlt sich verwandt. Auch sie ist schlank, im besten Alter und glänzend gekleidet. Es müsste ein männlicher Engel sein, denkt Madame. Zu gerne begegnete sie auch einer anderen, fremden, durchaus behaarten und ebenfalls Feuer entfachenden Hand. Madame Chazal seufzt. Das einzige, das in diesem Moment annäherungsweise an Feuer erinnert, ist das Eigelb, das gemächlich von ihrem Löffelchen tropft. Sie stopft es sich schnell in den Mund. Und leckt es sicherheitshalber noch einmal ab. Aus dem beinahe sauberen Löffelchen leuchtet ziemlich verzerrt ihr Spiegelbild blutrot. Blutjung, denkt Madame Chazal und ignoriert den kleinen gelben Einschluss.

Herrn Brösels Blicken hingegen ist es zu eigen, dass sie mit ziemlicher Regelmäßigkeit aus dem Fenster fallen. Sie suchen das Weite. Herr Brösel ist hingerissen von der Tatsache, dass die Tür zum Frühstücksraum eine Schiebetür ist. So kann er seinen Blick schon von der mit Teppich bespannten Stiege aus quer durch den Raum, durch das

Fenster ganz hinten, nach draußen schicken. Dort prallt er dann an den Bergen ab. Aber das macht ihm nichts aus. Herr Brösel liebt dieses Ping-Pong-Spiel mit dem Berg. Wenn der Blick pulsiert, pulsiert das Leben, meint Herr Brösel. An diesem Morgen allerdings stört ein roter Fleck seinen Puls. Er setzt aus. Herr Brösel stolpert über die letzte Stufe und der rote Fleck hält sich die Hand vor den Mund. Ein Fleck mit Gesicht, denkt Herr Brösel und macht eine Kniebeuge ins Nichts.

Madame Chazal lässt ihr Löffelchen fallen. Es trifft das längst geköpfte Ei. Dann springt es in den Kaffee. Madames Blick springt hinterher. Der Arm springt dem Blick hinterher und wirft die Guillotine um. Die Guillotine wirft sich erneut auf das Ei. Das Ei wehrt sich. Der Arm versucht zu verhindern, was nicht zu verhindern ist. Madame sieht die Engel an. Madame sieht den Kerzenleuchter an. Das Feuer steigt ihr ins Gesicht. Herr Brösel betritt kniereibend den Raum. Aus dem Tisch wächst ein dunkelbrauner See. — „Morgen", sagt Herr Brösel in alle Richtungen und

Gabriele Bösch

schickt ein Nicken hinterher. —— „Morgen", tönt es von den Tischen zurück, das Nicken setzt sich wellenhaft fort. —— Was ist morgen, fragt sich Madame, holt ihren Blick aus den Ecken und betrachtet versunken Herrn Brösels Knie. Darauf liegt eine dunkel behaarte Hand. Madames Blick verfängt sich in diesen Haaren und kommt nicht aus und wandert Zentimeter für Zentimeter mit nach oben. Das Feuer greift über. Herr Brösel dreht sich errötend zur Seite und hängt seinen Blick in ein Geweih. Prinz Bernhard hat ihn geschossen. Den Hirschen. Draußen springt in Sicherheitsabstand ein Eichkätzchen vorbei. —— „Morgen", sagt nun auch Madame, ihre Betonung klingt verheißungsvoll. —— Was ist morgen, fragt sich Herr Brösel nun verwirrt. Der Hirsch war ein Zukunftsbock. Hat ihm jemand erzählt. Irgendwie fühlt er sich verwandt. Ab wann ist einer ein Hirsch, fragt er sich und greift sich beiläufig an seine Stirn. —— „Der Rosenstock sieht gar nicht gut aus", sagt jemand im Hintergrund. —— Herr Brösel zuckt zusammen und greift sich nochmals an die Stirn. Man wird ja nicht als Hirsch geboren, denkt er und beschließt, beizeiten nachzusehen. — „Morgen", sagt Madame Chazal noch einmal und räuspert sich. — Herr Brösel nickt zerstreut, nimmt die Hand von der Stirn und greift sich einen Teller vom Rand der Anrichte. Er macht die Runde durch Brot, Butter, und Marmelade und steuert den Käse an. Der steht im linken Eck der Anrichte. Herr Brösel macht einen Schritt und hebt die gläserne Glocke, während nahe am Boden etwas verdächtig scheppert. Er sieht nach. Am Boden stehen eine weiße Orchidee und ein ebenso großer silberner Hirsch. Die Orchidee trägt zehn Blüten. Der Hirsch ist ein Zehnender, der acht Kerzen trägt. Acht Käsesorten unter Glas. Herr Brösel macht einen Rückzieher mit dem Fuß und die Glocke wieder zu. Sie gibt keinen Ton von sich. Er findet, er hat eine Hand zu wenig. — „Er braucht eine grüne Hand", sagt dieser Jemand im Hintergrund. — Herr Brösel verflucht still den Rosenstock, da sind ihm die Hirsche schon lieber. Außerdem ist Winter. Der Winter braucht keine Rosen, der treibt andere Blüten. — Herr Brösel steht jetzt mit seinem Teller mitten im Raum. Der

Gabriele Bösch

Teller hat eine grüne Bordüre, der Raum in den Ecken an der Decke eine weiße. Sie ist aus Gips. Vermutet er. Er sieht sich um. Das Schälchen mit der Himbeermarmelade rutscht auf dem Teller hin und her. Herr Brösel ist es nicht gewöhnt, sich mit Teller umzusehen. Normalerweise hält er nichts in seinen Händen und steckt sie daher in die Hosentaschen. Durch das Hände-in-die-Hose-Stecken hat selbige auch eine Bordüre. Deren Farbe ist allerdings unbestimmbar. — Herrn Brösels Blick spielt jetzt Ping-Pong über die verschiedenen Tische hinweg. Diesmal leitet er das Spiel. Ein einziger Tisch ist frei. Neben der Dame mit dem unverschämt roten Haar. Sie sitzt mit dem Rücken zum Fenster. Wie kann man nur mit dem Rücken zum Fenster sitzen, fragt sich Herr Brösel und denkt an sein Knie. Selbiges macht eine leichte Knickbewegung und Herr Brösel macht einen Schritt daraus. Eh er sich versieht, hat er in seiner linken Hand eine Stuhllehne. Er kommt sich gefangen vor. — Der Mann ist verstockt, denkt Madame und stellt die Guillotine wieder auf. Die Kugel macht „Ping!". — Herr Brösel fühlt sich betroffen und macht eine kleine Verbeugung. Er neigt den Oberkörper genau so weit, dass er mit einem Auge Madame, mit dem anderen die Marmelade erfassen kann. Draußen flitzt schon wieder ein Eichkätzchen vorbei. Herr Brösel wünscht sich dessen Sicherheitsabstand. — „Hast du den Wampen gesehen", sagt eine Stimme in seinem Rücken. Herr Brösel sieht auf seinen Bauch und versteht die Welt nicht mehr. Er beschließt, sich zu setzen. Erlöst platziert er den Teller auf den Tisch und den Bauch unter die Tischkante. Er lächelt. Er hat jetzt seine Hände frei. — „Die Wirtin füttert sie", sagt Madame Chazal und sieht Herrn Brösel sanft in die Augen. — „Ich bezahle dafür", antwortet Herr Brösel. Ein bisschen klingt es wie Protest. — „Nein, ich meine die Eichkätzchen", sagt Madame und ihr Lachen nimmt Herrn Brösel in Besitz. — Hinter Madame Chazal ist das Fenster. Vor dem Fenster steht eine Fichte. Hinter der Fichte steht ein Schild schräg im Schnee. Weiter unten fließt der Lech. Hinter dem Lech stehen Häuser. Hinter den Häusern geht es zur Schlegelkopfbahn. Der Schlegelkopf selbst

Gabriele Bösch

schüttet von oben nach unten seine Hänge aus. Von unten nach oben fährt einsam ein Schneemobil. Auf dem Fähnchen am Rücksitz steht „Klien". Das weiß Herr Brösel und beruhigt sich. Klien ist ein Hohenemser Name. Und Herr Brösel ist auch aus Hohenems. — „Brösel", stellt er sich vor und blickt Madame mit zwei Augen an. — „Nein, nicht mit Bröseln", sagt jene. — „Möchten Sie ein weich gekochtes Ei?", fragt erneut eine Stimme in Herrn Brösels Rücken. Es kommt ihm vor, als werde er ständig „besprochen". Er dreht sich daher um und sagt mit fester Stimme, in einem Satz, dem er zwei Richtungen gibt: — „Mein Name ist Brösel und ich möchte sehr gerne ein weichgekochtes Ei." — „Bitte sehr, gerne, der Herr", sagt das Hausmädchen fröhlich, nimmt die Guillotine von Madames Tisch und stellt sie vor Herrn Brösel hin. Er weiß nicht, was er davon halten soll. Herr Brösel orientiert sich zuweilen an „Zeichen", aber dieses eben, erscheint ihm höchst fragwürdig. — „Was für eine Sauerei", sagt das Hausmädchen. — „Lassen Sie nur, das stört mich nicht im Geringsten", sagt Madame. — Herrn Brösels Augen fallen in den braunen See. An seinen Rändern trocknet er bereits aus. „Das Wetter soll heute sehr warm werden", sagt Madame. Herr Brösel nickt. Das Hausmädchen bringt das Ei. Es hat eine handgestrickte Kappe auf. „Ja", sagt Herr Brösel und „Danke!" — „Gehen Sie auch auf die Piste", fragt Madame. Herr Brösel ist spontan geneigt, „Pirsch" zu verstehen. Er zwinkert verstohlen dem Hirsch zu. Der hingegen reagiert nicht. — Das Mädchen bringt den Kaffee. — „Ja", sagt Herr Brösel und „Danke!" — Er nimmt die Guillotine und köpft laut das Ei. Es funktioniert nicht. Herr Brösel nimmt einen zweiten Anlauf. Er gibt der Kugel einen zusätzlichen Stoß. Heute Morgen scheint ihm, der freie Fall treibe Spielchen. Es macht „Ping!". Herr Brösel greift zum Messer. — „Der Schnee ist wunderbar", sagt Madame. — Herr Brösel sucht das Salz. Er taucht seinen Löffel ins Weiß. Er taucht seinen Löffel ins Gelbe. Vom Ei. Er löffelt das ganze Ei aus. Dann streicht er, es ist mehr ein Schmieren, die Marmelade aufs Brot, wie verbissen. Herr Brösel mag es nicht, wenn andere ihren Blick auf sein Ei werfen. Das Innere eines Ei's ist intim. Jeder isst sein Ei auf seine Weise. Da gibt es nichts

Gabriele Bösch

zu beobachten, meint Herr Brösel. Zur Demonstration bestellt er ein zweites. — „Wer morgens ein Ei isst, hat den ganzen Tag keinen Hunger", hört Herr Brösel aus dem Hintergrund. Selbiger geht ihm allmählich auf die Nerven. Das Schneemobil hat die Rudalpe erreicht. Herr Brösel weiß, dass er zu Mittag Hunger haben wird. Herr Brösel hat seit Jahren zu Mittag Hunger. Herr Brösel hat auch abends Hunger. Er hat seinen Hunger kultiviert. Allein dem nächtlichen Hunger vermag er zu trotzen. Sein Blick ruht auf dem riesengroßen Herz mitten im frisch planierten Hang. Es ist mit Kunststoffrosen bestückt. Unter gewissen Umständen liebt Herr Brösel Rosen.

Madame beendet ihr Frühstück und begibt sich nach nebenan, um eine Zigarette zu rauchen. Der Aschenbecher trägt ein Leopardenmuster. Ein bisschen, denkt Madame Chazal, komme ich mir vor wie auf Safari. Sie streicht sich kess durch die lockigen Haare. Ihr schelmisches Lächeln wird von niemandem beobachtet. Madame genießt dies unverhohlen. Ihr Blick fällt in den Kamin. Das Feuer wird erst abends angezündet. Über dem Kamin hängt noch ein Geweih. Neben dem Geweih hängen Familienbilder. Madame fühlt sich ganz zu Hause. Rechts vom Kamin steht ein kleines Bücherregal. Die Rückwand des Regals besteht aus einem Spiegel. Vor dem Spiegel stehen sechs Bücher. Auf dem ersten steht: Es geht uns gut. Das siebente liegt. Es wirkt wie ein erlegter Leopard. Obenauf steht ein hölzerner Elefant auf vier hölzernen Rädern. In großen Lettern steht auf dem Leopardenrückenfell: WILD SEX. Während Madames Rauch allmählich den Raum erobert, blinkt etwas im Spiegel. Zuweilen ist auch Madame an „Zeichen" interessiert. Sie denkt an Herrn Brösels behaarte Hände.

Das Hausmädchen räumt Madames Tisch ab, wechselt die besudelte Tischdecke gegen eine schneeweiße. Herrn Brösels Augen beruhigen sich und pulsieren wieder mit dem Berg. Draußen läuft eine dreifarbige Katze herum. Das überrascht Herrn Brösel. Mit einheimischen Katzen hatte er hier nicht gerechnet. Andererseits, mit was ich gerechnet habe, denkt er, lässt sich mit Sicherheit nicht sagen.

Gabriele Bösch

Madame Chazal kauft sich einen Skipass. Sie betrachtet die Plastikkarte und denkt laut: „Und wo ist der Bändel, an dem ich mir die Karte umhängen kann?" —— Herrn Brösel, der zufällig hinter ihr steht, ist das peinlich. Rasch sieht er sich um und flüstert über Madames gelbe Schulter: „Die Karten muss man sich nicht mehr umhängen. Sie können sie in die Tasche stecken!" —— Das Gelb von Madames Jacke ist eindeutig eine Signalfarbe. Die Jacke ist ihr zwei Nummern zu groß. Herrn Brösel befällt augenblicklich ein seltsames Glücksgefühl. Von hinten sieht Madame aus, als begäbe sie sich schlicht zur Gartenarbeit. Als wolle sie im Regen Unkraut jäten, als wolle sie einer zähen Buchenhecke den Winterschnitt verpassen. Als wolle sie – und hier hält Herr Brösel inne und reißt sich und seine Gedanken zusammen. Nein, Madames Haare passen nicht zu Gartenarbeit. Aber, denkt Herr Brösel, mit weiblichen Haarfarben kenne sich aus wer wolle. —— Madame Chazal dreht sich um. Herr Brösel tut einen Schritt zur Seite. Sie steckt die Karte in die Hosentasche und zieht sich Handschuhe an, dann eine Mütze. Beides passt zusammen, aber nicht zum Rest. Das erkennt selbst Herr

Brösel. Dann steht sie ganz still, den Blick gesenkt. Jeder andere würde meinen, ein wenig kokett, doch Herr Brösel erkennt ihr Geheimnis. —— „Es gibt kein Links und kein Rechts", sagt er sanft und klingt dabei ein wenig wie ein Philosoph. Madame sieht ihn an. Herr Brösel beschließt spontan, die Fältchen in Madames Gesicht zu lieben. Sie haben sich ob eines einzigen halben Satzes seinerseits bezaubernder Weise geglättet. Ein „Zeichen" im Verschwinden, denkt er und spürt dem Begriff Magie nach. In einer stillen Verbeugung umfasst er ihren rechten Skischuh und stellt ihn in die Bindung. Ob dieses unvorhergesehenen Übergriffs beginnt Madame zu wanken. Gerne nimmt Herr Brösel an, dass dies nichts mit dem Gleichgewicht ihrer Standpunkte zu tun hat. „Drücken", sagt er und stellt dabei fest, dass sie eine Herrenhose trägt. Er verkneift es sich zu fragen, welcher Herr zu dieser Hose gehört, welcher Herr *in* diese Hose gehört und in welchem Verhältnis Madame zu Herrn und Hose steht. Dies nun will er nicht als „Zeichen" betrachten. Nein, dieses nicht. —— Als alles an Madame Chazal und an Herrn Brösel fertig montiert ist, schiebt sich Letzterer elegant durch das

Gabriele Bösch

Drehkreuz. Madame folgt ihm rutschenden Schrittes. Das Drehkreuz aber stoppt ihr angestoßenes Gleiten, es öffnet sich nicht. Madame flucht. Völlig undamenhaft, denkt Herr Brösel, als er sich umdreht. Er wippt ein bisschen mit dem Hinterteil. Madame jedoch versteht Bahnhof, oder Endstation. Jetzt versteht sie die Welt nicht mehr – oder die Technik. Ihr Teint färbt sich rosarot. —— Herr Brösel versteht, dass sie die Technik nicht versteht und versteht es letztendlich doch nicht, da es sich um eine zutiefst weibliche Technik handelt. —— „Sie müssen mit ihrer linken Hinterbacke, verzeihen Sie den Ausdruck, an das Kartenlesegerät wippen", sagt Herr Brösel. Er setzt sicherheitshalber die Sonnenbrille auf. So ganz ist er sich nämlich nicht sicher, ob er just in diesem Moment just zu dieser Dame gehören will. —— Madame wippt mit ihrem in einer Herrenhose steckenden Hinterteil. Der Liftboy grinst, die Dame war wohl schon länger nicht mehr auf Skiern. Madame fühlt sich ausgebremst. Herr Brösel liest ihre Gedanken. —— „Lösen Sie die Bremse, scheren Sie Ihr Heck aus, Madame!", sagt er und fühlt sich übermütig. ——

Madames Teint rötet sich. Sie streift ihren Handschuh ab, greift in die Hosentasche und betrachtet die Chipkarte. Sie hält sie an das ominöse Gerät. Das Drehkreuz schlägt ihr von hinten in die Kniekehle. Ihr Teint hält im tiefsten Rot dagegen. ——
„Und es gibt doch ein Links und ein Rechts", macht sie ihrer Wut Luft. Die Philosophie kann ihr gestohlen bleiben. Vor fünfundzwanzig Jahren hätte sie nicht mit dem Hintern wedeln müssen, um irgendwo eingelassen zu werden. Sie stopft die Karte mit der richtigen Seite nach außen zurück in die Tasche und ihre Hand in den Handschuh und folgt Herrn Brösel zum Lift. Auch dort ist eine Schranke. Sie ist eine einfache Klappe aus Holz, vergewissert sich Madame, sie ist eine Einwegschranke und geht nach vorne auf. Kein Schlag von hinten, denkt sie, als sich die Klappe öffnet. Madame schiebt sich an und gelangt vom Schnee direkt auf einen fließenden Teppich, welcher sie so abrupt stoppt, dass es sie aus den Skischuhen hebt. Beinah. Den Schlag in die Kniekehle übernimmt diesmal der dritte von acht Sesseln. Als Madame ihre zwei Skistöcke geordnet hat, wagt

Gabriele Bösch

Herr Brösel es, sie vorsichtig anzusehen. Er sitzt auf dem dritten Sessel von rechts. Er denkt an das Eichkätzchen und seinen Sicherheitsabstand. Ob diese niedlichen Tierchen auch so fauchen können? Da spürt er die Wärme unter seinem Hinterteil. Die Weite in seinem Blick. Zwischen Wärme und Weite lässt er die Skier baumeln. Er kann sein Glück kaum fassen. —— „Die Sitze sind geheizt, Madame", flüstert er. Sein Puls, so kommt ihm vor, schlägt Purzelbäume. Der Berg ruft. —— Madame greift nach oben und schiebt seiner Grenzenlosigkeit einen Bügel vor. Doch je höher sie kommen, sickert die Wärme in Madames Gesicht allmählich nach unten. Von unten wärmt der Sitz und Madame fühlt sich behaglich in ihrer Brust. Der Schönheit konnte sie sich noch nie entziehen. —— Still ist es, an diesem Wochentag in der Nachsaison. Nur das Holpern der Rollen an den Liftstützen, das leise Raunen in den vier Löffeln des Windrades. Das geschmeidige Weiß, das in jede Spalte geflossen, zu dieser Stunde noch beharrlich der Sonne trotzt. Das Glitzern die Leihgabe eines perfekten Tages. Äonen von Sternen, die aus der

Nacht gefallen sind. Madame sieht Herrn Brösel an. Herr Brösel sieht sie an. Es ist nicht nur der Berg, der ruft, will ihm jetzt scheinen. Im Sehen liegt eine Tiefe, ein Schlund, der mit der Höhe in die entgegengesetzte Richtung wächst. Herrn Brösel ist es, als falle er nach oben. Vielleicht, denkt er, liegt es an der Sitzheizung, aber ich hoffe nicht. Früher hat er sich die Gipfel verdient, hat per pedes, mit Steighilfe und Harscheisen versehen zwar, eine eigene Aufstiegsspur in die tief verschneiten Hänge gelegt. Aber das ist lange her. Jetzt beschließt er, diesen ihm so unvorhergesehen, regelrecht verordneten Luxus zu genießen. —— Aber, stellt sich Herr Brösel danach die Frage: Geht ein echter Vorarlberger wirklich nach Lech, um Ski zu fahren? —— Madame denkt gar nichts. Weder denkt sie darüber nach, wie sie hierher gekommen ist, noch denkt sie darüber nach, wie es später weitergehen wird. Im Moment befriedigt sie die Distanz zu Herrn Brösel und zu den weißen Gipfeln. Aus der Distanz entsteht das Bedürfnis zu erobern, weiß Madame und ihr Lächeln schwillt an, wie die über die Geländekanten wachsenden

Gabriele Bösch

Schneeverwehungen. Wie pralle Lippen erscheinen ihr die Wechten. Als öffnete sich der Hang darunter zu einem tiefen Grinsen.

Am Schlegelkopf wechseln sie zur Kriegerhornbahn. Als Madame den sicheren Sitz wieder unter sich spürt, beginnt auch sie an „Zeichen" zu glauben. Eine Kriegerin ist sie, im doppelten Sinn. Als sie aber oben angekommen über den Hang nach unten sieht, stellen sich ihrem Kriegspfad gefährliche Buckel in den Weg. Von nichts kommt nichts, denkt sie und stößt sich mutig ab. Der Ski nun, den Madame zu lenken versucht, ist ein neuer Carver. Die Buckel hingegen sind alt und ungeordnet gewachsen, wie Madames Stil. Während sie den Talski nach außen drückt, hebt sie den Bergski. Aus dieser Differenz scheint schneller als sie schauen kann ein neuer Buckel zu wachsen. An und für sich sind Buckel intentionslos. Dieser aber scheint einer gewissen Differenz entgegenwirken zu wollen. Madames Skispitzen überkreuzen sich daher und im aushebenden Fall denkt sie kurz über ihre eigenen Intentionen nach. Aus der Absicht ergibt sich ein Weg. Aus neuen Absichten ergeben sich neue Wege. Mit Hindernissen hat sie nicht gerechnet. — „Sie können mit einem Carver nicht ihren alten Stil pflegen", sagt Herr Brösel, der neben ihr zu stehen kommt. Die Unschuld in seiner Feststellung korrespondiert nicht mit dem Grinsen, mit welchem er auf sie herabblickt. Mitunter liebt Herr Brösel Differenzen und die Perspektiven, die sich daraus ergeben. — „Sie müssen mit beiden Füßen am Boden bleiben", fügt er hinzu. — Madame blickt auf. Sie sieht einen schier in den Himmel wachsenden Herrn Brösel. Er stützt sich lässig auf seine Stöcke. Keine Unsicherheit aufgrund weich gekochter Eier haftet an ihm. Stark und überaus natürlich blickt er auf sie herab. „Ping!" schießt es ihr durch den Kopf. Herr Brösel ist garantiert kein Mensch, der, um ein Ei zu köpfen, einer Guillotine bedarf. Im Moment sieht er aus, als würden ihm selbstverständlich kopflose Eier zum Frühstück serviert. Ein bisschen sieht sie aus, wie das Gelbe vom Ei, denkt Herr Brösel völlig unabhängig von Madames Gedanken, ich werde sie überall erkennen,

Gabriele Bösch

in dieser leuchtenden Jacke. "Sie müssen mit beiden Füßen am Boden bleiben", murmelt Herr Brösel eine Wiederholung. Madame erhebt sich lachend und genießt seine Doppelbödigkeit. Die Skier hat es ihr verschlagen, ihre Sprache aber nicht. —— "Für neue Erfahrungen muss man die Bodenhaftung zu Zeiten aufgeben", sagt sie. Herr Brösel denkt nach: Um welcher neuen Erfahrung willen ist sie bereit zu stürzen? Niemals wäre er bereit zu stürzen, da würde er schon vorher ordentlich Ski fahren lernen! "Also gut", sagt Madame Chazal, "bis zur letzten Talfahrt werde ich versuchen, mit beiden Füßen am Boden zu bleiben! Danach aber will ich fliegen!" —— Und damit nimmt Madame ihren Kampf gegen die Buckel wieder auf. Jetzt ist Herr Brösel doch ein wenig bestürzt, wie er ihr so nachsieht. Wenn sie diese, nämlich höchst eigenwillige Fortbewegungsart "Ski fahren" nennt, dann kann man sich vor ihrem "Fliegen" nur fürchten, denkt er, als Madame über einen besonders gemeinen Buckel schanzt und: fliegt. Herr Brösel seufzt, vielleicht, sagt er sich, fährt sie dann nachts in ihrem Bett Ski. Er stößt sich ab und trifft eine Entscheidung: Ab nun werden sie gewalzte Hänge fahren, die kommen Madames Stil sicherlich besser entgegen. — Vom Hasensprungsessellift aus beobachtet Madame dann die Rehspuren. Sie fragt sich nach dem Unterschied zwischen Reh und Hirsch. Sie blinzelt Herrn Brösel zu. Aber der ist, zumindest optisch, auf der Suche nach Hasen. — Am Weibermahdlift schnappt Madame den ultimativen Satz auf: Am Freitag ist Ausverkauf beim Strolz! Augenblicklich vergisst sie Rehe und Hirsche. Beim Strolz wird der Natur auf andere Art auf die Sprünge geholfen. — Am Petersbodenlift studiert Madame Hieroglyphen. Der Schnee, der von den Liftseilen gefallen ist, hat eine lange Geschichte im unberührten nächtlichen Weiß hinterlassen. Madame versucht sie zu entschlüsseln: Überdurchschnittlich oft kommt nebst Punkten und Strichen ein „L" vor. Madame muss schmunzeln und beginnt still zu zählen. Er liebt mich. Er liebt mich nicht. Herr Brösel derweil ahnt nichts von ihrem Gänseblümchenspiel. Er fahndet immer noch nach den Hasen. — „Es gibt auffällig wenig hübsche Skihasen hier", stellt er fest. — „Es ist Nachsaison", sagt Madame. Herr Brösel bekommt ob dieser Trockenheit augenblicklich großen Durst. Vorsichtig lässt er eine Bemerkung fallen. Die Bemerkung fällt genau zwischen die letzten „L's" und stört Madames Zählung. —— Ein schönes großes Bier mache ihn jetzt an, träumt Herr Brösel laut. —— „... mich nicht", sagt in diesem Moment Madame. —— Alle großen Ereignisse im Leben einer Frau brechen sich am Durst eines Mannes, denkt Madame Chazal und überlegt zum ersten Mal an diesem Tag, ihr Spiel zu unterbrechen. Herr Brösel hingegen fragt sich, weshalb ein Mann in Gegenwart einer Frau sich ständig dazu genötigt fühlt, seinen Durst zu bändigen. Er glaubt zu wissen, dass eine permanente Lustverschiebung nach hinten keineswegs einen höheren Grad der Befriedigung zum Zeitpunkt der Erfüllung nach sich ziehe. Durst ist Durst, denkt er, während Madame ungnädig auf den Rotschrofenlift zeigt. —— Auf selbigem denkt Herr Brösel an Madames unter der Haube sicher verstecktes Haar. In Gedanken wickelt er es um seinen Finger und dreht ihr eine Locke. Pünktlich zu Mittag aber lockt er sie in die Rudalpe. —— Dort sitzen sie und tauschen ihre Blicke aus. Madames Blick fällt in die Weite, spielt Ping-Pong mit den gegenüberliegenden Hängen. Herrn Brösels Blick fällt in jenes Eck des Tisches, in welchem die Besteckkiste steht, an der auch die dazugehörende Speisekarte steckt. Just als Herr Brösel Kässpätzle bestellt, beschließt Madame, die Seiten zu wechseln. –– „Dort will ich jetzt hinauf", sagt sie und zeigt auf den Rüfikopf. –– In diesem Berg schläft ein Lied, denkt sie. Die Lawinenverbauungen ragen schwarz aus dem Schnee. Wie Notenlinien sind sie exakt gezogen. Nur die Noten fehlen. Madame spürt einen stillen Auftrag: Kunst am Berg. Ein Liebeslied, denkt sie. Herr Brösel betrachtet derweil die orangen Zwiebelringe in seiner Kässpätzlepfanne. –– „Unnatürlich", sagt er und schüttelt den Kopf. –– „Natürlich", sagt Madame und denkt, Wolken müsste man zähmen und als Noten in die Lawinenverbauung hängen. Ein Wolkenliebeslied. Oder den Schnee schwarz färben. „Unnatürlich", sagt sie und schüttelt ebenfalls den Kopf. Als sie in die Pfanne blickt, sind die Zwiebelringe bereits verschwunden. Herr Brösel kann sich nur wun-

Gabriele Bösch

dern. Von Zwiebelringen, so deutet er, verstehe ich also auch nichts. Madame ist Künstlerin genug, ihn in diesem Glauben zu lassen. Das Lied in der Lawinenverbauung jedoch, das widmet sie großzügigerweise ihm. Weil Herr Brösel davon aber gar nichts ahnt, blickt er, ein wenig zu ausschweifend vielleicht und weil ihm vorher so gar keine Hasen untergekommen sind, der Bedienung nach. — „Sie ist hübsch", entschuldigt sich Herr Brösel unter Madames eindringlichem Blick. — „Sie haben sie regelrecht gescannt!", empört sie sich. — „Männer müssen Frauen scannen, um sicher zu gehen, dass die hinterlassenen Spuren auch zum dazugehörenden Körper passen!", erwidert er. Zur Unterstützung genehmigt er sich einen Schluck Grappa. — „Und was machen sie dann mit den gescannten Daten?", fragt Madame mit kleinen spitzen Mundwinkeln. — „Sie speichern sie auf die Festplatte", sagt er. — Madame blickt auf seine bereits gerötete Glatze. — „Verfügen Männer über unbegrenztes ‚Downloadvolumen'?", fragt sie und färbt ihre Stimme mit einem Hauch von Sorge. — „Im Prinzip ja", antwortet er und wartet auf ihre Frage zur Speicherkapazität der männlichen Festplatte. Dieselbe nämlich, denkt Herr Brösel, wird zu wenig oft nachgerüstet. Alte Daten werden durch neue ersetzt, das lässt keine schlüssigen Vergleiche zu. Vergleiche allerdings sind Grundvoraussetzung für jegliche Erfahrung. Männer bräuchten alle einen Server, denkt er. Der Grappa jedenfalls schmeckt unvergleichlich gut. —— Nachdem auch Madame den Grappa ausgetrunken hat, ist das Eis geschmolzen und der Schnee sulzig. Sie schwimmen mehr ins Tal als sie fahren und treffen sich wieder in der Gondel auf der gegenüberliegenden Talseite, die sie zum Rüfikopf bringt. Nach der Fahrt ist Madame geneigt, zum zweiten Mal an diesem Tag zu beschließen, mit beiden Beinen am Boden zu bleiben. Ein wenig schwindelt ihr. Herr Brösel fährt voraus. —— „Wie schön Sie fahren!", staunt Madame Chazal unverhohlen, als sie ihn eingeholt hat. „Das ist der Rhythmus", sagt er, nicht ohne Stolz. „Ich fahre in einem Vierviertaltakt, oder Vierachteltakt." Sicherheitshalber zeichnet er das Gesagte mit dem Skistock in den Schnee. Er versteht doch nichts von Musik, denkt sie und betrachtet liebevoll die Zeichnung aus senkrechten Sinuskurven. — „Manchmal", sagt er, „möchte ich gerne die Melodie hören, die ich fahre." — Jetzt betrachtet sie ihn liebevoll. — „Ich verstehe", antwortet sie. „Es muss ein leises Lied sein ... Ich hingegen fahre zu viele punktierte Noten!", stellt sie fest und: „Dazwischen fahre ich auch ziemlich freche Triolen!" Dann lacht sie schallend und gibt Gas. — Ihr Lied passt nicht zum Berg, denkt Herr Brösel als er ihr nachsieht, überhaupt scheint sie nur über eine einzige Melodie zu verfügen, welcher sich sämtliche Gegebenheiten unterzuordnen haben. Das ist Charakter, denkt Herr Brösel, und sieht zu, dass er ihr nachkommt. Ab und zu spürt auch er nun einen Akzent in seinem Rhythmus.

Sie wechseln erneut die Talseite. Am Seekopf findet ein Konzert statt. Madame ist begeistert und irritiert zugleich. Die Musikanten sind spritzig und witzig in ihrer Musik. Madame aber würde lieber den Vögeln zuhören. Sie sieht sich um. Die einzigen schrägen Vögel, die es hier gibt, sind tatsächlich die vier Musikanten des Holstuonarmusigbigbandclubs. Sie zupft an Herrn Brösels Jacke und gibt ihm zu verstehen, dass sie von hier weg will. —— Herr Brösel aber ist unschlüssig. Er liebt Vögel in all ihren Erscheinungsarten. Und er mag diese Musik. Schlussendlich gibt er diesem Paradiesvogel in gelber Jacke, blauer Hose und türkisgrüner Mütze nach. Zu neckisch fallen diese roten Locken vom Unterrand der Mütze auf diese gelbe Schulter. Er möchte sie heute noch ohne Mütze sehen. —— Auf der Abfahrt zum Muggengratlift ist bereits nichts mehr von der Musik zu hören. Auf dem Sessellift gibt sich Madame erlöst der Stille hin. Die Sessel schaukeln. Herr Brösel zwinkert in die Sonne. Der Südhang lächelt. Mitten im Hang türmt sich über einer Geländekante eine Schneewechte. Darunter schimmert es norwegisch blau. Ein Blau, das dem Himmel nie eigen ist. So ist Eis, denkt Madame, eine Variation von vorgestelltem Himmel. Es ist derselbe Hauch von Grünblau, das morgens zwischen den vereisten Ziegeln, die die Pistenwalze hinterlassen hat, geleuchtet hat. Als wäre der Himmel zwischen die Rippen ge-

Gabriele Bösch

fallen. Als wollte auch er sich hier in Lech für die Dauer eines Tages erholen. Von seiner Unendlichkeit. Das Weiß des Nordhanges ist nur von Tierspuren durchschnitten. Schneeschnecken liegen am Ende ihrer holprig geraden Spur. Eine unsichtbare Hand hat sie ins Rollen gebracht. Als hätte der Wind einen Schneemann bauen wollen. Als hätte er zu früh aufgegeben, liegen die unfertigen Kugeln seitlich hingekippt. Wie weiße Noten auf weißem Papier. Madame lauscht diesem stillen Lied. Wozu Wolken zähmen, denkt sie und hängt ihren Blick an die schwarzen Dohlen, die reglos unter dem Grat im Wind verharren. —— „Einen solchen Moment dehnen", sagt sie, „die weißen Kompositionen lesen und sie von innen her hören, ein weißes Lied, das von den unzähligen Variationen von Schatten erzählt ... Ein Nordhanglied."
—— „Sehen Sie", sagt Herr Brösel, der den Südhang studiert, „die Schneewechten! Als schürzte der Hang seine Lippen ... und wie gierig es von ihnen tropft! Es wird Frühling, darüber täuscht auch das Weiß nicht hinweg!" —— „Im Tal balzen wohl schon die Amseln", sagt Madame und

schürzt ihre Lippen wie der Hang. Es tropft nichts von ihren Lippen, stellt Herr Brösel beruhigt fest. Nur ein leiser, grünblauer Schimmer, so will ihm scheinen, blitzt in ihren Brillengläsern auf. — Am Muggengrat angekommen, will Herr Brösel einen Beweis für diese Erscheinung. Madame ziert sich zunächst, sie brauche keine Beweise. Herr Brösel aber steht still wie eine Dohle, lächelt wie ein glitzernder Hang und Madame hört eine Melodie. Sie willigt ein. Herr Brösel macht ein Foto von ihr. Stolz reicht er ihr die Kamera und zeigt es ihr. So also sehe ich aus, denkt Madame, ein veralteter, bunter Skihase mit roter Brille. Und im rechten Brillenglas steht mein Fotograf. — Die beiden genießen die Muggengratabfahrt. Herr Brösel genießt sie bis zum Ende. Madame genießt sie genau bis zur Mitte des flachen Endabschnitts. Da hebt es sie aus den Skiern. Sie rudert dagegen. Der Schnee ist das reinste Wasser. Tausend Meter, so scheint ihr, stapft sie Herrn Brösel entgegen. Das ist eindeutig zu lang, denkt sie und zum zweiten Mal an diesem Tag flucht sie und fragt sich, auf was sie sich da eigentlich eingelassen hat. Herr

Brösel hingegen wartet entspannt und gelassen. Er genießt jeden einzelnen Schritt, den sie auf ihn zumacht. —— Am Zürserseelift dann beruhigt sich Madame. Die Madlochabfahrt versöhnt sie. Erschöpft jauchzend kommt sie in Zug an. Das Jauchzen allerdings bleibt ihr im Halse stecken, als ihre Erschöpfung an der Liftstation offensichtlich wird. Sie wippt zwar brav mit dem Hinterteil, schafft es aber nur, mit einem Fuß durch die Schranke zu kommen. Da steht sie nun, in ihrer blauen Herrenhose, zwischen den Beinen das eiserne Kreuz. Herr Brösel eilt ihr von hinten zu Hilfe, hält seine Karte an das dazugehörige Gerät und Madame holt ihren zweiten Fuß samt Ski ein. Herr Brösel hält seine Karte nochmals an das Gerät, um Madame zu folgen. Das Kreuz bewegt sich nicht. —— „Das geht nicht", sagt trocken der Liftboy, dessen Beobachtungen des heutigen Tages gerade einen Höhepunkt erfahren. —— „Was geht nicht?", fragt Herr Brösel verblüfft. —— „Sie können die Karte nicht zweimal benützen. Skier ausziehen", sagt er. —— Herr Brösel folgt erst den Anweisungen des braungebrannten Boys, überwindet das Kreuz kletternder Weise, zieht seine Skier unten durch, folgt dann Madame und fühlt sich zum ersten Mal an diesem Tag ziemlich nackt. Er vergisst allerdings völlig, dies als „Zeichen" zu sehen. Madame hingegen kichert. Ihr ist seine Nacktheit nicht entgangen. — Die Blicke der beiden fallen eine Zeit lang diametral auseinander. — Am Nordhang stehen die Tannen gerade, die Latschen verbiegen sich. Madame kneift die Augen ein wenig zusammen und die grünen Flecken verschwimmen mit dem milchigen Weiß zu einem riesengroßen Moosachat. — Herr Brösel betrachtet linker Hand eine winzige, schon ausapernde Skihütte. — „Ein Juwel", denkt Madame. — „Das können Sie laut sagen", sagt Herr Brösel und einen Moment lang weiß keiner der beiden, wer wessen Gedanken gelesen hat. Sie beschließen, das Gedankenlesen im Hotel fortzusetzen. — Von Lech aus trägt Herr Brösel zwei Paar Skier auf dem Buckel, Madame stelzt mit vier Stöcken hinterdrein. Sie freut sich sehr über Herrn Brösels Stärke und über ihre eigene Leichtigkeit. Das Rot auf den Wangen teilen sie sich.

Gabriele Bösch

„Herrlich", sagt Madame, als Herr Brösel im Heizraum an ihren Schuhen zieht. Dämlich, denkt er, aber nur kurz, weil er selbst fast nicht aus den seinigen kommt. Der Wampen. Beide sind sich nicht sicher, wem der galt.

„Darf ich Sie zu Kaffee und Kuchen einladen", fragt fröhlich die Wirtin im *Georg*. Die beiden nicken, unfähig ein Wort zu sagen. Im Kamin brennt jetzt Feuer. —— Mitten im Kaffeegenuss steht Herr Brösel auf, geht zum Kamin, stellt den Elefanten zur Seite, betrachtet sich selbst im Spiegel und greift nach dem WILD-SEX-Buch. Es stecken zwei Bücher in der Leopardenhülle. FÜR IHN und FÜR SIE. Er schlägt das FÜR SIE auf. —— Wie ungeniert, geniert sich Madame. Herr Brösel lächelt. Er nimmt einen Bissen von seinem Obstfleck und blättert durch das Buch. Madame nippt an ihrem Kaffee und schluckt zweimal. Jetzt steht sie auf, geht zum Kamin und studiert das Hirschgeweih samt Schädel. —— „Die Augen", sagt sie, „wie groß!" —— Herr Brösel denkt nicht daran, das Buch zuzuklappen. Das Feuer, denkt Madame, mir ist viel zu heiß. Sie setzt sich wieder hin. Auf dem Fensterbrett sitzen sechs Engel. Der erste küsst dem zweiten die Hand. Der dritte betrachtet seine Füße. Der vierte sieht in die Ferne. Der fünfte lauscht dem, was der sechste ihm ins Ohr flüstert. —— Im Kamin knistert es. —— Herr Brösel ist völlig vertieft. —— Madame weiß nicht wohin mit sich und ihrem Blick. Kurzerhand greift sie nach ihrem Schlüssel. —— „Ich mache mich frisch", sagt sie. Im Aufstehen erhascht sie einen Blick in das Buch. Das Bild dort hat nichts mit Engeln zu tun. Aber mit dem Fliegen, denkt Madame und mit Mittel-, Ring- und kleinem Finger macht sie eine kleine Winkbewegung. Zwischen Daumen und Zeigefinger hält sie den Schlüssel. Der weiß nicht, ob er mit seinem hölzernen Anhänger klappern oder knistern soll.

Still steht Madame in ihrem Zimmer. Das Doppelbett ist mindestens doppelt so hoch wie ihres zu Hause. Die Kissen scheinen sich vermehrt zu haben, seit sie morgens aus dem Zimmer gegangen ist. Auch die Hirsche haben sich vermehrt. Sie tan-

Gabriele Bösch

zen rund um das Bett. Sie blicken aus den Kissen auf Sofa und Stuhl. Zwei weiße Hirsche im Nebel leuchten aus einem Bild. Madame sieht in das Bild. Auf das Glas legt sich das Rot ihres Haares. Das Wild wird rosarot. Madame denkt an einen Tanz zu dritt. Im Morgengrauen. —— Unten klappt Herr Brösel langsam das Buch zu. —— Oben schlüpft Madame aus der Herrenhose und hängt sie an ein Gestell, das aussieht, als wäre es gewöhnt, für derartige Zwecke gebraucht zu werden. —— Unten stellt Herr Brösel die Bücher in ihre Hülle und blickt erneut in den Spiegel. —— Oben zündet Madame den Sternenhimmel im Bad an. —— Unten stellt Herr Brösel den Elefanten zurück und achtet darauf, dass er nicht wegrollt. —— Oben entledigt sich Madame ihrer restlichen Wäsche. —— Genug der geliehenen Nacktheit, denkt unten Herr Brösel, jetzt will ich Tatsachen sehen. —— Oben zündet Madame die Kerzen an. Sie steigt in die Dusche. —— Herr Brösel steigt über die Stiege. Er spürt seine Oberschenkel. Das würde ich niemals zugeben, denkt er und bleibt vor Madames Tür stehen. Aber nur kurz. —— Ich spüre meine Oberschenkel, denkt Madame drinnen, das ist zu früh. — Draußen legt Herr Brösel seine Hand auf die Klinke. — Drinnen legt Madame Hand an sich selbst an. Sie seift sich ein. — Herr Brösel dreht leise den Schlüssel um. Von innen. — Madame dreht sich zum Wasserstrahl. Irgendwie, denkt sie, wird es dunkler. — Herr Brösel dimmt den Sternenhimmel. Die Kerzen sind Licht genug. Mit den unwichtigen Dingen pflegt Herr Brösel sparsamen Umgang. — Madame hingegen bedient sich reichlich am Duschgel. — Herr Brösel öffnet den Schrank. — Madame schließt ihre Augen. — Herr Brösel entledigt sich seiner Kleider und stopft sie regelrecht in den Schrank. Ordnung macht nicht immer Sinn. Für Ordnung braucht man Zeit. Die will er sich jetzt keineswegs nehmen. — Madame hingegen nimmt sich alle Zeit. Erst denkt sie an Herrn Brösels Hände. Dann denkt sie an seine weichen Knie. Zuerst spürt sie das linke, von hinten anstoßen, sanfter als es das Drehkreuz am Morgen war. Sie wippt mit dem Hinterteil, obwohl sie die Karte draußen gelassen hat. Herrn Brösels

Gabriele Bösch

Hände erkunden derweil ihre Buckelpiste. Nichts ist da gewalzt. Obwohl, es fühlt sich dennoch glatt an. Madame spreizt die Beine. Herr Brösel beginnt, sie auch aus dieser Situation zu erretten. Madame bückt sich. Imaginär die Bindung. Ihr Kopf landet im Seifenhalter. Herr Brösel rückt noch näher. Die Tür lässt sich nicht schließen. Herr Brösel denkt längst nicht mehr an das Eichkätzchen und seinen Sicherheitsabstand. —— „Für neue Erfahrungen muss man die Bodenhaftung zu Zeiten aufgeben", zitiert Herr Brösel Madame und hebt sie gleichzeitig an. Ihr Kopf landet unter dem Seifenhalter. Sie schlägt ihn an. —— „Das", sagt Madame seufzend, „ist der einzige Makel in diesem Hotel. Ein Seifenhalter sabotiert meinen Stil." —— Sie dreht sich um. —— „Morgen ...", beginnt sie einen letzten Satz. —— „Morgen", sagt Herr Brösel sehr bestimmt, „will ich meinen Namen und meinen Ehering zurück!"

—— „Aus der Distanz entsteht das Bedürfnis, zu erobern", sagt Madame und küsst ihn. „Das war ein Zeichen", sagt sie und reibt ihre Kopfbeule, „morgen", vollendet sie ihren Satz, „morgen nehmen wir die Badewanne!"

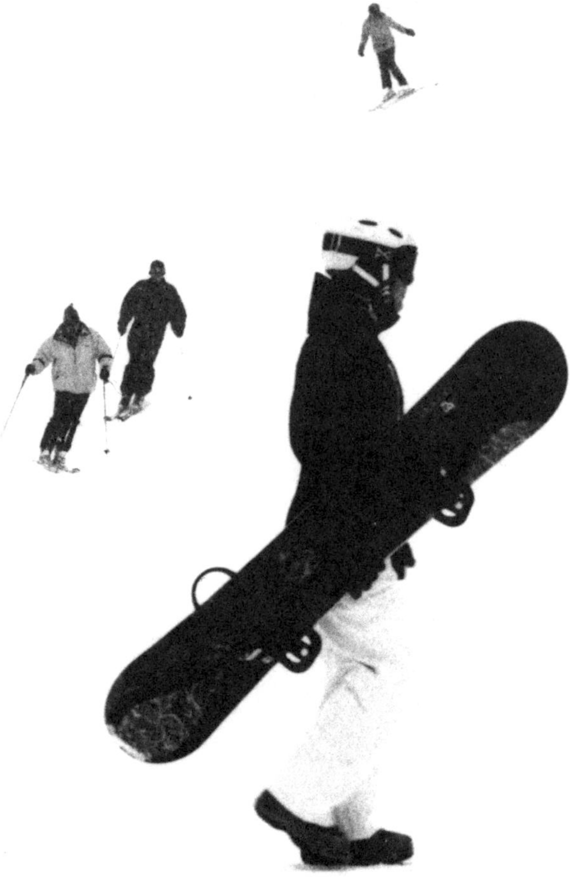

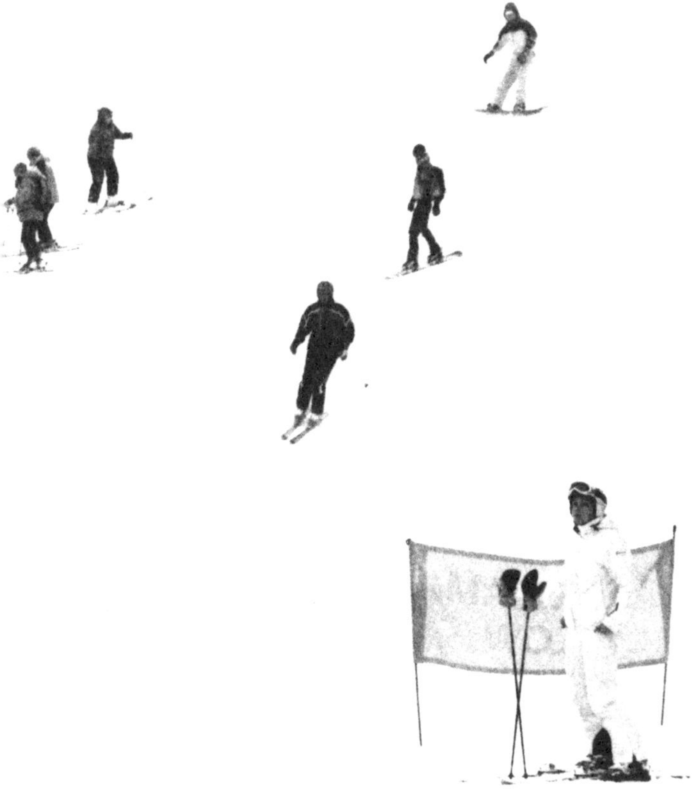

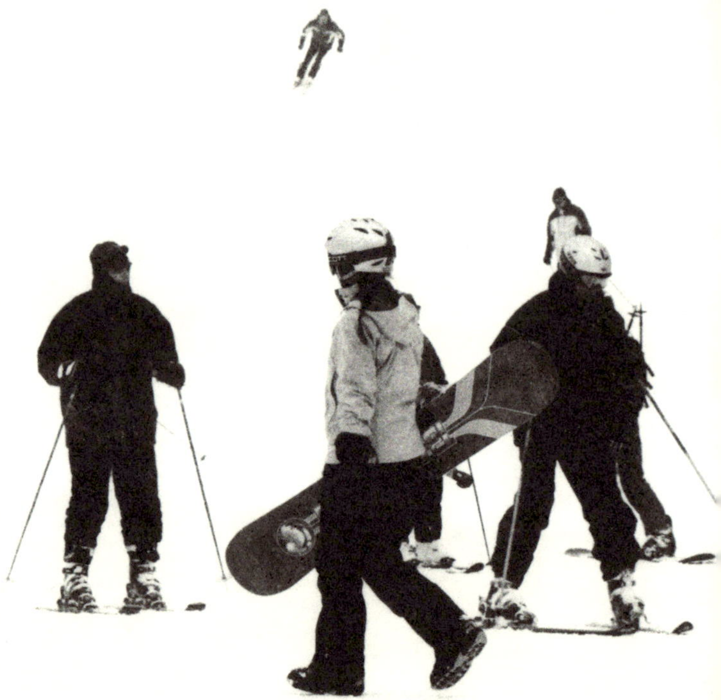

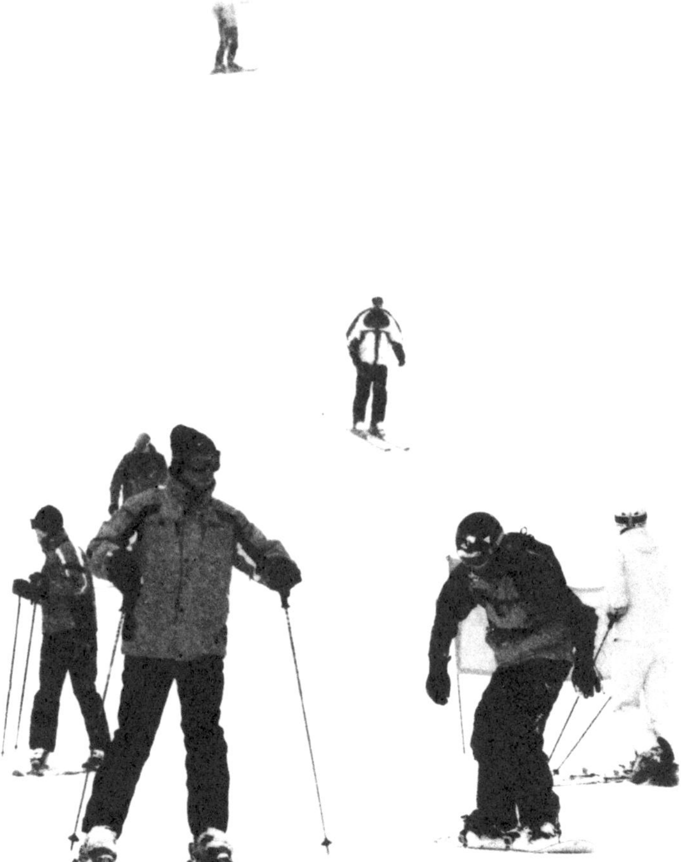

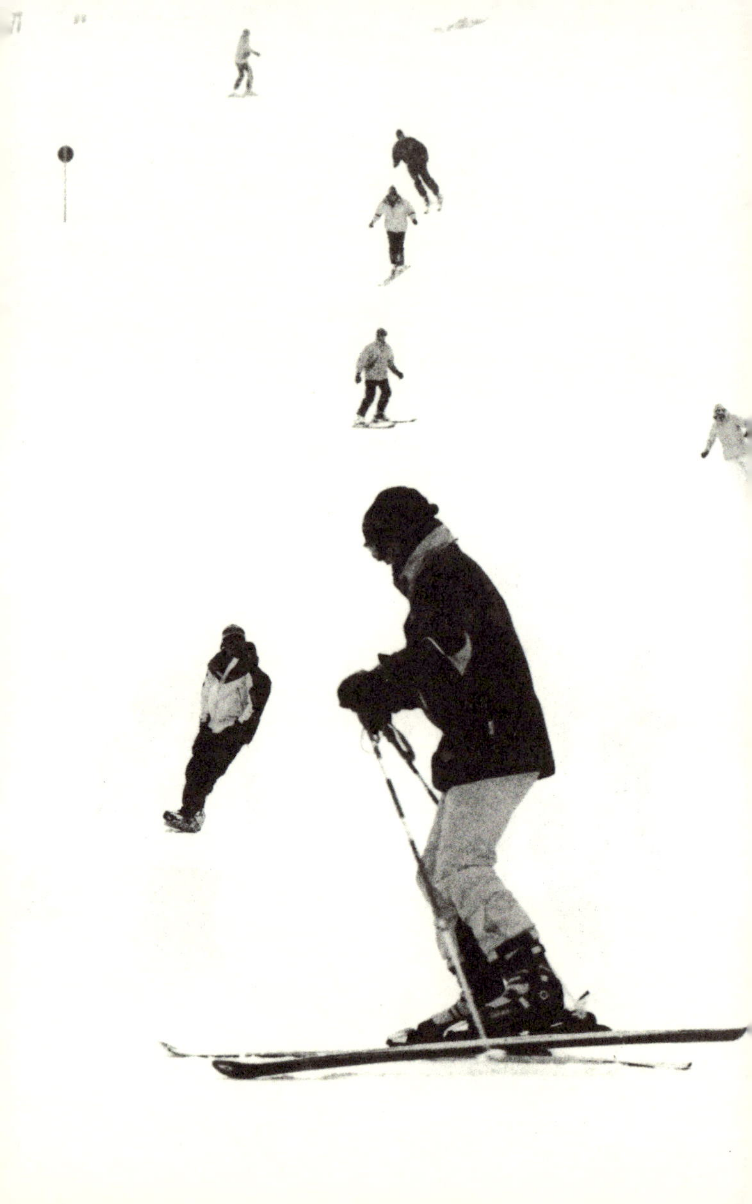

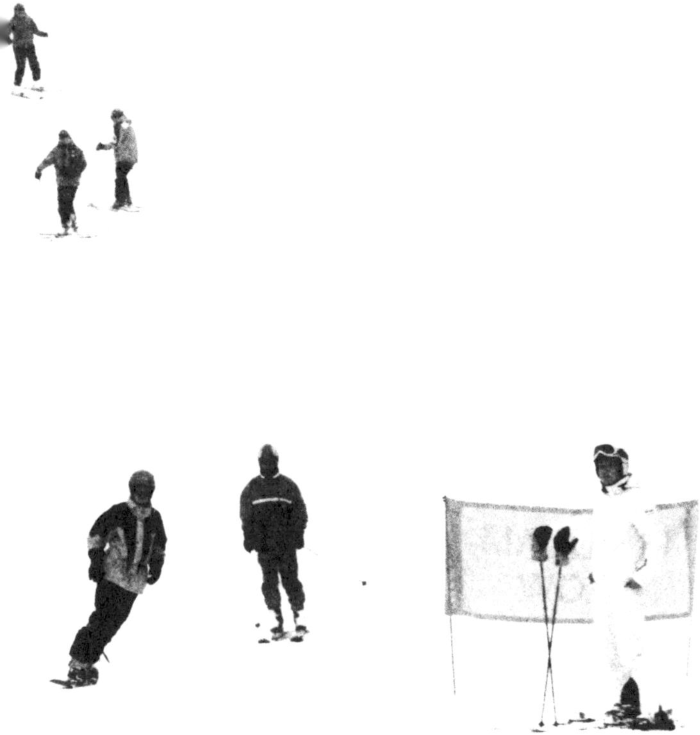

Erzberg
Zürs 383
6763 Zürs am Arlberg
Österreich
T 0043-(0)55 83-26 44-0
www.hotel-erzberg.at

Alexander Peer
Wir Omeshornbläser

Metzgertobel, Mohnenfluh, Omeshorn ... als ich die Karte des Arlbergs entfalte, erzählt sie mir von Namen, die mich in die Landschaft eines *Fantasyromans* führen. Richtig *Tollkühn!* —— Welches Horn mag wohl geblasen worden sein, einst auf dem *Omes?* Und von wem? Wofür? Welcher verwunschene Prinz hat seine ganze Lungenluft zusammengepresst und hinausgepustet? Wem galt sein tiefer, erschöpfter Ton? —— Oder ist es doch nicht mehr als ein Gipfel, das Horn, eine Beule der Landschaft? Selbst wenn: Hat es einen Grund, den man bis jetzt nicht befragt hat, warum das Omen so nah am *Omes* ist? —— Ein Titan mit schwerem Kopf! So schaut der Omes auf Lech und manchmal zwinkert er nach Zürs. Wer weiß das schon zu bemessen, was der Omes gesehen hat? —— *Ja, der Omes, gell ...* so schnell wird er zum Nachbarn, zum schrulligen Gefährten zeitlebens, zum fremden Bekannten von nebenan, zum Freund, der einen ängstigt. Sein Blick ist dunkel und Jahrtausende hat er auf nichts anderes geschaut als Schnee. Machte ihn das so stumm? Später, als die Ameisen größer und Menschen genannt wurden, hat er immer noch so geschaut ... man weiß nicht wie, so zornig, unbeherrscht oder so wild und jung? — Manchmal aber, wenn es der Sonne gefällt, setzt sie ihm einen Hut geflochten aus Strahlen auf und seine Stirn wird weniger furchtsam. Seine weißen Barthaare verlaufen sich im Tal, im Ort, fallen bibelschwer auf Häuser, die sich mit eigenen Namen wehren gegen seine Größe und mit dem eigenen Namen eine eigene Geschichte behaupten und mit dem Namen des Hauses zugleich den Namen und die Existenz der Familie beweisen und sichern. Gleich ob Harrer, Walch und Strolz, ob Zimmermann, ob Pfefferkorn, ob Jochum, Wolf und Schneider. — Alte Geschichten brauche ich nicht zu erzählen, sie finden sich auf anderen Seiten. Sie sind mir sowieso zu wenig, Geschichten vom Licht am *Omeshorn*, das manche Wanderin und manchen Spötter geblendet haben soll. Die alten Geschichten sind geschrieben, aber die Natur fordert neue ein. Mit jedem Menschen findet sie einen, dem sie diese Geschichten erzählen will, einen, der diese

Geschichten wahrnehmen könnte. Aber bin ich es nicht selbst, der sich schwer tut, ihr ausdauernd zuzuhören? Bin ich es nicht selbst, der sich schwer hinlenken lässt zu ihr? Wie soll ich mich ablenken von den Ablenkungen?

Heute erzählte sie mir vom Schnee, der über der Landschaft liegt. Eine Mutter, die ihre Kinder bedeckt, in den Schlaf hüllt und gleichzeitig nicht freigibt, die Kinder nicht aufstehen und hinaus gehen lassen will. Erinnere dich an die Hand, die dich gestreichelt und wenn schon nicht geschlagen, so doch geführt hat und du wusstest gar nicht, dass das gar nicht dein Wille, sondern nur *das Beste für dich* war. — Jedes Führen ist eine Verführung, hörte ich den Wind rufen, der am Abhang richtig Tempo machte und über die Dächer jaulte, sich dann tonlos verblies. Mein Blick folgte den Schneeverwehungen, ohne dass ich ihn richten hätte können. Die Geschichten der Natur spannten mich ein, sind anspannend. Mein Blick verlor sich in der Landschaft hinter Lech in Oberstubenbach und eingekehrt ist er ins Staunen, in die *gute Stube des Berührtseins*. Rastet an einer meterhohen, weißen Haube eines Schuppens, der einem Maulwurf gleich in das Sonnenlicht blinzelt mit seinen Holzborsten, schwerer als schwarz.

Einem großen Federbett gleich liegt er über Lech und Zürs, einen ganzen Winter lang, der Schnee. Die wenigen Tage, die ich hier verbracht haben werde, genügen, um mich davon zu unterrichten wie schwer es sein muss, aus dem Schnee die Tage zu formen. Er macht keinen Unterschied zwischen dem Feld, dem Wald, dem Haus. Er bedeckt sie und alles hält sich bedeckt. Ich ahne, was es heißt, wochenlang auf Farben zu verzichten. Es heißt *gleichförmig*. Und dass Buntheit allein schon ein wirklich buntes Leben bedeutet. —— Aber heute, an meinem ersten Tag, einem verschlafenen Ankommen, versuchte mich auch die Kindheit, und diese war zwar manchentags unverschämt, aber sicher nie gleichförmig. —— Ich formte einen Schneeball. In dem Moment, in welchem ich meine Faust öffnete, kam eine kleine weiße Kuppe zum Vorschein. Es genügte ein gelassenes Hüsteln des Windes, um das Bällchen zu verjagen noch ehe es geworfen. Auf den Noppen meiner Handschuhe blieben Schneekristalle hängen. Die gepresste Kugel hatte sich verflüchtigt, alle Teile sind zusammen viel weniger als das Ganze. Besonders dann, wenn man sich gefreut, ein Ziel auserkoren, einen Baumstamm innerlich begrüßt hat, um ihn darauf vorzubereiten, dass er jetzt, jetzt gleich, ganz sicher mit einem Schneeball beworfen werden wird. Es hatte nicht sollen sein, heißt es bei den großen Dramen. —— Haben Wind und Baum, Baum und Schnee eine *Übereinkunft?* Ganz bestimmt paktieren Wind und Schnee, die manchmal geradezu verzogenen Kinder des Wetters. Haben sie sich alle darüber verständigt, mich gezielt darin zu hindern, einen Ausflug in die Kindheit zu unternehmen? Mir zuerst die Lust zu verschaffen, um mich dann zu entwaffnen? —— Der Baum hat womöglich *die Äste voll* von diesen ausgewachsenen Kindern, die ihm so oft eine *abklatschen*. Der will nicht mehr Ziel sein, beworfen werden. Es genügen ihm schon die Vögel im Sommer, *spechteln* reicht ihm vollkommen. —— So leicht sich der Schneeball verflüchtigen konnte, so schwer lassen sich die Kristalle von meinen Handschuhnoppen entfernen. Es heißt, dass kein Kristall einem anderen

Alexander Peer

gleicht, jeder seine eigene, unverwechselbare Form habe. Aber wer hat sie alle gesammelt, verglichen? In welch kolossalen Archiven ist dieser Wissensschatz bewahrt und wer würde dessen Gewicht zu heben wissen?

Ich habe mich wieder in den Erwachsenen verwandelt, es genügte das Hupen eines Autos, der Einfall eines Werbeplakats in mein Blickfeld und selbstverständlich das Riechen von frisch gezapftem Bier. Ich habe mich in einem Sinnesmoment in jenen verwandelt, der keine Schneebälle formt und der auch sommers meist nur zu einem Kopfschütteln neigt, wenn die Gänseblümchen-Anbeter eine so sprachlose Pflanze inständig danach befragen, ob sie geliebt werden oder nicht. — Lech erschien mir nun, der ich als schneeballloser Erwachsener durch es wanderte erst, dann watete, als beschaulicher Kranz um einen regen, fast zappeligen Kern. So wie man dem Schnee folgt, wenn man die Ortsmitte verlässt, so folgt man dem Wasser, kommt man in sie zurück. Dort, wo die Autobusse lärmen und ein Heer von Skifahrern sich aufschwingt zu neuen Eroberungen, dort ist der

Schnee schnell Geschichte. Grau, wässrig und kurzlebig. Der Blick darf hier nicht ruhen. — Die Geschäftigkeit im Zentrum markiert eine Großstadt, die – *gehst Du zehn Meter nur* – in ein beschauliches Dorfleben abebbt. Die Betriebsamkeit vor der Talstation der *Rüfikopf*-Seilbahn ist es, sie kann einen so schweigsamen Betrachter wie das *Omeshorn* gut vertragen. — Der *Rüfikopf* selbst mag den seinen schütteln, weil ihm so viele Skifahrer um die Ohren fahren. Die Gondel öffnet sich und der *Rüfikopf* wird kandiert mit bunten Punkten, die ins Tal rieseln. *Streuverlust* heißt es in der Werbung. Zu einem *Streugewinn* mag man dem weiß-schwarzen Berg gratulieren, der nun mit roten, blauen, gelben, grünen, violetten und orangefarbenen Wintersprossen seine kahlen Wangen belebt. *Es ist immer eine Frage der Perspektive,* sagt man. Das *Omeshorn* schaut auf den *Rüfikopf* und man ist versucht, ihm Neid zu unterstellen, wo es doch nie mit diesem bunten Pulver bepudert ist und deshalb gleich noch finsterer blickt. Das mag aber auch daran liegen, dass der Abend ein Regiment anführt, das aus unbezwingbarer Nacht besteht.

Alexander Peer

Zeit war es für mich, in den *Erzberg* zu fahren und insbesondere in dessen Grotte, wo man mich erwartete, um das Metall aus meinem Körper abzutragen; es handelte sich vor allem um Blei. —— In Muskeln, Sehnen, gar in den Knochen schien es festzusitzen. Warme Hände arbeiteten sanft und schwer zugleich an mir. Das Öl auf meiner Haut drang tiefer ein. Subkutane Erleichterung. Auf den Schultern und an meiner Wirbelsäule hingen die Klumpen der Zivilisation. Fast eine Stunde lang wurde gewerkt und dann war der Körper leicht, befreit vom Geröll meines verspannten Alltags. Einmal noch ging ich in den Hochofen mit Eukalyptus und schwitzte mich aus, um einige wenige, noch in mir verbliebene Schwermetalle zum Schmelzen zu bringen. —— Fast musste man es eine Expedition nennen, den Weg in den zweiten Stock, in mein Zimmer.

Nach dem lohnenden und lobenswerten Abendessen fällt es schwer, sich noch viel vorzunehmen, weshalb ich die Karte des Arlbergs begehe und in dieses Land eintauche, dessen Namen den Sagen Tür und Tor*heit* öffnen. Ich werde das *Kriegerhorn* meiden, aber wer verrät mir, was mich auf der *Madlochspitze* erwartet? — Der Morgen soll entscheiden. — Der Weg vom *Erzberg* zum Skilift wäre sogar für eine Schnecke ein Katzensprung. Wenn du schnell gehst, wirst du auf dem Sessellift sitzen, bevor die Hoteltür ins Schloss gefallen ist, denke ich mir. Bald befinde ich mich in Anfahrt zum Seekopf. Wasserköpfe kenne ich, aber Seeköpfe? — Eine große, blanke Fläche liegt dort am breit geratenen Fuß des Seekopfs, der Zürser See in festem Weiß. Umsäumt von Skifahrern. Das hochragende Gestein bildet ein Naturstadion. Der Mangel an Eisläufern verhindert die Vollendung der Idylle. Der Wind erkennt mich gleich wieder und bläst mir freudig ins Gesicht. Er erweist sich als einer jener aufdringlichen Bekannten, denen man vergebens auszuweichen versucht. Die freie Sicht ist heute im Hotelzimmer geblieben, aber ich wage mich daran, meinen Skiern nachzukommen, die den Weg talwärts nehmen, noch ehe ich mich entscheiden kann, welche Abfahrt ich wählen soll. So schnell, dass mir kaum mein Schatten zu folgen weiß, sind die. Doch alle drei sind wir unten angekommen, meine Skier, mein Schatten und ich. — Erfreulicherweise alle drei zur gleichen Zeit. — Leicht schwingt ein Skilehrer ab und sein Atmen gleicht dem meinen, allerdings jenem nach dem Verlassen der Massage am gestrigen Abend. Tief, gleichmäßig, harmonisch. *Sepp* arbeitet seit Jahren hier, Winter für Winter. Wie so viele lebt er hier auf Saison, bis ihm der Tau auf die Schultern klopft und ihm bekundet, dass seine Zeit für diesmal vorbei ist, und er zurück in seine Heimat soll, um sich auf das nächste Jahr zu freuen. Sepp hat schon vielen Frauen aufgeholfen, das ist klar. Als Skilehrer muss man das. In der Spitze eines riesigen „V", gebildet von *Hasenfluh* und *Trittkopf,* liegen die wenigen Häuser, die Zürs sind, ruhig und gewappnet. Ein schmaler grauer Dunst steigt über ihren Köpfen hinweg, hünenhaften Tieren gleich liegen sie in der Landschaft, die Hotels mit ihren drei, vier oder fünf Stockwerken wirken manchmal einschüchternd, zeigen sich aber innen als kleine Zufluchten, als Lichterinseln in der Nacht, die hier nur schwarz genannt sein will – ohne Lichtquelle kann selbst Schnee nicht reflektieren. Licht bestimmt uns Menschen zu keinem geringen Teil, diese Erkenntnis tritt hier in den Bergen besonders hell ins Bewusstsein. — Am Vormittag ist die *Hasenfluhseite* im Rampenlicht, später hat dann der *Trittkopf* seinen Auftritt. Und alle folgen ihnen. Nur die, welche die Nachtseite suchen, befahren auch nach Mittag das *Madloch,* das dann schon in einem matten Licht liegt, jedenfalls an jenen, um den Jahreswechsel gruppierten Tagen. Tage, an deren Rändern eine fast immerwährende Nacht nagt. So etwas kennt man nicht in der Stadt. — Heute aber liegen beide Berge im Schatten der Wolken, die träge am Himmel baumeln. Entlang der *Flexenmulde* führt meine letzte Fahrt und diesmal bin ich froh über die Schnelligkeit, mit welcher die Skier über den Schnee ziehen, schaurig-schön streckt sich die Felswand neben mir, beugt sich über mich und ich schau, dass ich ihr entkomme. Erst einige Schwünge weiter bremse ich und drehe mich um nach ihr, um ihr meine Ehrfurcht zu bekennen. Es wundert mich, dass sie nicht einfach umfällt, diese hochgewachsene Wand aus Stein. Skifahren als großes Kino. Das Abenteuer ist mit der Liftkarte gebucht.

Alexander Peer

Auch mehrmaliges Lesen der Arlbergkarte leistet wiederholt ein Schmunzeln. Als ich erneut die Grotte des *Erzbergs* aufsuche, wälze ich mich übungsweise von der Schöchlewanne über die Köchlewanne und die Wälderwanne zur Schneewanne. Vier große Bassins, gefüllt mit Schneemassen, die sich in der Vorstellung leicht wie Schaumbadburgen formen lassen. Als hätte sie der Bauherr der Natur mit Selbstverständlichkeit nebeneinander gelegt und langsam befüllt. Als wäre das alles Absicht pur. Badeoasen für die Zeit der Riesen, die bis jetzt noch nicht gekommen ist, Impulsspender für die Märchenerzähler, die sich durch die Namensgebung gleich ermuntert fühlen oder Freilandwerbeflächen für Produzenten von Sanitäranlagen. Ja, natürlich auch die Chance für jene, die von Müdigkeit geschlagen sind und nur noch die Kraft aufbringen, im seichten Witzteich zu fischen: Wer hat wohl seinen Löffel abgegeben an jener Spitze, die zur *Löffelspitze* wurde? — Wenn ich an die Familie der *Gipslöcher* denke, die so friedlich beisammen wohnt, regt sich ein Unbehagen. Obere, mittlere und untere Gipslöcher. Naturschutzgebiet. Hätte das nicht gereicht, damit der Wanderer oder Skiwanderer hier mit besonderer Umsicht Fuß vor Fuß setzt? Musste man ihnen Namen geben, die unabwendbar leidige Assoziationen wachrufen?

Es ließen sich noch etliche weitere Bezeichnungen und Namen zur Beweisführung aufbieten, dass dieses Land Fantasie beherbergt, in Form seiner Beschaffenheit und seiner Geo- und Kartografen, auch wenn diese vielleicht seinerzeit als nüchterne Zeitgenossen erschienen. Sie hatten allen Grund dazu, nüchtern zu bleiben. —— Die seit Arlberggedenken hier ansässige Familie Schneider hat mir erzählt, dass im 14. Jahrhundert die Walser hierher gekommen sind, um Berg und Tal zu vermenschlichen. Hierher nach Lech. Lange hat es nicht nach einer ausgesprochenen Erfolgsgeschichte ausgesehen. Jahrhunderte über war das Leben wohl die meiste Zeit ein Dem-Tod-Ausweichen. *Selbstverwirklichung* war ein gut gefüllter Magen und Kraft in den Waden. Noch vor gut fünfzig Jahren soll man winters nur mit Pferdekutschen über den *Flexenpass* gekommen sein. Den Jungen gefallen solche Perspektiven gar nicht. Das war schon immer so. —— Die Jungen von damals, die praktisch die Alten von heute sind, haben in wenigen Jahrzehnten ordentlich dafür gesorgt, dass die Viehwirtschaft durch den Tourismus abgelöst wurde. Ein Menschenalter lässt sich über diese Zeitspanne strecken. Als die Hotelbetreiber noch persönlich mit selbstgemachten Zetteln in die großen Städte der westlichen Welt eilten, nach Paris kamen, um die Städter für die Andersartigkeit und deshalb Besonderheit des Arlbergs zu gewinnen. Als man das Reklame nannte. Als man noch nicht wahllos mit den Begriffen einer neuen Religion, wie *Wellness, Spa* oder *Loha,* prahlte, um zu ahnen oder zu wissen, was guttut. Als die deutschen Gäste aufgrund der Tausendmarksperre ausblieben und die Improvisation ein Dauerengagement bekam. Ganze Schulklassen wurden einquartiert und der Binnentourismus wurde durch Anreize wie zusätzliche Urlaubstage angeregt. Das war damals so, ja. —— Es gibt diese Bilderrätsel, wo zwei Bilder nebeneinandergestellt werden, die sich durch fünf winzige Merkmale unterscheiden. Legt man ein Bild von Lech aus dem Jahr 1900 neben eines aus dem Jahr 2008, findet man nicht fünf, sondern tausend Unterschiede; wäre nicht die Kirche, *die im Dorf geblieben ist,* müsste man fast an einen anderen Ort denken.

So viel im Gros der Medienberichte von russischen Gästen die Rede ist, so viele gibt es in Lech nicht, in Zürs schon gar nicht. Ich nehme nicht an, dass sie sich vor mir versteckt haben. Sicher, ich höre die slawische Sprache des Öfteren hier während meines zweiten Spaziergangs durch die Kleinstadt, aber diesen Eindruck hatte ich in Kitzbühel oder Zell am See ebenso. Dabei gäbe es dieser Tage das orthodoxe Weihnachtsfest zu feiern. Vielleicht ist das aber ein Grund, warum weniger Russen als sonst hier sind? — Gewiss, die subjektive Einschätzung entbehrt der repräsentativen Kraft. Allerdings: Vermögen kennt keine nationale Eingrenzung, nicht nur in Russland leben Wohlhabende. — Soviel ist klar, ein durchschnittliches Einkommen eines österreichischen Autors, dessen Name weder mit „K", noch mit „B", „J", „F", „H", „R", „S", „G" oder „M" usf. beginnt, genügt nicht, um hier für lange Zeit Gast zu sein, und man darf davon ausgehen, dass der Kapitalismus nicht an dieser Stelle zu Grabe getragen wird. —— Umso besser, dass es hier ein *Philosophicum* gibt, welches im Jahr 2008 der Frage nachging, ob Geld die Welt im Innersten zusammenhält? —— Schade, dass sich vor weit mehr als hundert Jahren Friedrich Nietzsche im schweizerischen Sils-Maria verschanzte und nicht am Arlberg sesshaft wurde, um seine Philosophie zu formulieren. Nietzsche hätte ein würdiger Ahnherr für diese Veranstaltung sein können. *Götzendämmerung,* damit der Platz Gottes nicht verwaist bleibt, unter anderem durch den Konsum besetzt wird. *Wer kauft, wird selig. Oder: wenn du mich schon nicht liebst, dann kauf' mir wenigstens ein Buch ab.* Ein Gedanke, der sich in so mancher Hirnwindung eines Autors leicht entdecken lässt. Wir wollen angenommen werden und da uns das so selten gelingt, haben wir auf Geld, die ihm innewohnende Macht und auf seine Symbolkraft gesetzt, damit wir uns einen Wert geben können. —— Aber ob Geld die Welt im Innersten zusammenhält, ist ja doch etwas zu sensationslüstern, zu sehr auf Effekt abzielend gefragt, oder? Aber es wäre einmal interessant darüber nachzudenken, ob es ein Innerstes der Welt gibt und was denn das sei? Erst dann wird es Sinn machen, nach den Klebstoffqualitäten des Geldes zu fragen. Dass man das *Denken* nicht loswird als Mensch ist eine große Chance und ein Übel zugleich – wer, wenn nicht Philosophen wüssten das! Wer nicht besser als Nietzsche!

Weil in Lech und Zürs die Nacht nicht einfach bloß für das Ruhen geschaffen wurde, wimmelt es in den Bars und Lokalen von Draufgängern und Heimsuchern, Tänzerinnen und Arbeitern am Parkett, Entrepreneure, die sich als Flaneure geben und umgekehrt, es formieren sich die Verschüchterten, die Vergebenen und am längsten bleiben die *Vergeblichen*. Allerdings erst zu späterer Stunde, wie man wenige Zeilen weiter unten noch erkennen wird. —— Vielleicht hätte das ja auch Nietzsche öfter tun und nicht nur beim Denken stehen bleiben sollen: „Man erholt sich in seiner wilden Natur am besten von seiner Unnatur, von seiner Geistigkeit …" —— Nietzsche ist ja in Sils-Maria nicht einmal Holz hacken gegangen, „Born to Be

Wild" konnte er schon gar nicht singen, jedenfalls sicher nicht untermalt mit dem grandiosen Solo des *Steppenwolf*-Gitarristen Michael Monarch. Dabei ist gerade ein Leben *ohne Gitarrenrock ein besonderer Fehler!* —— Nichts hat er gemacht außer gelesen, geschrieben und gedacht. Zwecklos das, um Hirn und Lou Salomé gleichermaßen abzugeben! —— Das musste ja fast so kommen, dass er dann in Turin wildfremden Pferden um den Hals fiel und sie vom rohen Pöbel befreien wollte. —— *Der Wille zur Nacht* ist bei mir gegenwärtig nicht besonders ausgeprägt, dennoch fühle ich mich verpflichtet, auch hinter diesen Vorhang zu blicken. Zu meinem großen Erstaunen überkommt mich in den Zürser Nachtklubs die große Einsamkeit und zwar nicht, weil ich verliebte Pärchen am Tresen bei neidisch machenden Liebkosungen beobachte, sondern weil es um elf Uhr abends hier eine geradezu apokalyptische Leere gibt. Meine Einsamkeit ist faktisch und nicht emotional. In drei Nachtklubs immer das gleiche Szenario, Tür auf und niemand da. „Die Leute kämen erst", heißt es. Angeblich tanzen die sich erst in Lech warm, um dann mit der richtigen Temperatur in Zürs viel leichter entzunden werden zu können. — Ungeschüttelt und keineswegs entflammt gehe ich zurück ins Hotel. Leichter Schneefall begleitet mich. Mein kleiner Koffer füllt sich mit Gewand und verstreuten Notizen. Ich bereite den Abschied immer in Etappen vor. Die Nacht verläuft ruhig, ich träume weder von Nietzsche noch von Lou Salomé und schon gar nicht vom Holzhacken. Gestärkt gehe ich aus der Nacht hervor. — Wenige Handgriffe braucht es, um das Zimmer so zu gestalten, wie ich es vorgefunden habe. Es werden sich keine Hinweise auf meine Anwesenheit hier finden lassen … bis auf diese Zeilen … und vielleicht die Erinnerung jener Menschen, die ich hier kennengelernt habe.

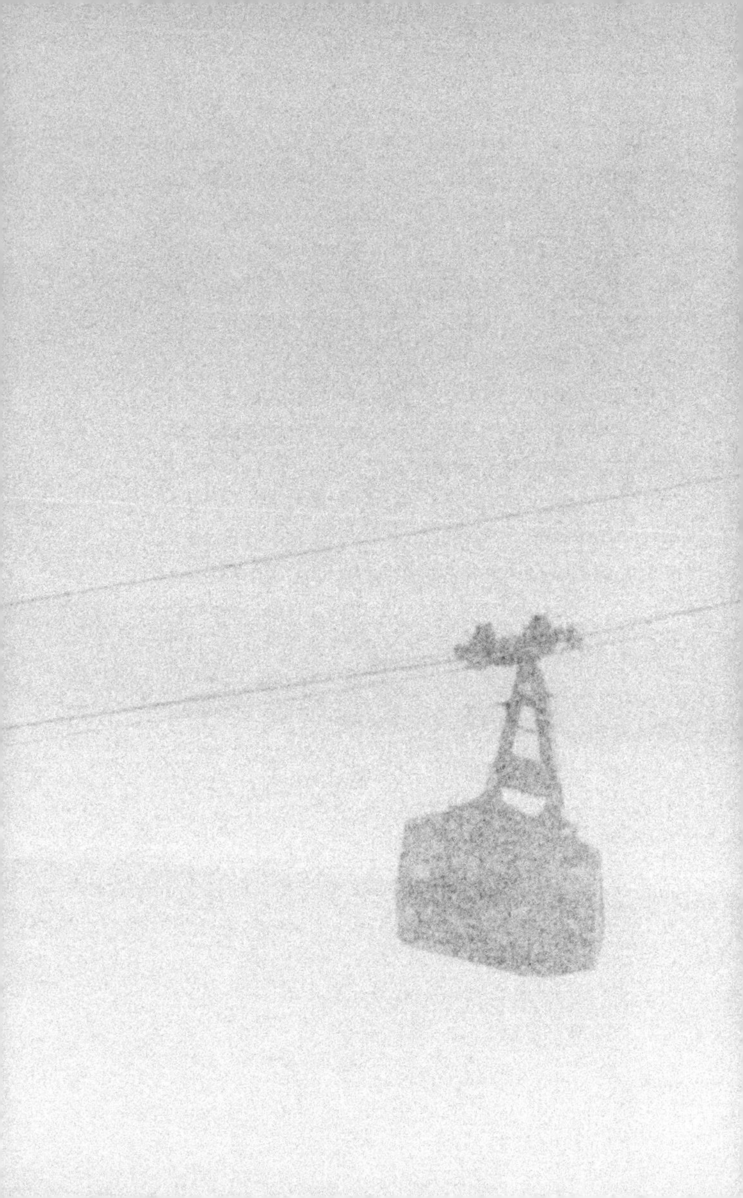

Pfefferkorn's Hotel
Hnr. 138
6764 Lech am Arlberg
Österreich
T 0043-(0) 55 83-25 25-0
www.pfefferkorns.net

Norbert Loacker
Gute Berge, Böse Berge

„Fühlen Sie sich als Gespenst?" – „Warum sollte ich?" – „Als einer, der zurückkehrte, als Revenant?" Ich sitze, bei mittlerweile vorgerückten Jahren, auf Pfefferkorn's Körndlterrasse, im Sommer 2008, trotz Auftrag und Termin entspannt wie einer von denen, die da in Windjacke und Bergschuhen an mir vorbeiziehen. Aber ich kann gut nachfühlen, wie irritierend für den umtriebigen Albrecht von Haller diese Frage ist, mit der Hugo Loetscher sein gespenstisches Interview eröffnet. Lech. Ich könnte jetzt, ein Revenant bei lebendigem Leib, mein Gedächtnis zu einem langen Marsch durch die Zeiten zwingen. Ich tu's nicht. Warum sollte ich? Was dabei herauskäme, wäre nichts Lesenswerteres als bei jedem Feldkircher Gymnasiasten der Fünfzigerjahre, dessen allmählich reifende „mens sana" für eine kurze Skiwoche zu Gunsten seines „corpus sanum" pausieren durfte. Wen würde es heute interessieren, wie dieses Lech sich erlebte, als es erst ganz wenige Schlepp- und Paarhockerlifte, nicht annähernd so viele Hotelsterne und keinen Spitzenplatz in der europäischen Dorfmeisterschaft hatte? Johann Pfefferkorn dirigierte, für unsereins unsichtbar und nicht in derselben Liga, ein Sportgeschäft und einen Supermarkt, alles noch nicht so richtig wachgeküsst und auf Weltformat gebracht von der pausbäckigen Lady B aus Amsterdam. Von da bis zum *Goldenen Berg* waren es, als die Kochs, Furtenbachs, und Loackers Schlegelkopf, Kriegerhorn und Madloch frequentierten, grob gerechnet auch noch zehn Jahre. — Pfefferkorn's Körndlterrasse, der ruppige Lech vor dem Haus, drüben St. Nikolaus mit unverwechselbarem Dreiunddreißigmeterturm, alte Perle in moderner Fassung, dort oben Schlegelkopf und Kriegerhorn (Erinnerungen, gespickt mit Stürzen auf den Pisten), nobel entrückt das Omeshorn (Schwarzweißfotos mit Agfa Box), ringsherum noch jede Menge Hörner, Köpfe, Grate, Wände, Bühel und Böden. — „Uf da Berga isch mi Leaba / Uf da Berga frei und froh." So weit und seiner Sache sicher der Walgauer Modearzt und Mundartdichter Ludwig Seeger an der Lutz. In vier Strophen die ganze Mixtur der Berglust: frei und froh, lueg i d' Wiite, Herrlichkeit und Pracht, singa odr jodla, Neabl i da Tälar, do homma alls im heallschta Sunnaglascht. Sicher nicht nach Singen oder Jodeln war es dem Schotten Norman Douglas zu Mute, wie Seeger in der Thüringer Blumenegg geboren und zwischendurch ein Walgau-Revenant, wenn er an seinen Vater zurückdachte, der mit 36 Jahren bei der Gämsjagd am Ganahlskopf auf tückischem Allgäuer Schiefer abgerutscht und in einen Abgrund gestürzt war. Nur, wer kennt schon die Stelle und das Kreuz zwischen den Quellgewässern des Lech; Seegers Gedicht, vom Feldkircher Komponisten Wunibald Briem zum Lied veredelt, kennen wir alle. — Die Poesielinie des alpinen Tourismus, ausgehend vom imposanten Albrecht von Haller (zwischen 1728 und 1800 ein gutes Dutzend Auflagen der *Alpen* und dreißig Übersetzungen in fünf Sprachen), vor meinen Augen eingemündet in ein Neues Lech der vielen Sterne: Postalmhofschneideraurigaberghofburgmontanakristianiamonzabon.

Norbert Loacker

—— Endlosschleife der Geborgenheit und Gastlichkeit? Oder raunender Abwehrtext gegen die Unwirtlichkeit des Lebens, der Unwetter, Hochwässer, Muren, Lawinen? Ob es einen weiter brächte, die tüchtige Daniela Pfefferkorn ein Stück weiter südöstlich im *Hotel Hospiz Arlberg* zu befragen? Fünf Minuten Internet zum Stichwort „Hospiz", und man ist bei in Not geratenen Reisenden in unwegsamen Gebirgen (eher die Vergangenheit) und jener leidvollen Legion, für die ein Netzwerk von Hospizen eine allerletzte Abkehr „von den üblichen Ablenkungen des Alltags wie Verkehrschaos, Lärm, Menschenmengen, Stress und Hektik der Arbeitswelt" bereithält. „Genießen Sie", ruft uns das Hospiz in St. Christoph Nr. 1 durchs Netz zu, „Ihr zweites Zuhause im Herzen der Alpen!" In Klammer: Denn das Leben ist kurz. —— Das bekommt ja nun jeder mit: So viel Zuhause, so viel Herz waren noch nie. Man merkt die Absicht dieser Wortwahl, aber verstimmt ist deswegen sicher niemand. Eine belebte Terrasse, eine Bar im Rücken, ringsum eine Skyline vom Feinsten, ein geräumiger Talboden, Resonanzbecken für die Mantrasilben des Hausbergs, darin ausgebreitet eine gastgewerbliche Galaxie, die nirgends erkennbar anfängt und endet: Anemonemohnenfluhplattenhofangelabergkristallpanoramabrunnenhofantoniusarabell. — Was ja alles nicht heißen muss, dass niemand mehr zu sagen wüsste, wie widersprüchlich es schon bei einem ganz einfachen folkloristischen Anlass auf 1.444 Meter über Adria zugehen kann. Als Lech noch Tannberg war, fand sich bei der Kirche gleich neben dem Friedhof eine Tanzlaube (ein intimes Nahverhältnis von Tod und Leben, das „Vor langen Zeiten" kontinentalen Standards entsprach). Hier amüsierte sich die damalige Jeunesse de lieu an sommerlichen Sonntagnachmittagen bis zu den letzten Zugaben der Musiker spät am Abend, ein Event, der sich ohne jedes Marketing bis auf die Flüer Schrofen hinauf gesprochen hatte. Von dort kamen regelmäßig wie Weekend-Stammgäste modelschöne Frauen herunter (nach allem zu schließen ein Ortsverein der Saligen, wie man sie in ganz Österreich kannte), setzten sich in die Laube und sahen den tanzenden Paaren zu – nur das,

Norbert Loacker

sonst nichts. Gegen Abend schlug ihnen ihre rätselhafte und für die männlichen Singles viel zu frühe Stunde. —— „D Sonna gait z' gnada, iatz müassa mia wieder dagrada". Sprachlich (sonst offenbar überhaupt nicht) waschechte Lechtalerinnen. Dann passierte einem Bellami, von dem die Sage im Übrigen nichts Unkorrektes berichtet (seine Lederhosen entsprachen dem Dresscode für solche Anlässe), was ihm vielleicht bei einer Prinzessin von Oranien-Nassau noch durchgegangen wäre, bei einer Saligen aber leider nicht. Er forderte sie, denn es war um ihn geschehn, zum Tanz auf und ergriff in allen Züchten ihre Hand. Sie aber zog sie zurück, von Groll keine Spur, von Buße keine Rede, verließ wortlos mit ihren Freundinnen die Festlaube und ward nie mehr gesehn. Die Lecher aber, das sagt nun nicht mehr die Sage, sondern die Tourismusstatistik, machen solche Fehler nicht zweimal. Auf Pfefferkorns beiden Terrassen zum Beispiel wird man, falls und solange man es will, in Ruhe gelassen. Ein Bier auf Wink. Kein Grund zum Rückzug in die Schrofen. —— Das erwähnte Interview Hugo Loetschers findet sich in seinem Essayband *Lesen statt klettern – Aufsätze zur literarischen Schweiz*. Der Band beginnt mit einer Umwertung zentraler Schweizer Werte. Loetscher, urban, wo ihn die Haut anrührt, bleibt es auch, wenn er sich ärgert. Geärgert und gegen Albrecht von Haller als helvetischen Archipoeta eingenommen hat ihn, als er auf der Frankfurter Buchmesse von 1998 das Gastland Schweiz in purem Alpenkitsch vertreten sah: „Hoher Himmel, enges Tal". Fünf Jahre später folgte dann die elegante Revision des Schweizer Literaturbeginns: Der Haller, 1708 als Sohn eines Berner Advokaten geboren und als Zwanzigjähriger mit seinen gereimten *Alpen* zum Bestsellerautor avanciert (unter den Glorifikanten auch Schiller und Goethe), dieser hochprominente Haller fällt in Loetschers „literarischer Schweiz" auf Platz zwei zurück, distanziert von einem Walliser Geißbuben namens Thomas Platter, der rund 200 Jahre früher die Nase von seinem real miserablen Berglerleben gestrichen voll hatte und auszog, um das Klettern hinter sich zu lassen und stattdessen das Lesen zu lernen. Eine Welt im Umbruch, das Schulen-Image auf Hochglanz, der

Humanismus im Aufwind. Hugo Loetscher im Essay Nr. 1: „Platter erinnert sich, wie er einst mit einem andern ‚hiertlin' davon träumte, fliegen zu können, um über die Berge hinweg in die Welt hinauszugelangen. Aber er musste mit dem anderen Hirtlein feststellen, dass Gott den Menschen nicht geschaffen hatte ‚zfliegen, sundern zgahn'. Und er ist nicht ‚geflogen', sondern ‚gegangen'. Es waren nicht Flügel, die sein Weggehen ermöglichten, sondern Füsse, und an die Stelle der Träume waren die Bücher getreten." Ob Loetscher irgendwann gewinnen kann? Mit einem solchen Vorfahren, der „repräsentativ für den Ausbruch aus dem Alpinen in die Urbanität" ist? Im Schweizerpsalm, der als Landeshymne dient, steht nichts von Büchern, nichts von „Schuel" und nichts von Stadt. „Wenn der Alpenfirn sich rötet, / Betet, freie Schweizer, betet!" Kein Grund zur Ironie für unsereinen aus dem „Land der Berge", in dem der „Strom" aus der Welt herein und in die Welt hinaus auch erst auf Platz zwei kommt. Hymnen sind haltbarer als Essays. —— Apropos Hymnus. „Erleben Sie Lech im Sommer! Tradition und Authentizität inmitten unberührter Natur auf 1.450 m genießen. 250 km beschilderte Wanderwege rund um den als schönstes Dorf Europas ausgezeichneten kleinen Ort am Arlberg sind für Wanderer ein Paradies. Mountainbiken, Laufen, Nordic Walking, Klettern, Fischen, Canyoning, Rafting, Golfen, Tennis, Inline Skaten, Minigolf sogar Kleinkaliberschießen – die Abenteuer sind grenzenlos!" Ansichtssache, würde Georg Wilhelm Friedrich Hegel gemault haben, als er am Ende seiner Berner Hauslehrerzeit eine Partie durchs bergige Oberland auf dem Hosenboden rutschend beschloss (mit sechsundzwanzig zu viel gelesen, statt geklettert) und dabei wohl schon die abendliche Eintragung ins Journal entwarf: „Der Anblick dieser ewig toten Massen gab mir nichts als die einförmige und in die Länge langweilige Vorstellung: es ist so." —— Möglicherweise punktet am Ende aber doch Pfefferkorn's Website gegen den Meisterdenker. Elf Jahre nach dieser Berührung mit der unerträglichen Langeweile des Seins formuliert Hegel, endlich im ersehnten Jena, im Vorwort der *Phänomenologie des Geistes:* „Der Leichtsinn wie die Langeweile, die im Bestehenden einreissen, die unbestimmte Ahnung eines Unbekannten sind Vorboten, dass etwas anderes im Anzuge ist." Die Geburt der Dialektik aus dem Geist der toten Massen? Heraklit, Hegels Heros, beim dunklen Wort genommen: Man steigt nie zweimal auf denselben Berg. Die Abenteuer sind grenzenlos. Es ist so. — Unterwegs zu den zwei Kirchen. Glückliches Lech, zwei Kirchen und doch nur eine. Keine Konkurrenz der Türme und Konfessionen, noch nicht einmal, wie die neue sich vor der erstgebauten neigt, ein Dilemma der Epochen. Einmal im Jahr ist hier großer Metaphernwechsel. Die Theologie, sonst seelenruhig unter St. Nikolaus, bescheidet sich für einige Herbsttage als „Magd der Philosophie". Und die fromme Verneigung des neuen Dachs gibt sich als weltlicher Strahlenkollektor: Philosophicum Lech. — Die „Magd der Theologie", als die gewisse Kirchenväter unsere Liebe zur Weisheit gern in den Griff bekommen hätten, schläft noch ihren Sommerschlaf. Und was meine Welt jetzt im Juli im Innersten zusammenhält, ist zum Glück nicht das Geld. Ein schönes neues Thema für die

Nea Stoa von St. Nikolaus ist es trotzdem. Ich könnte sogar den Kollegen Köhlmeier anrufen: Michael, ich weiß ein Referat. Mann, höre ich ihn sagen, auch wenn die Magd den Sommer scheinbar verschläft, was sie beim Erwachen am 17. September als zeitweilige Gastprinzessin in der Burg von Lech alles zu tun hat, ist längst ausgemacht. Alles klar, es war nur so eine Idee. Über Georg Simmel und sein *Geld in der modernen Kultur* von 1896 bin ich eh nie hinausgekommen. Aber immerhin war ich mehrere Jahre damit beschäftigt, ein winziges Archiv für Robert Walser in Zürich über Wasser zu halten. Kein Geld von der Stadt, kein Geld vom Bund, kein Geld von Sponsoren und anderen – schwerreichen – Stiftungen. Mein Text zuhanden der Herbstprinzessin von Lech: „Die Positivität des negativen Geldes". Kultur – kein Geld. Bildung – kein Geld. Renten – kein Geld. Krankenkassen – kein Geld. Altenpflege – kein Geld. Hunger in der Welt – kein Geld. Flüchtlinge – kein Geld. Aids plus Tbc – kein Geld. Was hält die Welt im Innersten zusammen? Das negative Geld. Militärinvestitionen, über 300 Milliarden Dollar allein

Norbert Loacker

in den USA – die Quadratur des Negativen. Sponsorengedränge um „Twenty Four" – die Perversion der Negation. Das Geld, das es nicht gibt, ist keine Defizienz, kein schönes, sauberes, leeres Nichts, sondern eine Substanz. Das Geld, das nicht da ist (auch nicht für den schönen Traum vom wintersicheren Erzbergtunnel), bildet ein Schwarzes Sein. Das Geld, das die Welt im Innersten im Stich lässt. „Einstweilen", reimte Friedrich Schiller, „bis den Bau der Welt Philosophie zusammen hält, erhält sie das Getriebe durch Hunger und durch Liebe." Gönnen wir der designierten Prinzessin noch ihre zwei Monate Sommerschlaf. Dann aber – nachdem es vor vierzig Jahren mit der Fantasie leider nicht geklappt hat – an die Macht mit ihr! Oder doch ein paar Schritte näher heran. Einstweilen. —— Abregen bei St. Nikolaus, dem höflichen Hausherrn, der die Altäre anderen überlässt und sich lieber zurückzieht, als kleiner Beamter in der gotischen Sandsteinnische, ins barocke „Who is who" des Chorhimmels, ins Gegenlicht im Exil des Neubaus? Bis mir plötzlich einfällt, dass dieser Mann mit der einmaligen Karriere als Gütigmensch (drei

Goldkugeln, anonym durchs Fenster eines armen Nachbarn geworfen, um seine drei Mädchen vor dem Letzten zu bewahren) – dass dieser notorisch Unauffällige beim Konzil von Nizäa im Jahr 352 den alexandrinischen Presbyter Arius im Angesicht aller Eminenzen geohrfeigt hat, nur weil der in häretischer Sturheit nicht davon abgehen wollte, Jesus, der Sohn, sei nicht wesensgleich mit Gott, dem Vater, sondern dessen Geschöpf wie du und ich. Dafür, dass er neben dem Herzen auch noch seine Hand am rechten Fleck hatte, stellte man den engagierten Lykier bis zum Konferenzende unter Hausarrest. Was er sich offenbar gefallen ließ. Dürftige Quellenlage. Se non è vero, è ben trovato. –– Zurück ins Hotel. Es wird Abend. Das Omeshorn. Ein gewisses Leuchten geht von diesem Lecher Sinai aus, als ob sich der kleine irrlichternde Butz aus der Sage zum „Großen Illuminator" stilisiert hätte. Solche in die Sciencefiction-Zone reichenden Aufschwünge gibt es in Lech, wenn ich etwa lese, was man da aus der zu meiner Zeit einfach nur praktischen Kriegerhornbahn im Millenniumsfieber gemacht hat: „Die Stationsgebäude am Schlegelkopf auf ca. 1.800 m ü. M. und auf dem Kriegerhorn stellen eine Innovation und Revolution im Design und im Rahmen der Umwelttechnik dar. Eine ganzheitliche Glas/Stahlkonstruktion verleiht der Sesselbahn einen eigenen Charakter, vergleichbar mit der Glas-Pyramide, sprich Louvre in Paris. Das Raumerlebnis beeindruckt durch Licht-Spezialeffekte unsere Gäste."

—— Das Omeshorn. Um, bevor ich unterwegs zum Apéro mehrmals den Fluss und schließlich die Straße überquere, auf Loetschers Antithese zurückzukommen: Was wäre, denkt man an die Hunderttausende von Toten und Millionen Verelendeter und Flüchtlinge, die dieser erste christliche Bürgerkrieg kostete, anders gelaufen, hätte man den Ausnahmezürner aus Myra und den Querdenker aus Alexandria, die sich vermutlich beide im eifervollen Lesen über das göttliche Wesen verheddert hatten, zur Kühlung ihrer wesensgleichen Aggressionen auf ein türkisches Omeshorn klettern lassen? —— Recht genau tausend Jahre später hat einer, dem in seinem Alltag sicher nicht nach Klettern zu Mute, dafür aber bei jedem Lesemarathon ein Podestplatz sicher war, beschrieben, wie man ein solches Experiment angeht. Dabei hatte er beileibe kein Omeshorn vor sich. Im August 1865 hat ein beflissener Insektenforscher nach seiner dreiundzwanzigsten Besteigung dieses Heiligen Bergs der Provence, des bekannten und bei Tour-de-France-Fahrern berüchtigten Mont Ventoux eine Beschreibung verfasst, die ganz im Sinn ewig ungestörten Insektenlebens war: „Der Mont Ventoux lässt sich am besten mit einem Haufen jenes Schotters vergleichen, den man zum Unterhalt der Straßen benötigt. Denkt euch diesen Haufen zweitausend Meter hoch, gebt ihm eine entsprechende Basis, bekleidet den weissen Kalkfelsen mit dunklen Wäldern, und ihr könnt euch von diesem Berg eine ziemlich genaue Vorstellung machen. Frische Matten, fröhliche Bächlein, mit Moos bewachsene Steine, der Schatten hundertjähriger Bäume, kurz, all jene Dinge, die einem Berg etwas Liebliches verleihen, sind hier vollkommen unbekannt." So und noch schlimmer geht es in dieser Beschreibung weiter. Am Ende fragt man sich, was um alles in der Welt ein

Dichter und Denker aus der notorisch lieblichen Toskana, den es als Neunjährigen in die Nähe von Avignon verschlagen hat, auf diesem Monstrum gesucht hat. „Den höchsten Berg dieser Gegend, den man nicht zu Unrecht Ventosus nennt, habe ich am heutigen Tag (am 26. April 1336) bestiegen, allein vom Interesse getrieben, die auffallende Höhe dieser Örtlichkeit zu besichtigen", schrieb Francesco Petrarca an einen Freund. „Dieser Berg, den man von überall her erblickt, steht mir so gut wie immer vor Augen." In *The Eiger Sanction* von und mit Clint Eastwood aus dem Jahr 1973 sagt der Trainer Ben zu seinem Freund Jonathan Hemlock: „Junge, ich kenn dich doch, wenn du den Berg siehst, willst du ihn auch haben." —— Sehr viel reizvoller als für den neoveristischen Insektenforscher ein halbes Jahrtausend später kann der Mont Ventoux im 14. Jahrhundert nicht gewesen sein. Ein alter Hirte, den Francesco und sein jüngerer Bruder Gherardo am Fuß des Berges antrafen, riet ihnen mit provençalischer Eloquenz von ihrem Unterfangen ab. Er war in seiner Jugend oben und hatte außer zerfetzten Kleidern, Schürfungen und betrüblichen Erinnerungen an den Stress nichts dabei gewonnen. —— Mit dem Auge eines Lecher Bergführers erkannte der Alte, dass zwar der jüngere Bruder die nötige Kondition mitbrachte, nicht aber der weniger sportliche Leiter der Expedition. Ein Gutteil der Schilderung des Aufstiegs hat denn auch damit zu tun. —— Der Bruder und die beiden Träger zogen dem armen Francesco immer wieder in der Direttissima davon, er selber versuchte sich mehrmals in weniger anstrengenden Serpentinen. Am Ende waren alle oben, erholten sich, gewöhnten sich an die dünnere Luft und genossen die überwältigende Aussicht: auf die Wolken, die zu ihren Füßen lagen, die Rhone „geradezu unter meinen Augen", die Berge um Lyon und den Golf von Marseille. Doch dann folgt eine Pointe, die zu den nie ganz ausgeräumten Zweifeln an diesem Report noch ein kleines Gewicht hinzufügte. Petrarca fingerte aus seinem Gewand eine Miniaturausgabe der *Bekenntnisse* des Augustinus und öffnete es nach den Regeln vor- und nachchristlicher Bibliomantie an einer zufälligen Stelle. Der Bruder stand fasziniert daneben. „Und

Norbert Loacker

es gehen", vernahm man nun zuoberst auf dem Mons Ventosus, „die Menschen hin, zu bewundern die Höhen der Berge und die gewaltigen Fluten des Meeres und die breiten Betten der Ströme und den Umfang des Ozeans und die Kreisbahnen der Gestirne – und lassen sich selber im Stich." Das saß. Augustinische Wut auf die Welt. „Ich erstarrte, ich gebe es zu." Bei diesem frommen Stupor blieb es; während des ganzen Abstiegs und auch am Abend in der nahen Basisherberge von Malaucène hörte man kein Wort mehr von dem Gipfelstürmer, den das Lesen eingeholt hatte. —— „Für den erfrischenden Start in den Abend" empfiehlt Pfefferkorn's epikureische Homepage seine Bar s'Pfefferkörndl („ndl" – ein Klang, der über die Pässe kam). —— „Hier trifft sich Gott und die Welt". So weit ist es noch nicht. Die Bar ist so gut wie leer. Die Interieurfarben roten und grünen Pfeffers sind noch unter sich. Nur in einer der Fensternischen sitzt ein Typ, der auch auffiele, wenn schon Gott und die Welt da wären. Reglos und introvertiert, lebhaftes schwarzgraues Haar, knapper Kinnbart, Jack-Nicholson-Stirn, schwarze Hornbrille, roter Wollschal. Seine Hände ruhen auf dem Glas der Tischplatte. Vor sich hat er sein Bier stehen. Der schlanke Kelch schimmert, als warte er auf seinen Einsatz in einer privaten Liturgie. Während das Barmädchen mein Bier einlaufen lässt und ich meinen Hintern auf einem der roten Hocker an der Tresenserpentine zurechtrücke, trifft mich sein Blick, dicke Brillengläser, verkleinerte Augen, Gesichtszüge, wie sie kaum der Vorarlberger Alltag allein geformt hat. Ich nehme mein Glas und setze mich zu ihm in die Nische. Das ist es, was er will, wie ich ihn verstehe. — Ein Wort gibt das andere, wir sind beide aus Feldkirch, er sogar gebürtig, Nikolaos von Myra und Arius von Alexandria sind ihm bestens bekannt (offen seine Sympathie für den Häretiker), ebenso die Propagandisten der lammfrommen Philosophie, bei Petrarca kommt er in Fahrt. Das Philosophicum kennt er schon seit dem Gründungsjahr: „Faszination des Bösen – Über die Abgründe des Menschlichen". Wie es ihm gefallen hat? Er versinkt wie auf Off gestellt in Gedanken. Erinnerungen? Oder zählt er die Pfefferkörner unter der

Glasplatte? Jetzt ist das Bier an der Reihe. Er schließt seine Finger um den Kelch, zeremoniös, irgendwoher trifft ein Lichtstrahl das Gold unter dem ausgedünnten Weiß. „Goldschaum", flüstert er, ich rechne schon mit einer Dies-ist-mein-Gebärde. Aber er könnte Jude sein, ein Jahrgang, bei dem er sehr viel Glück brauchte, um damit zu überleben. Ein Jude in Lech. Fange ich an, in Sagen zu denken? In der dünnen Bergluft? Dann trinkt er in tiefen Zügen, sucht gleich darauf ein weißes Taschentuch aus seiner Lodenjacke und reinigt sich Lippen und Barthaar von den Schaumresten. „Kennt ihr", fragt er mich nun (ein wenig altertümelnd, dieses „ihr") den Robert Grosseteste? Leider folgt auf mein Kopfschütteln keinerlei Nachhilfe. „Ich meine", doppelt er nach, „kennt ihr seine Kommentare zu den Psalmen, die wundersamen *Dicta*?" „Leider nein, nie gehört." — Es dämmert im Körndl. Noch immer keine Spur von Gott und der Welt. Mein Glas ist leer, das Mädchen blickt zwischen ihren Hantierungen herüber, wir verständigen uns auf ein Neues. „Soll ich?", fragt sie, indem sie es vor mich hinstellt, und deutet auf die goldlackierten Kandelaber. Doch dann vergisst sie ihre Hantierungen wie ich mein zweites Bier. Diese bergende Bar im Herzen von Lech erlebt Gott und die Welt, wie sie es ganz sicher nicht gewohnt ist. — „Mons signat Dominum salvatorem. Der Berg bezeichnet den Herrn und Erlöser. Deswegen sagt Jesaia: *Es wird in den allerletzten Tagen ein Berg als Haus bereitet sein.* Ebenso sind die Berge Apostel und Propheten. Deswegen sagt der Psalmist: *Ragend sind die Berge für die Hirsche.* Ebenso bedeuten Berge heilige Männer, göttliche Bücher oder Engel. Deswegen steht in jenem Psalm: *Erhoben habe ich meine Augen zu den Bergen.* Die Berge bedeuten die Reichen und Mächtigen dieser Zeit. So liest man in Hiob: *Ihm bringen die Berge ihre Kräuter* – das heißt die Vergehen des Fleisches. Der Berg ist der Teufel wegen der Angst, wie es in Jesaia heißt: *Erhebt das Zeichen über den finstern Berg.* Und in Jeremia: *Siehe, ich bin für dich ein verseuchter Berg.* Ein Berg kann ebenso die Überheblichen wie die Guten bezeichnen. Über einen solchen, der zu einem Berg erhoben wurde, sagt Jeremia: *Er wird einsam sitzen und schweigen, weil er über sich hinaus erhoben ist.*

Norbert Loacker

Hochmut aber bedeutet die Liebe zur eigenen Größe. Wegen dieser Erhebung über sich selbst, wird der Teufel ein Berg genannt, über welche Überheblichkeit Jesaia sagt: *Der du in deinem Herzen sagtest: Ich werde in den Himmel aufsteigen, über die Sterne Gottes werde ich meinen Thron erheben, ich werde aufsteigen über die Höhe der Wolken und ähnlich werde ich sein dem Allerhöchsten.* Es gibt aber Berge aus Gold, zu denen Menschen nicht aufsteigen können wegen der Drachen, Greifen und Monster von riesigen Menschen. Diese Berge können ganz besonders deutlich Engel bedeuten, die wegen der Ausstrahlung ihrer Weisheit und ihrer Reinheit von irdischen Unreinheiten sinnvoll mit Gold verglichen werden. Es gibt andere Berge, die stinkendes und qualmendes Schwefelfeuer ausatmen und ausspeien, wie der Ätna und der Vesuv. Und wer sind diese Berge, wenn nicht die Mächtigen dieser Welt, in denen das Laster des Luxus brennt und stinkt, das am meisten gegen die Natur ist?" Verschwebender Singsang. Psalmodie. Der Körndlkantor steht jetzt auf, knöpft sich seine Jacke zu, rückt den roten Schal und eine Baskenmütze zurecht, die er auf der Sitzbank abgelegt hatte, und dreht sich unter der Terrassentür noch einmal um: „Alle Berge verjüngen sich wie Pyramiden nach oben und gehen in Kegelform über. Das bedeutet bei *guten* Bergen, sie streben danach, eine Einheit in Christus zu bilden, der die wahre Einheit und höchste Einfachheit ist. Bei *bösen* Bergen bedeutet es, ihre Gipfel sind der spitze Stich der Höllenstrafe und sie werden auf dem kürzesten Weg in den Abgrund führen. Sofern jedoch die Berge als erste und letzte die Strahlen der Sonne auffangen, vermitteln sie ein Abbild der Gemeinschaft der Juden, die als erste geglaubt hat und die am Ende wieder glauben wird, wenn dann alle anderen Gemeinschaften gerettet sind." Eine Coda in eigener Sache? Der Mann entzieht sich unseren Augen. Ein Abgang nach Saligenart. —— Das Mädchen hinter der Bar macht nun doch Licht. Da war nichts. Es wird Zeit für Gott und die Welt, wie sie hierher gehören. Gute Berge, böse Berge! „werte ändern sich", versichert uns *Best of the Alps,* „alte gehen, neue kommen. wie raum und zeit. leisten Sie sich diesen luxus." —— Halb elf und ich für mich privat

Norbert Loacker

„sleepless in Lech". Die heimeligen Hotels haben ihre Gäste von der Straße geholt und in Gemütlichkeiten verpackt. In ihren schwarzen Silhouetten entspannen sich die Berge vom Stress, tagaus tagein alle Welt faszinieren zu müssen. Die Sterne sind die Sterne sind die Sterne. Der Fluss, mitten durch und silbern gewunden wie auf dem Ortswappen, verschenkt an die wenigen Passanten aus voller Gischt die Kälte, die er von Spullersee und Formarinbach herunterbringt. —— Im Sommer des Jahres 1840 zog hier ein trübsinniges Quartett durchs Gebirge, das von Weitem wie eine Heilige Familie auf der Flucht nach Ägypten gewirkt haben muss. Man war am Morgen bei blauem Himmel unten in Schoppernau aufgebrochen (wer konnte, war dabei und machte sich beim Raten und Beten nützlich) und durch das enge Bregenzerachtal aufgestiegen, überquerte dann „den Lech" (unser Walserdorf, das in der Autobiografie des Kleinsten der Vier nicht eigens erwähnt wird, muss damals noch im Original Tannberg am Lech geheißen haben), gelangte über Saumwege nach Stuben hinüber, von dort über den Arlberg hinunter nach Tirol und schließlich bis Landeck. Das Quartett bestand aus dem 36-jährigen Bauern und Wagner Jakob Felder, seinem Sohn Franzmichel, „kaum anderthalbjährig", Jakobs jüngster Schwester Dorothe, der Taufpatin des Kleinen, und einem Führer für das Saumpferd, das man für das „Gottle" mitgenommen hatte. Franzmichel hatte man, warm eingehüllt und mit allseits gespendeten Leckereien versehen, dem Vater beim Abmarsch zum anderen Gepäck auf den Rücken geladen. Der Grund für diese ägyptische Alpenüberquerung: Dem Gottle, selbst wegen einer „Gliederkrankheit" auf häusliche Arbeiten beschränkt und so zur guten Fee des Kleinkinds geworden, war seine zunehmende Kurzsichtigkeit aufgefallen und auch, dass der anfangs kleine weiße Fleck auf dem rechten Auge immer größer wurde. Dagegen war in dieser „vom lieben Gott eingemauerten Gegend" nichts zu machen. Die verzweifelte Reise zu dem aus Au stammenden Modearzt nach Landeck endete in einem Fiasko. Als man im September 1840 wieder über den Arlberg und den Lech zog, war das gesunde linke Auge durch eine nächtliche

Operation des volltrunkenen Arztes (alle Proteste des verzweifelten Gottle hatten nichts genützt) für immer ruiniert. –– Doch das war nicht Felders Botschaft, als er 1868, wenige Monate vor seinem Tod, daran ging, sein kurzes Leben zusammenzufassen. Was uns dieser Protosoziologe der Öffentlichen Meinung in immer wiederkehrenden Formulierungen nahebringt, ist die tragisch hermetische Wucht der Berge und die Beschränktheit, die sie in den Köpfen und Herzen derer installieren, die – „von allen Seiten umgeben und gleichsam von der ganzen Welt ab[geschlossen]" – in ihrer Falle sitzen. Noch eine Xylografie um 1880, die das Felder-Archiv der Autobiografie vorangestellt hat, um uns das Geburtshaus des Schriftstellers in der Urform zu zeigen, verrät die tief empfundene schwarze Strahlung der Massive um den gefangenen Ort. Es ist dieselbe Üntschenspitze, eine Art Omeshorn von Schoppernau (der typische „mons piramidalis" und „conus", von dem Robert Grosseteste spricht), die in uns verlässlich touristische Sympathien weckt. Sogar seine früheste Begegnung mit dem Zauber mündlichen Erzählens steht für Felder unter dem Zeichen der Befreiung. „Mir war's, als ob ich durch den Greis aus bergumschlossener dunkler Tiefe in weite freie Höhen gehoben würde. Nicht nur eine neue Welt sah ich, fast dürfte gesagt werden, dass mir auch eine andere Sonne aufging, welche mir die ganze Umgebung in einem neuen Licht erscheinen liess." Kein Wunder, dass die Anfänge des Lesens in alten Zeitungen und Kalendern das Leben dieses Jugendlichen von Grund auf veränderten und Vaters Befürchtung bei seiner Geburt bestätigten, sein Sohn werde niemals ein echter Bauer. Doch war Lesen zwischen den Mauern der Berge und Vorurteile keine leicht zu nehmende Sache. Sogar sein Vater galt „schon für einen Leser und wurde als solcher gesucht und gemieden". Die Leute, die „ihre Nase in Büchern und Schriften hatten", bildeten die Suspektkultur von Schoppernau. „Über die Berge hinaus durfte ein sogenannter unruhiger Kopf kaum denken, wie viel zu eng es ihm auch im Tale der Bregenzerach werden mochte." Eine Einstellung, die den Seelenhirten in die Hände arbeitete, ließen sich die Berge doch als Metapher dafür ver-

Norbert Loacker

wenden, was nach Gottes Willen ein für allemal feststand, in Felders wiederkehrendem Terminus: die Verhältnisse. —— Das ging so tief, dass auch durch die Seelen der Hirten selbst ein Riss ging. Der kleine Franzmichel, der sich vor allen Mitschülern eine berufliche Zukunft als „Bibliothekari" wünschte, verleitete seinen Pfarrer damit zu dem überraschenden Outing, er selbst wäre, um „recht frei und unabhängig [zu] sein nach oben und unten", besser „bei der Mistgabel geblieben". Das war kein Bluff, nur hatte sein Gott nicht für ihn zwischen dem Guten und dem Bösen der Berge entschieden. Dieselbe pastorale Stimme donnerte gegen die Bücherwürmer und lud den Juniorleser gleich darauf freundlich und ehrlich zu einem Besuch in seine Bibliothek. Sein wundertätiger Kollege in Schwarzenberg legte da sogar noch zu. Denn als man ihm den kleinen Sehbehinderten zur heiligen Sanierung brachte und er erfuhr, dass der sogar noch immer so gut lesen könne wie sonst kaum ein Unstudierter, sah der Fromme die Hand des Höchsten im Spiel. Der Defekt könnte, mutmaßte er, der Riegel sein, den der liebe Gott vorschob, um das Kind nicht von seinem Weg des Heils abweichen zu lassen. Dem Jungen gefiel diese himmeltraurige Theodizee gar nicht. Trotzdem ließ er den Hokuspokus „eine halbe Ewigkeit" kniend über sich ergehen. Der Vertreter einer der maßgeblichen Buchreligionen, der zwecks Zauberei eben noch endlos aus einem lateinischen Büchlein mit rotem Schnitt gelesen hatte, schloss mit einer weiteren „Predigt über die traurigen Folgen des Lesens". Doch dann passierte etwas höchst Seltsames. Noch am Vormittag auf der Herfahrt herrschten dichter Nebel und Schneegestöber. Man kam völlig durchnässt am Ziel an. –– In einem befreundeten Haus gab es trockene Kleider, Wärme und ein Mittagessen. Die Prozedur beim Kaplan hatte offenbar fast den ganzen Nachmittag gedauert. Als der Junge und seine Begleiterin danach ins Freie traten, hatte „sich alles gehellt und verklärt". Das Tal, fiel dem Jungen jetzt auf, war hier viel weiter, die Berge standen in größerer Entfernung. Und was für Berge! Ganz anders als die daheim tausendmal gesehenen waren hier die verschneiten Felsenköpfe, ein jeder für sich hochinteressant, dazu von der Abendsonne vergoldet und im Kreis unter einem so großen Stück Himmelsbläue, wie man es im klammengen Schoppernau nie zu sehen bekam. Jeder Baum und jedes der stattlichen Häuser gaben neuen Grund zum Staunen. Als man heimkam, war hier das Vertraute plötzlich nicht mehr vertraut. Die tausendmal gesehenen Berge erschienen wie neu, die ganze Umgebung bis in alle Einzelheiten interessant. Gegen die physischen Schäden konnte der Kaplan nichts Wunderbares tun. Und doch sah der Halbblinde jetzt Dinge, an denen er bisher achtlos vorüber gegangen war, und das „viel klarer und schöner als früher" – mit neuen Augen. Er blieb der Skeptiker und Kritiker der engen Verhältnisse. Er trickste auch, wenn es sein musste, und hielt in der Schule das Lesebuch etwas weiter von den Augen. Er haderte innerlich mit der fatalen Logik des Wundermanns von Schwarzenberg. Ein Kind erblinden lassen, damit es nicht zum Lesen komme!? „Warum liess Gott denn nicht lieber die erblinden, welche schlechte Bücher schrieben?" Und doch hatte er kein Problem damit zuzugeben, dass durch das bloße befreiende Zurücktreten der Berge in einen weiteren und hellleren Horizont „wenigstens ein kleines Wunderchen an mir geschehen sei." —— Ein Mensch, dessen Kinderwagen (d' Schesa) einst durch Altach fuhr, hat andere Phobien. Die Berge stehen weit genug ums Rheintal herum. Niemand käme auf den Gedanken, sie in gute und böse zu unterteilen. Als ich, um von Lech Abschied zu nehmen, auf dem Rüfikopf stehe, taucht mir eine uralte Befangenheit auf, wie ich sie vom Älpele, den Drei Schwestern und vom Hohen Kasten kenne. Der Rüfikopf. Es gibt interessantere Bergindividuen um Lech herum, aber es gibt keine interessantere Bahn. Ihre auffallende Talstation bildet gleich neben Pfefferkorn's den einzigen säkularen Platz im Ort. Mir ist bei einem bestimmten Sonnenstand ein Foto gelungen, auf dem ihre Seile wie eine Strähne Silber über die Lawinenverbauungen hinaufziehen. Der Rüfikopf ist das Panoramaversprechen von Lech. Was gäbe es Sinnigeres als nach längerem Gedankenflechten aufs Panorama zu kommen. Ist nicht Gott eine Idee des Panoramas, die Welt und das Sein Panoramabegriffe, das Leben, das Glück? Ich stehe hoch auf der quadratischen Metallkanzel, in der Ecke vor dem Lechquellgebirge von der Madlochspitze über Omeshorn und Spuller Schafberg bis zum Mehlsack – und erfahre obendrein, dass ich mir zwischen den beiden letzteren in unvorstellbaren 6.389 Kilometern Entfernung New York vorstellen darf. Ich mag das nicht. Ein Panorama als Abschluss, sehr männlich, der Feldherr in uns. Ein Rundblick über das Große und Ganze. Auch eine Tour d'Horizon über Gut und Böse? Die Berge sind die Berge sind die Berge. Doch wo ist Lech geblieben? Ich stehe wieder in der Gondel. Nicht lange und sie schwingt sich über den blinkenden Mast auf der Kante. Ich mag noch immer nicht, was ich zu sehen bekomme, egal, wie viele „Ahs" und „Uis" ich neben mir höre. Das ist nicht Lech, dieser amöbenhafte Talbelag, ausfließend gegen Zürs, Oberlech und Warth. „Wie wenig beglückend", gab Heinrich von Kleist bei ähnlicher Gelegenheit zu, „der Standpunkt auf grossen ausserordentlichen Höhen ist, habe ich recht innig auf dem Brocken empfunden. Lächeln Sie nicht, mein Freund, es waltet ein gleiches Gesetz über die moralische wie über die physische Welt. Die Temperatur auf der Höhe des Thrones ist so rau, so empfindlich und der Natur des Menschen so wenig angemessen wie der Gipfel des Blocksbergs, und die Aussicht von dem einen so wenig beglückend wie von dem andern, weil der Standpunkt auf beiden zu hoch und das Schöne und Reizende um beides zu tief liegt. Mit weit mehrerem Vergnügen gedenke ich dagegen der Aussicht auf der mittleren und mässigen Höhe des Regensteins, wo kein trüber Schleier die Landschaft verdeckte und der schöne Teppich im ganzen, wie das unendlich Mannigfaltige desselben im einzelnen klar vor meinen Augen lag." —— Es gibt für mich, sage ich mir unter den roten Schirmen der Körndlterrasse bei einem Kaffee und gepacktem Auto, eine unsichtbare Kleistlinie weit unterhalb der abstrakten Panoramen. Im vorliegenden Fall etwa da, wo ich von der Rüfikopfgondel aus knapp über dem grünen Talportal das walserschwere Holzgeländer er-

Norbert Loacker

kennen konnte, das den Lech durch den Ort begleitet. Es war die linke Promenade, auf der ich in diesen Tagen Mannigfaltiges beobachtet habe. Zur freien Sicht auf den türkisen Lech, das weiß man dann schon, dauert es, die Fahrt im Lift und die abschließende Ticketkontrolle mitgerechnet, höchstens noch fünf Minuten. Unterhalb dieser Linie liegt das Schöne und Reizende nicht mehr zu tief.

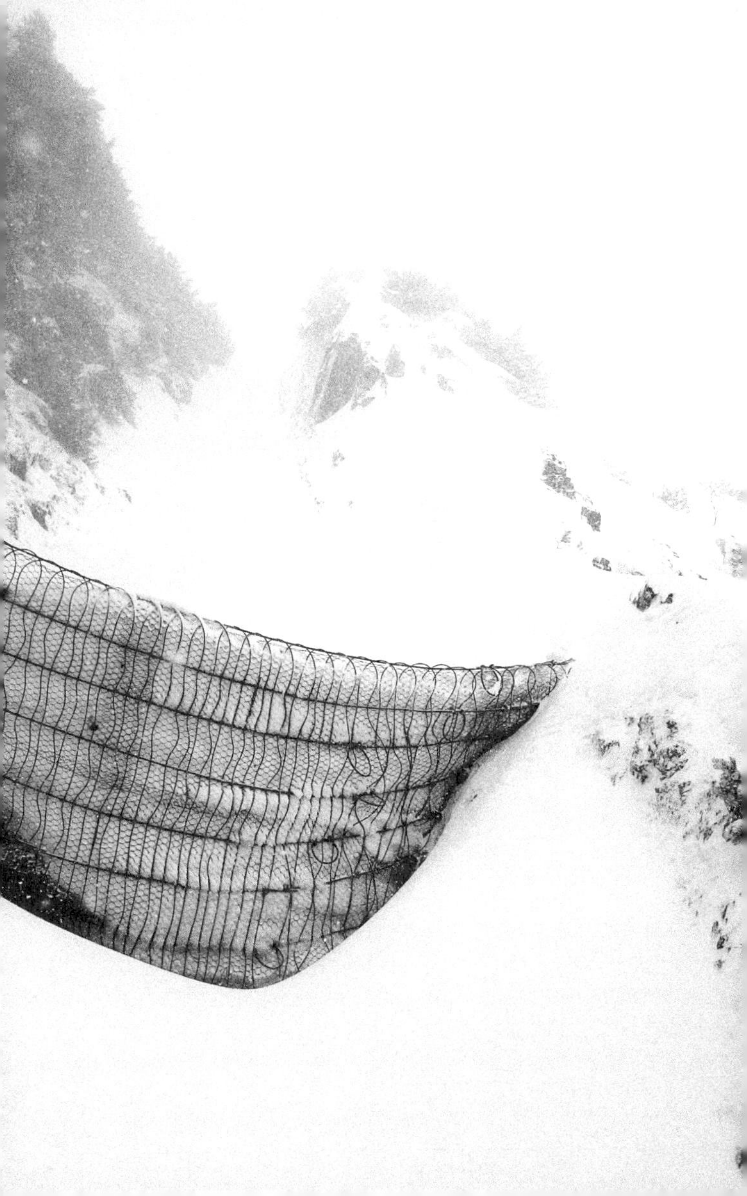

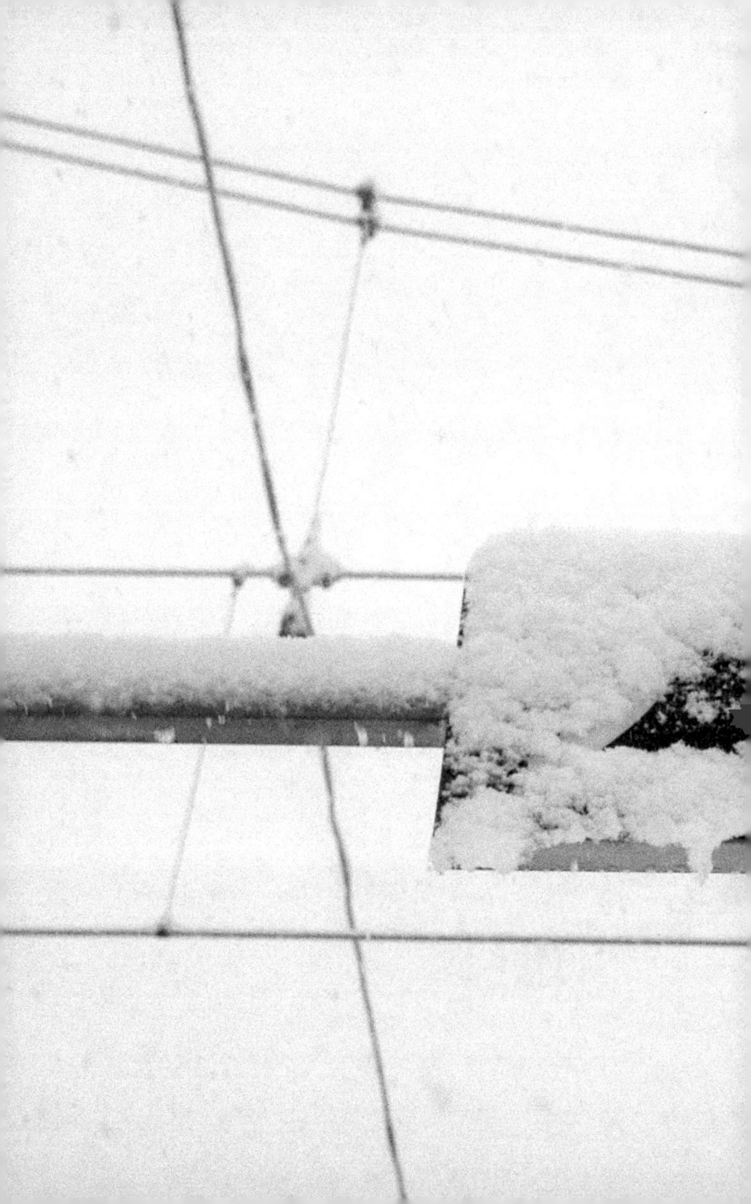

A

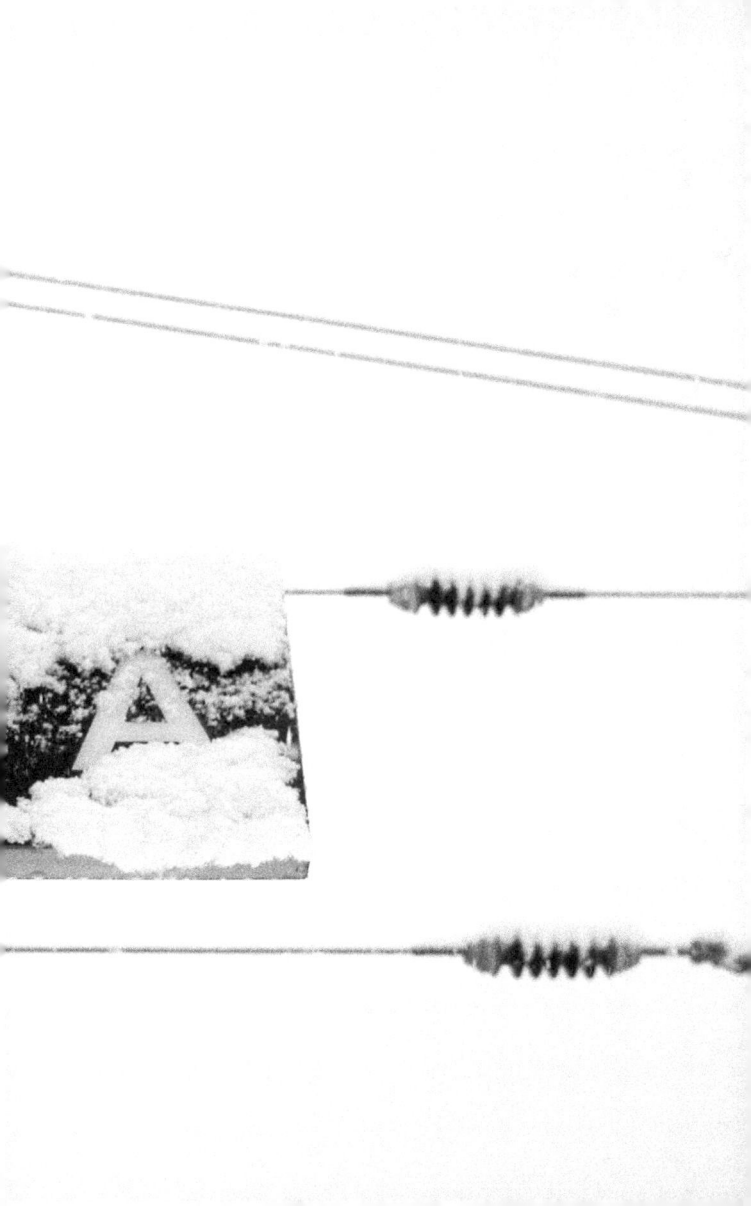

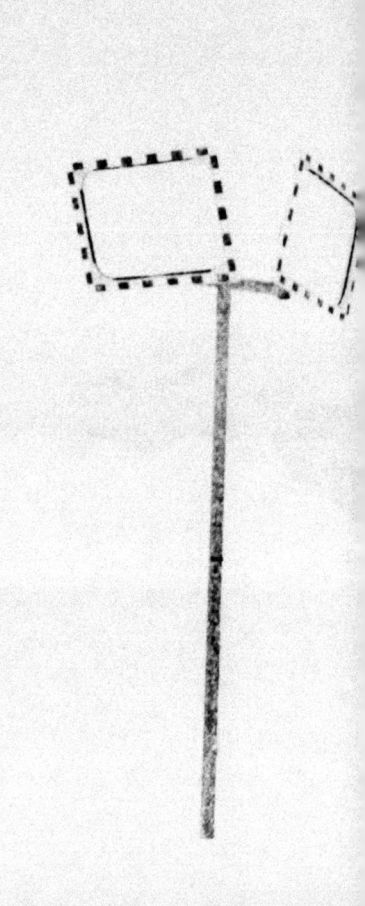

Bergmähder
Oberlech 531
6764 Lech am Arlberg
Österreich
T 0043-(0) 55 83-30 07-0
www.bergmaehder.at

Irene Prugger
Ende der Saison

Was macht die ältere Dame, die nicht mehr Ski fahren kann, ausgerechnet in Lech? Sie sitzt an der Bar und trinkt und lacht und wartet. Die Jahre sorgfältig überschminkt erinnert sie sich, wie schön es war, als sie noch mithalten konnte, mit ihrem Mann, der sich noch immer sportlich betätigt, mit der Jugend, mit der Spaßgesellschaft, mit ihrer Vorstellung von Glück. Es gehörte ganz selbstverständlich dazu, sich einmal im Jahr ein paar Tage Winterurlaub zu gönnen, Sport zu betreiben und ausgelassen zu feiern, jetzt nippt sie an der Erinnerung, schlückchenweise und vorsichtig, um nicht dusselig zu werden. Wenn sie betrunken ist, hat sie ihr kaputtes Bein nicht mehr unter Kontrolle, und dann schämt sie sich. Also Herr Ober, bitte noch ein Glas Weißwein, aber diesmal gespritzt! — An der Hotelbar vergisst man die Melancholie, die sich über Zeit und Ort gelegt hat. Es ist die letzte Woche der Saison, viele

Hotels in Lech und Zürs haben bereits geschlossen, die Lifte und Seilbahnen sind nur noch bis zum Wochenende in Betrieb, aber noch hat sich der Winter am Arlberg nicht ausgetobt. An diesem Tag, Mitte April, treibt er es ganz schön weiß und wirft noch einmal eine dicke Schneedecke über Berge und Dorf. Ein Kellner aus der Pizzeria Don Enzo ruft den Gästen „Frohe Weihnachten!" nach. In Oberlech, wo die Autos winters unterirdisch fahren und es deshalb keine ausgeaperten Straßen gibt, stapft man an diesem Tag auf den Verbindungswegen zwischen den Häusern durch den Schnee, wie die Protagonisten in der Erzählung *Bergkristall* von Adalbert Stifter. Bloß das Surren und Klacken, das vom Übungslift kommt, zeigt an, dass man sich nicht in ein früheres Jahrhundert verirrt hat. — Es schickt sich nicht, den ganzen Tag an der Bar zu verbringen, außerdem sind die Gespräche untertags wenig ergiebig, wenn alle auf der Piste sind, also ist die ältere Dame losgezogen, um ein anderes Lech kennenzulernen, eines, mit dem sie noch nicht Bekanntschaft geschlossen hat, eines, das man erst unter dem Schnee ausgraben muss. Die Wege hier führen hauptsächlich von Hotel zu Hotel, von Pension zu Pension, von Gastbetrieb zu Gastbetrieb, aber die ältere Dame möchte einen Blick auf Privates erspähen. Sie möchte wissen, wie die Einheimischen mit den Bedingungen zurechtkommen. Wie sie sich Schnee und Kälte von der Seele streifen und derart umgänglich bleiben, auch jetzt noch, am Ende der Saison, wenn sich bereits allgemein Erschöpfung breitmacht. Wie leben die Leute hier, wenn sie sich gerade nicht um Gäste kümmern müssen? Sehen sie ihren Heimatort als Paradies wie auf ihren Plakaten? Sehnen sie sich nach der langen und sehr erfolgreichen Saison nach dem Sommer? So schwer kann es nicht sein, das zu erfahren. Heißt es doch an allen Orten, die sich dem Tourismus verschrieben haben, „Urlaub bei Freunden". — Dass hier oben, zwischen 1.450 und 2.300 Metern Seehöhe, der Frühling im Kampf der beiden Großmächte Winter und Sommer förmlich zerrieben wird, macht vor allem den Saisonarbeitern zu schaffen. Die ältere Dame hört, wie eine Frau vor einem Hotel zwischen Paketen von aussortiertem Hausrat einem jungen Kollegen von ihren ersten Arbeitsjahren in einem Lecher

Hotelbetrieb erzählt. Jedes Mal wurde ihr im Frühling schwer ums Herz, weil sie keine blühenden Bäume zu sehen bekam. Das sei jetzt anders. Sie habe sich daran gewöhnt und es gefalle ihr hier. Ihre Skischuhe sind der Beweis, dass sie sich mit dem Überangebot an Schnee arrangiert hat. Der junge Kollege zweifelt noch, ob er eine weitere Saison anhängen wird. So schön es hier im Sommer auch sein kann: Man muss den Winter mögen, dann mag man auch Lech, denkt die ältere Dame. Für die Einheimischen ist der Schnee Kapital. Wenn er schmilzt, schmilzt ihnen das Geld unter den Händen. —— Mit ihrem kaputten Bein kommt sie auf den zugeschneiten Wegen nur langsam voran. Bei jedem Schritt bricht sie ein, auch im Gemüt. Sie fragt sich, wie die alten, gehbehinderten Leute in Oberlech den Winter bewältigen, die von ihrem Haus aus keinen Zugang zum unterirdischen Tunnelsystem haben. „Indem sie zu Hause bleiben", bekommt sie lakonisch Auskunft. Die ältere Dame, die einen sehr weiten Weg zurückgelegt hat, um in diesen Wintersportort zu kommen, wünscht sich in eine wärmere Jahreszeit. —— Wäre er in diesem Jahr nicht so fleißig gewesen, müsste man dem Winter wegen seines Übermutes tatsächlich Vorwürfe machen. Nach einer langen, anstrengenden Saison sehnen sich außer den unermüdlichsten Skifahrern und Snowboardern alle Leute nach dem Frühling. Meistens sind bis Ende Mai die Wiesenhänge rings um Lech wieder grün und entbieten erste intensivfarbige Blumengrüße, aber nach dieser schneereichen Zugabe zweifeln viele Einheimische daran, dass es auch heuer so sein wird. —— Paul Holly, dem guten Geist des Tunnelsystems von Oberlech, wäre es egal, wenn im Mai noch massenweise Schnee liegen sollte. Er wird dann bei seiner Familie in der Slowakei sein und die südliche Sonne genießen. „Der schönste Tag des Jahres naht", freut er sich. Nur noch diese eine Woche und dann geht's ab in die Heimat. Soll er sich jetzt noch über zu viel Schnee beklagen? In den Tiefen des Tunnels spielt das Wetter ohnedies keine Rolle. Ob Schnee- oder Sonnentag, hier unten ist es immer kalt, zugig und düster. Bei einem weniger robusten Menschen würde das auf die Stimmung drücken, aber Paul sieht vor allem das Gute am Job und das Gute ist, dass es ein sicherer Job ist. Er hat seit der Fertigstellung des Baus im Jahr 1996 als Tunnelwart die Hauptaufsicht über den Tunnel und koordiniert von 8.00 bis 18.00 Uhr die täglichen Abläufe. Wenn er zu seinem Arbeitsplatz kommt und wenn er ihn wieder verlässt, herrscht draußen Dunkelheit. Nur jetzt, im Frühling, könnte er morgens und abends noch den hellen, sonnigen Tag begrüßen, vorausgesetzt, der Winter ließe es endlich gut sein. —— Am Ende der Saison, wenn die Hotels und Pensionen Großreinigungen und Generalüberholungen vornehmen, gibt es noch viel zu tun, wird noch mehr Müll und Inventar weggeliefert als sonst, kommen noch mehr Lieferwagen mit Handwerkern, Werkzeug, neuen Möbeln und Hausrat an. Die Bemühungen um das Wohlergehen der Gäste halten das ganze Dorf auf Trab, im Tunnel herrscht ein ständiges Kommen und Gehen, Zuliefern und Wegtransportieren. Paul versieht seinen Dienst gelassen und freundlich und lässt sich keinerlei Erschöpfung anmerken. Die Lecher, aus Abstammung der Walser, sind tüchtige Leute und wer ebenso tüchtig ist, wird von ihnen akzeptiert. Dennoch besteht kein Zweifel daran, wer hier den Arbeitsrhythmus vorgibt. Im unterirdischen Reich tragen sogar die Gabelstapler deutlich die Aufschrift „Walser". — Als die ältere Dame das Tunnelsystem von Oberlech zum ersten Mal betritt, kommt sie sich vor wie an einem Drehort für einen James-Bond-Film. In den Röhren, die zu den Hotels abzweigen, fahren ausschließlich Elektroautos, die PKWs parken in dafür vorgesehenen Etagen in der Nähe der Einfahrt, die LKWs werden in der großen Halle abgefertigt und wieder auf die Reise geschickt. Visionäre Menschen waren hier bei der Planung am Werk, um ein Problem auf zukunftweisende Art zu lösen. Das Problem war, dass eine Skipiste die Straße kreuzte. Und weil Skifahrer in Lech Vorrang haben, versetzte man nach den Plänen der Oberlecher Hoteliers Fridolin und Gerhard Lucian den Straßen- und Transportverkehr einen Stock tiefer unter die Erde. Gleichzeitig versenkte man damit auch alle Begleiterscheinungen, die der Straßenverkehr mit sich bringt: Lärm, Gestank und Gefahren. Für die Kinder ist Oberlech nun im Winter ein einziger großer Spielplatz, wo sie sich unbeaufsichtigt

Irene Prugger

tummeln oder zu ihrer Skischule gelangen können. Diesen Komfort und die damit verbundene Ruhe wissen die Gäste zu schätzen, weshalb Oberlech zum am besten ausgelasteten Ortsteil von Lech geworden ist. —— In Tunnels muss die ältere Dame immer an Gräber und Katakomben denken, aber dieses unterirdische Geflecht ist ein organisches System mit Nervensträngen und Blutbahnen, das einen vitalen Körper am Leben hält. Sie vergisst ihr kaputtes Bein und wandert voll Entdeckerlust durch die Gänge. In den Wagen werden gewiss auch Lebensmittel für ihr Hotel angekarrt. Wenn sie am Abend vor ihrer Mahlzeit sitzt, wird sie an Paul denken und ihrem Mann von ihm erzählen. Er wird lieber von den tollen Pisten schwärmen und nichts über die Arbeit von Dienstpersonal wissen wollen. „Meine Liebe, wir machen hier Höhenurlaub und müssen nicht gleich so in die Tiefe gehen!" —— Eine Stunde später ist der Schneefall noch dichter geworden. Jetzt, da nicht einmal die rumorenden Pistengeräte zu hören sind und der Schnee auch jeden anderen Laut dämpft, ist es plötzlich so beeindruckend still, dass die ältere Dame plötzlich versteht, warum es

an einem Ort wie diesem auch Rambazamba und Beschallung braucht. Der Mensch würde sich inmitten der stolzen, schweigenden Natur klein und unbedeutend fühlen. Vor ein paar Tagen noch hat auf dem Burgplateau in Oberlech bei Prachtwetter Reinhold Bilgeri mit seiner Band gerockt, dass es eine Freude war. Sogar den Bergen ringsum jagte es bei „Unchain my heart" Schauer über den Rücken und sie sonderten unablässig kleine Lahnkugeln und Schneegeröll ab wie Schweißperlen.
—— Ein bisschen Rambazamba haben sich offenbar auch zwei junge Frauen gegönnt, die mit der Gondel von Oberlech nach Lech hinunter fahren. Ihrem Gespräch ist zu entnehmen, dass sie von einer Abschiedsparty kommen. Sie sind angeheitert und gleichsam in melancholischer Stimmung und singen die ganze Fahrt über: „Es soll schneesicher und romantisch sein, dabei fällt mir immer nur das schöne Ischgl ein." Eine kleine Rache an Lech, dem Arbeitgeberort, wo sie die ganze Saison über geschuftet haben mit bloß einem freien Tag pro Woche und viel zu kurzen Zimmerstunden, sodass wenig Zeit für die Liebe blieb. Zwei für eine engere Beziehung in Frage kommende Verehrer, die sich

mehr gemeinsame Unternehmungen erhofft hatten, sind offenbar längst über alle Berge und bei dem Großaufgebot an steinernen Majestäten ringsum wüsste man nicht, wo man zu suchen beginnen sollte. Die freien Wochen der Zwischensaison scheinen überschattet, aber daran wollen die beiden Mädchen jetzt nicht denken. Schnell wird wieder die Ischgl-Hymne angestimmt, obwohl die Tourismus-Angestellten dort den Winter über auch nicht mehr Zeit fürs private Glück haben.
—— Die ältere Dame sehnt sich plötzlich nach Gesellschaft, aber an die Bar will sie vorerst nicht zurück. Wohin dann? Die größte Herausforderung im Urlaub besteht darin, sich so zu vergnügen, dass die Investition es wert ist. Ihr Mann nützt seinen Skipass bestmöglich aus, um sich nicht hinterher ausgenutzt zu fühlen. Skisportler haben es hier leicht, den Tag lustvoll zu verbringen. Sie hingegen könnte ein bisschen Starthilfe für ihren ganz individuellen Urlaubsspaß gebrauchen. —— Kann man einen Skilehrer eigentlich auch zum Reden mieten? Und was ist mit all den Animateuren, die dafür sorgen, dass niemand sich

alleingelassen fühlt? Wahrscheinlich muss man bereits sehr animiert sein, um sich als zurückhaltender Mensch in ihre Nähe zu trauen. Die ältere Dame beschließt, den Ortschronisten zu besuchen. Das ist zwar ein bisschen uncool für einen Ort, wo es angeblich oft heiß hergeht, aber er soll ein erzählbegabter Mensch sein und sich über Besucher freuen, die Näheres über Lech, seine Geschichte und seine Menschen wissen wollen. — „Ich habe zwei Generationen von Lechern in der Schule gehabt und ich kann Ihnen versichern, sie können alle sehr gut rechnen!", begrüßt sie lachend der pensionierte Oberschulrat und Ortschronist Herbert Sauerwein, der über die Entwicklung des Ortes in allen Details Bescheid weiß. Er kam 1949 als junger Lehrer aus dem Großen Walsertal nach Lech. Der Tourismus hieß damals noch Fremdenverkehr und war gerade so richtig im Anlaufen. Den französischen Besatzungstruppen hatte es hier gefallen und bald schon reisten die ersten Zivilisten aus Paris an. Auch zu den Engländern hatte man gute Kontakte. Sie waren schon vor dem Krieg zum Skilaufen gekommen, ebenso wie Urlauber aus Wien, wo laut Auskunft von Herbert Sauerwein 1892 der erste österreichische Ski-Club gegründet wurde. In Lech hatte man zu dieser Zeit mit Skilaufen noch nichts im Sinn. Allerdings las der Pfarrer von Warth über das neue Freizeitvergnügen in der Zeitung und ließ sich prompt ein Paar Skier schicken. Weil er nicht für einen Spinner gehalten werden wollte, probierte er sie – bloß Gott als Zeugen – vorerst nur in der Dunkelheit aus, nicht ahnend, wie sehr der Skisport die Zukunft des Ortes prägen sollte. —— Die Geschichte gefällt der älteren Dame und die ältere Dame gefällt dem alten Herrn Chronisten, deshalb spaziert er mit ihr hinüber zur Kirche, um ihr den Platz zu zeigen, wo er einmal, am Ende seiner letzten Saison, begraben sein wird. Ein Platz an der Sonne ist es nicht, denn die Zugezogenen liegen im Gegensatz zu den eingeborenen Lecher Familien hinter der Kirche im schattigen Teil des Friedhofs. Aber an heißen Tagen kann das ja durchaus ein Vorteil sein. —— Herr Sauerwein freut sich, wenn nun bald wieder für ein paar Wochen im Ort Ruhe einkehren wird. In den Maiferien, die man den Schülern hier gönnt, damit sie mit ihren Eltern Urlaub machen können, bevor Ende Juni wieder die Sommersaison beginnt, scheint Lech wie ausgestorben. Doch die Natur bereitet sich auf Großes vor. Sobald der letzte Schnee geschmolzen ist, kommt der Sommer ohne Übergangszeit explosionsartig in bunten Farben zum Vorschein und präsentiert eine Bilderbuchlandschaft, die Winterurlauber nur auf den traumhaften Fotos des Lecher Landschaftsfotografen Georg Schnell zu sehen bekommen. Der Sommer am Arlberg ist von betörender Schönheit, was man sich allerdings mitten im Schneegestöber nur schwer vorstellen kann. Die ältere Dame versucht es trotzdem. — „Vielleicht sollten wir mal im Juli oder August hier Urlaub machen", schlägt sie ihrem Mann beim Abendessen vor. Er findet, ein Wintersportort bleibt auch im Sommer ein Wintersportort. Skifahrer sehen ein für ihr Hobby geeignetes Reiseziel eben immer durch die Skibrille, das ist manchmal ein bisschen nervig, auch für die Lech-Zürser selbst, die gern noch mehr Gäste für einen Sommer-Urlaub bei ihnen begeistern möchten. Immerhin handelt es

Irene Prugger

sich um eine allergiefreie Zone, es sei denn, man ist allergisch gegen Schnee, denn es kann hier durchaus auch sommers schneien. Aber zumindest die Gäste, die jetzt da sind, erwarten den lückenlos ausgelegten weißen Teppich, die warme Jahreszeit werden die meisten von ihnen anderswo genießen.

—— Am nächsten Tag strahlt die Sonne und die Temperaturen klettern zielstrebig nach oben. Hoch hinauf wollen auch die Skifahrer, um die guten Schneeverhältnisse auszunützen. Der Mann der älteren Dame ist ebenfalls wieder dabei. In einer Pause erzählt er ihr bei einem Longdrink, wie die Seilbahn die letzten Kuppen aufs Kriegerhorn genommen hat und ihm plötzlich der Himmel zu Füßen lag. Und dass er sich am liebsten an den duftigen Wolkenstränden ausgestreckt und die Skischuhe ausgezogen hätte. Aber die Pisten sind einfach noch zu gut in Schuss. Also auf zur nächsten Abfahrt! —— Am Burgplateau von Oberlech herrscht derweil prächtige Stimmung bei der Après-Ski-Party in der Freiluftbar. Die ältere Dame sitzt wieder an der Bar und trinkt und lacht und wartet. Aber heute ist das Warten kurzweilig und bunt. Der Himmel ist blau, die Sonne auf der vorbeigleitenden Gondel strahlend gelb, der Barmann trägt einen rosa Cowboyhut. Wie man seit dem Film *Brokeback Mountain* weiß, ist das nicht unbedingt ein Erkennungszeichen schwuler Cowboys. In diesem Fall ist es wohl schon ein Vorgriff auf die neue Strandmode. Gerade dröhnt „Volare" aus den Lautsprechern und übertönt die allgemeine Müdigkeit. Sogar im Schatten wird jetzt der Schnee faul. Oh doch, es gibt Aussicht auf Sommer!

Irene Prugger

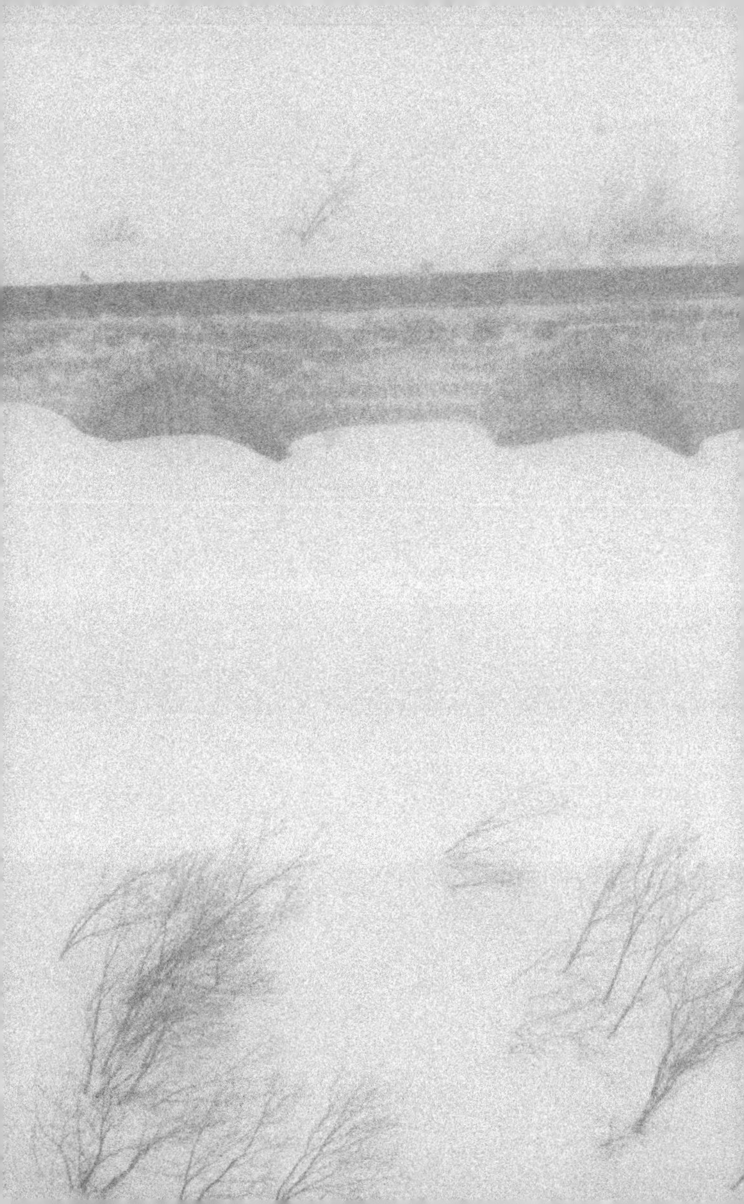

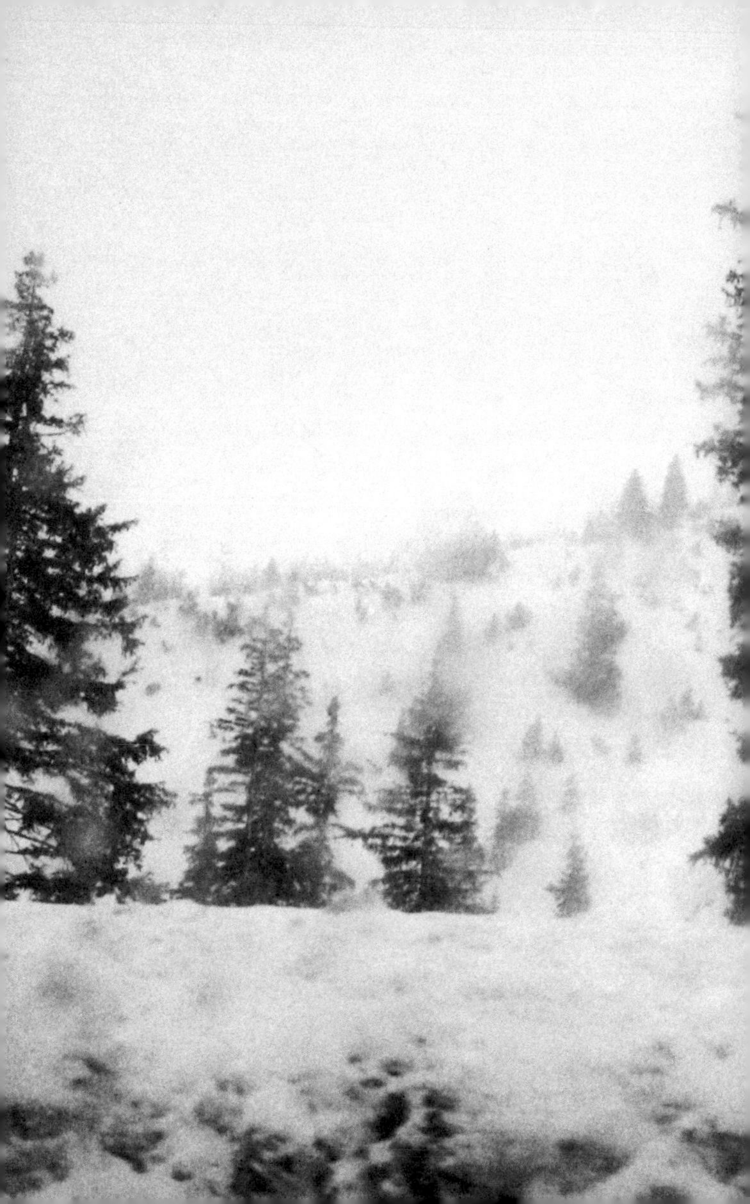

Hotel Lech & Chesa Rosa
Hnr. 263 und Hnr. 155
6764 Lech am Arlberg
Österreich
T 0043-(0) 55 83-22 89-0
www.hotel-lech.eu

Wolfgang Mörth
Formarin! Formarin!

ERSTE HEXE

Wann treffen wir drei uns das nächstemal.
Bei Regen, Donner, Wetterstrahl?

ZWEITE HEXE

Wenn der Wirrwarr ist zerronnen,
Schlacht verloren und gewonnen.

DRITTE HEXE

Noch vor Untergang der Sonnen.

Shakespeare, Macbeth

Um etwa 10 Uhr verlasse ich das Hotel *Chesa Rosa*. Die Wirtin, der ich den Zimmerschlüssel gebe, erkundigt sich freundlich nach meinem Ziel und meint dann, es wären an einem Mittwoch Ende Oktober, trotz des herrlichen Wetters, vermutlich kaum andere Leute zum Formarinsee unterwegs, ich solle also mein Handy nicht vergessen, man könne ja nie wissen, was passiert. Tatsächlich treffe ich während der vierstündigen Wanderung keinen einzigen Menschen. Nur einmal höre ich das Surren eines Motorrads, das in Richtung Spullersee unterwegs ist. Ich kann das Geräusch deshalb örtlich so genau zuordnen, weil ich mir auf der Karte, die mir meine Tante mitgegeben hat, vorher einen Überblick verschafft habe. Auch die Namen der markantesten Bergspitzen habe ich mir eingeprägt, um entsprechende Fragen, die man mir später vielleicht stellen wird, beantworten zu können. Ich möchte mir keine Blöße geben, möchte den Anschein eines Menschen erwecken, der sich nicht nur gerne in den Bergen aufhält, sondern der die Welt hier heroben so verinnerlicht hat, dass er sogar ihre Details benennen kann. Ich wäre auch in der Lage, einen kleinen Vortrag über die Geschichte von Zürs und Lech zu halten, über die Eckdaten ihrer Entwicklung und über die Umstände, die diese Entwicklung möglich gemacht haben. Im Zuge meiner Recherchen habe ich sogar die genaue Anzahl der Hotels erhoben, von den wichtigsten kenne ich nicht nur die Namen der Häuser, sondern auch die ihrer Inhaber. Obwohl ich außer das eine, in dem ich seit gestern wohne, keines je betreten habe, weiß ich, in welchem man derzeit mit der besten Küche, den komfortabelsten Suiten und der Anwesenheit der namhaftesten Prominenten rechnen darf. Wenn nötig könnte ich Auskunft über den Anstieg der Nächtigungszahlen in den letzten dreißig Jahren geben und darüber, wie viele Gäste aus welchen Ländern hierher in der Regel zu Besuch kommen. Ich bin gut vorbereitet, denn es geht um einiges. Bald werde ich bereit sein zu glauben, es gehe um nicht weniger als um meine Zukunft.

Ein paar Monate vorher rief mich ein Mann an, der mich begrüßte, als würden wir uns von früher gut kennen. Sein Name löste nicht die geringsten Erinnerungen in mir aus, was ich, so gut es ging, zu überspielen versuchte. Er sprach von einem Filmprojekt, das ich vor vielen Jahren für jenes Unternehmen abgewickelt hätte, bei dem er damals gearbeitet habe und wie zufrieden alle Beteiligten mit dem Ergebnis gewesen seien, doch auch die Erwähnung des Unternehmens, eines bekannten Schweizer Chemiekonzerns, half mir nicht weiter. Zum Glück kam er dann auf den aktuellen Grund seines Anrufs zu sprechen und ich musste nicht weiter darüber nachdenken. — Er fragte mich, ob ich Zeit beziehungsweise Lust hätte, einen, wie er glaube, sehr reizvollen Filmauftrag zu übernehmen. Es gehe um Porträts von zwölf der aktuell reichsten und mächtigsten Manager und Unternehmer Europas, und wie ich mir denken könne, spiele Geld bei der Produktion dieser Serie nur eine untergeordnete Rolle. Ich fragte, wer die Leute seien, doch er wich meiner Frage aus und sprach stattdessen von den Auftraggebern, drei erfolgreichen Börsenmaklern, zu deren Klienten, mehr noch, zu deren Freunden die meisten dieser Personen zählten. Welches Interesse diese Börsenmakler daran hätten, Filme über ihre Klienten drehen zu lassen, fragte ich weiter, doch er sagte nur, es handle sich um eine große Sache, um ein Projekt, angesiedelt zwischen Wirtschaft, Politik und Kunst, bei dem das Medium Film nur einen Aspekt unter vielen darstelle. Näheres würde ich, sollte ich mitmachen wollen, bei einem Treffen mit den Auftraggebern erfahren. Nur soviel könne er mir jetzt schon sagen – der Titel des Ganzen laute *Die neuen Titanen.* —— Bei Jobs, die derart viel versprachen, war ich immer schon skeptisch gewesen. Dennoch sagte ich zu, mir die Sache zumindest anzuhören. Er freute sich darüber, schien sogar, was mich kurz hellhörig machte, erleichtert zu sein und kündigte an, mich innerhalb der nächsten drei Tage wegen eines Termins anzurufen. —— Der Anruf erfolgte bereits tags darauf. Ohne Umschweife kam er zur Sache. Ich solle noch heute Nachmittag nach Paris fliegen, um dort meine Auftraggeber und vor allem die erste Persönlichkeit kennen zu lernen, die ich zu porträtieren hätte. Auch dieses Mal nannte er keinen Namen, meinte nur, ich würde dann schon sehen. —— Früher hätte ich in so einem Fall, ohne lange nachzudenken, zugesagt. Auch wenn nichts aus dem Geschäft geworden wäre, hätte ich mir immerhin ein paar angenehme Tage in Paris machen können.

Mittlerweile verreiste ich nur mehr ungern, egal, ob aus privaten oder geschäftlichen Gründen, und gab deshalb vor, unaufschiebbare Angelegenheiten regeln zu müssen. Mein Bekannter ließ nicht locker, sagte, ich könne natürlich eine Honorarnote ganz nach meinem Gutdünken stellen, auch die Reise- und Aufenthaltskosten würden mir selbstverständlich erstattet werden, und als ich gerade meine Zurückhaltung aufgeben wollte, rückte er mit dem eigentlichen Anlass heraus, nämlich einer exklusiven Party, zu der ich eingeladen sei und zu der ich auch gleich meine Kamera mitnehmen solle, um erste Aufnahmen für den Film zu machen. Nun stand meine Entscheidung, nicht zu fliegen, fest. Noch weniger Lust als auf eine spontane Reise hatte ich auf die Rolle des Kameramannes, der dauernd danach gefragt wurde, für welches High-Society-Magazin er denn drehe. Ich verstand mich als ernsthaften Filmemacher und legte großen Wert auf eine exakte Produktionsvorbereitung. Die Kamera kam bei mir erst ins Spiel, wenn ich die Schauplätze gewählt und einen Drehplan erstellt hatte. Bei der Ausgestaltung der einzelnen

Einstellungen war ich nur im Notfall dazu bereit, von meinen Vorstellungen abzuweichen. Improvisationen am Set, das war meine Erfahrung, führten zwangsläufig zu Kompromissen bei der optischen Prägnanz der Bilder und gefährdeten darüber hinaus die Stringenz des Handlungsablaufes. —— Leider begründete ich meine Absage nicht mit diesen formalen Bedenken, sondern beließ es bei meiner fadenscheinigen Ausrede, was ich sofort, nachdem das Gespräch beendet war, heftig bereute. Nun musste er vermuten, es mangle mir am nötigen Interesse oder ich wäre schon zu feige und zu verknöchert, um auf ein solches Angebot in angemessener Form reagieren zu können. Auch bei den Auftraggebern würde mein abwartendes Verhalten sicher keinen guten Eindruck hinterlassen. Börsenmakler waren es ja gewohnt, schnelle Entscheidungen zu treffen, Risiken einzugehen, sich auf ihre Instinkte zu verlassen. Sie würden das angekündigte üppige Budget wohl ungern einem Menschen überlassen, der schon bei der ersten Gelegenheit einen Rückzieher machte. Andererseits hatte ich noch nie eine besondere Sympathie für Spekulanten gehegt. Warum sollte ich also ausgerechnet für diese Leute von meinen Prinzipien abweichen? Wegen des Geldes? Natürlich! Wenn überhaupt, dann wegen des Geldes! Ich hatte Schulden und meine letzten größeren Filmarbeiten lagen, weil ich nicht mehr gewillt war, die von Mal zu Mal schlechter werdenden Produktionsbedingungen zu akzeptieren, schon länger zurück. Auf ein Projekt, dessen Umsetzung offenbar nicht unter budgetären Einschränkungen litt und mir genügend Geld einbringen würde, um meine finanzielle Situation nachhaltig zu verbessern, konnte ich im Grunde nicht verzichten. Außerdem schien mir die Aufgabe, je länger ich darüber nachdachte, auch inhaltlich umso reizvoller zu sein. Wenn es etwas gab, was die Menschen interessierte, dann waren es Einblicke in das Leben derer, die es geschafft hatten, den Traum von der glanzvollen Karriere, egal, ob in Hollywood, in der Politik oder an der Spitze eines Konzerns zu verwirklichen. Ich rief meinen vermeintlichen Bekannten zurück, erreichte aber nur mehr seine Mailbox. Er hatte mir zwar zugesagt, sich erneut zu melden, allerdings ohne einen genauen Zeitpunkt zu nennen. Ich stammelte ihm eine Entschuldigung wegen meiner allzu kategorischen Haltung auf die Box und kündigte an, mich bis zu unserem nächsten Gespräch schon einmal mit dem Thema *Titanen* zu beschäftigen. Damit hoffte ich einerseits, mich für den Auftrag im Spiel gehalten zu haben, indem ich mein Verständnis dafür gezeigt hatte, worum es bei der Sache im Kern ging, andererseits erschien mir diese Vorgangsweise ohnehin als die vernünftigste. — Ich ging sofort an die Arbeit und begann, Informationen über alles zu sammeln, was man je mit der Bezeichnung *Titan* versehen hatte. Ich wollte ein Gefühl bekommen für die Bedeutung des Begriffs und für den Charakter dessen, was er in der Regel benannte. Beim ersten Google-Durchgang stieß ich unter anderem auf einen cadmiumgelb gestrichenen Riesenkran im Hafen von Nantes, auf eine Serie schwerer Transportfahrzeuge von Mercedes und auf den Torhüter von Bayern München. Die Produktmanager und Journalisten schienen alle denselben tradierten Regeln bei der Vergabe dieses

Titels zu folgen. Ein Titan ist der oder das Unüberwindlichste, Furchteinflößendste, Ehrfurchtgebietendste seiner Art. Er besitzt meist nur eine dominante Eigenschaft, die aber in ihrer reinsten Form. Der Titan ist, was er kann, kraftvoll und unverfälscht, er ist sich seiner Sache sicher und bereit, diese Sache auch gegen Widerstände durchzusetzen. — Diese Regeln waren, das wusste auch ich, der von den antiken Mythen während seiner Schulzeit nur wenig gehört hatte, so alt wie die ältesten Zeugnisse abendländischer Kultur. Dorthin, zu den griechischen Dichtern, mussten, obwohl ich instinktiv davor zurückschreckte, meine Nachforschungen führen. Ich begann, die Literatur zu studieren und fand Hinweise auf entsprechende Passagen in Homers Ilias, in den Gesängen des Orpheus und vor allem in Hesiods Theogonie, in der das Schicksal der Titanen am ausführlichsten geschildert war. — Doch schon bei der Befassung mit dieser ersten mythischen Göttergeneration stieß ich an meine Grenzen. Ich hatte große Schwierigkeiten, mir ihre Namen zu merken, ihnen die richtigen Eigenschaften und Symbole zuzuordnen und aufgrund der inzestuösen Verhältnisse, die in dieser ersten Zeit nach der Schöpfung gezwungenermaßen herrschten, verlor ich immer wieder den Überblick darüber, wer es mit wem getrieben hatte und welche Nachkommen daraus folgten. — Ähnliche Probleme traten bei der Beschäftigung mit den *Neuen Titanen* auf. Zunächst versuchte ich herauszufinden, wer die zwölf reichen und mächtigen Leute sein könnten, um die es ging, doch es gab verschiedene Listen unterschiedlicher Zusammensetzung und es war letztlich nicht einmal klar zu bestimmen, wen von den dort Vertretenen man als Unternehmer und Topmanager bezeichnen durfte und wer einfach nur reich und mächtig war. Von denjenigen, die infrage kamen, waren meist Biografien, Autobiografien oder Ratgeber erschienen, doch je mehr von diesen Büchern ich las, umso weniger war ich in der Lage, auseinander zu halten, wer sie waren und was sie dachten. — Es würde zu weit führen, hier den ganzen Weg meiner Recherchen nachzuvollziehen, eine logische Vorgangsweise wäre dabei ohnehin schwer auszumachen. Hier

rächte sich einmal mehr das Fehlen einer akademischen Grundausbildung und damit einer systematischen Methode zur Bewältigung komplexen Fachwissens. Orientierungslos schwankte ich hin und her zwischen den alten und den neuen Titanen, zwischen den Kindern Gaias und den Kindern der Globalisierung und stets litt ich entweder unter zu viel oder unter zu wenig Informationen.
—— Erschwerend kam hinzu, dass ich nicht wusste, ob das Geschäft mit dem Film überhaupt noch zustande kommen würde. Es waren sechs Wochen vergangen seit dem letzten Gespräch mit meinem Bekannten und er hatte sich nicht mehr gemeldet. Das machte mir einerseits nichts aus, weil meine Bemühungen bisher ohnehin fruchtlos geblieben waren, andererseits hatte ich die Einkünfte aus dem Projekt insgeheim bereits auf der Habenseite verbucht, und eine Absage wäre schon jetzt einer mittleren existenziellen Katastrophe gleichgekommen. Da ich zu stolz war, meinen Bekannten noch einmal anzurufen, blieb mir nichts anderes übrig, als das zu tun, was ich seit einiger Zeit in heiklen Situationen immer tat, nämlich eine

Wahrsagerin zu befragen. Natürlich ging ich nicht persönlich hin, das wäre mir zu peinlich gewesen, sondern ich bat wie immer meine Tante, den Orakelspruch an meiner Stelle entgegen zu nehmen. Für sie war die Konsultation einer Wahrsagerin so selbstverständlich und hilfreich wie die eines Apothekers. Ich brachte ihr ein erst kürzlich von mir aufgenommenes Foto vorbei und fügte kommentarlos eine handschriftliche Liste mit den Namen der zwölf Titanengötter hinzu; das musste genügen. Sie nahm die Liste ebenso kommentarlos entgegen, denn sie war ohnehin nur an Nachrichten über meinen Gesundheitszustand interessiert und darüber, wann ich endlich Ordnung in meine Beziehungsangelegenheiten bringen und Vater werden würde.

Obwohl ich es gemütlich nehmen könnte, weil das Treffen oben am See erst für 15 Uhr vereinbart ist, habe ich die Zeitangaben auf den Beschilderungen nach einer Stunde schon um etwa 10 Minuten unterboten. Ich lege dieses Tempo wegen der Kälte vor, die am Anfang der Wanderung herrscht, als der Weg noch auf der Schattenseite des Lechs entlang führt. Die Wiesen sind von einer Raureifschicht überzogen, auch die eine oder andere vereiste Stelle auf dem Pfad ist noch nicht aufgetaut. Erst mit der höher steigenden Sonne stellt sich jene für diese Jahreszeit mittlerweile typisch gewordene Temperatur ein. Es dauert nicht lange und ich habe bis auf ein T-Shirt alle Schichten meiner Oberbekleidung abgestreift und im Rucksack verstaut. —— Eine Weile lang geht es ruppig auf und ab, dann steigt der Weg nur mehr sanft an. Ich wandere an Zug vorbei, zwischen Schafberg und Zuger Horn hindurch über die Tannlägeralpe und komme dabei so schön in den Rhythmus, dass ich die Andeutung erster Druckstellen in meinen nagelneuen Wanderschuhen ignoriere. Nach etwa eineinhalb Stunden bin ich dazu nicht mehr in der Lage und muss eine Pause einlegen. Ich entledige mich meiner Schuhe und Socken, tauche meine Füße ins eiskalte Wasser des Baches, der hier ein kleines Becken bildet, und esse dann, während ich barfuß Kreise auf dem rauen Almwiesenteppich ziehe, zwei Extrawurstsemmeln mit Essiggurken, die im feuchtwarmen Milieu meines Rucksacks zu einer gummigen Masse zusammengeschmolzen sind. Gierig kaue ich und versuche dabei, den Brei, dessen Geschmack und Konsistenz mit nichts anderem zu vergleichen sind, solange wie möglich im Mund zu behalten. Je länger es mir gelingt, das Schlucken zu verzögern, umso intensiver ist die Welle der Zuversicht zu spüren, die sich direkt in meine erschöpfte Muskulatur ergießt. Ich stöhne laut vor Glück und beschließe, hier mein restliches Leben zu verbringen. Nie wieder möchte ich auf das Gefühl der Freiheit unter den Fußsohlen und das der Kühle verdunstenden Schweißes auf meiner Haut verzichten. An der Baumgrenze beginnt das Paradies, denke ich, und wundere mich, dass es so lange gedauert hat, bis ich den Wunsch verspürte, diese Grenze zu überschreiten. — Ich ziehe mich nackt aus, setze mich auf einen Stein, der geformt ist wie ein Stuhl, schließe die Augen und beginne leise und andächtig, eine Stelle aus dem Kapitel *Die einstige Entstehung des Lebendigen und das Leben unter Kronos* aus Platos Dialog *Der Staatsmann* zu rezitieren:

Auch unbekleidet und ohne Lagerdecken weideten sie größtenteils im Freien; denn die Witterung war beschwerdenlos für sie eingerichtet, und weich war ihr Lager genug, weil reichliches Gras aus der Erde hervorwuchs.

Dann fahre ich fort mit einer Passage aus Hesiods Theogonie, die ich ebenfalls ohne zu Zögern auswendig hersagen kann:

Sie lebten wie Götter, von Sorgen befreit das Gemüte,
Fern von Mühen und fern von Trübsal.

Ich, der ich immer gepeinigt war von Scham und mir so lange schon nichts mehr merken konnte, nicht einmal die Namen meiner Freunde, wünsche mir in diesem Augenblick, es könnte mich hier jemand so sehen und hören, nackt wie ein Fels und im Besitz eines bestialischen Gedächtnisses für die Literatur des klassischen Altertums. Doch ich bin allein, nur umgeben von jenen Bergen, in deren Höhlungen ich den Tartaros vermute, das Gefängnis, in das Zeus die widerständigsten Titanen verbannt hat. Ich bin hier, um sie zu befreien, denke ich, denn das ist der Ort, an dem unter ihrer Herrschaft *Das Goldene Zeitalter* seine Fortsetzung erfahren wird. Oder warum sollte ich sonst hier sein?

Noch bevor ich erfuhr, was das Schicksal für mich bereithielt, begannen sich die Dinge zu fügen. Am Tag des Besuchs meiner Tante bei der Wahrsagerin unternahm ich nach längerer Zeit wieder einmal einen ausgedehnten Spaziergang entlang des Seeufers von Bregenz nach Lindau. Früher hatte ich es nur getan, um mein Gehirn von überschüssigen Gedanken zu reinigen, später entdeckte ich durch Zufall, etwa bei Zweidrittel der Strecke, in der privaten Hafeneinfahrt einer verfallenen barocken Villa, eine Statue der Göttin Eos und begann, sie ohne besonderen Grund vor dem Hintergrund verschiedener Lichtstimmungen zu filmen. Irgendwann im Laufe meiner mehrjährigen Dokumentationsarbeit hatte ein Restaurator begonnen, die Statue einzurüsten und in unregelmäßigen Abständen daran zu arbeiten. Als ich nun in den Park kam, war das Gerüst abgebaut und ich musste erkennen, dass er nicht nur die Oberflächen der Statue ausgebessert, sondern auch neue Unterarme und Hände auf den Oberarmstümpfen angebracht hatte. Ich erschrak, denn es wirkte auf mich im ersten Augenblick wie eine Amputation. Natürlich in reziprokem Sinn, denn die plötzliche Existenz von Armen führte mir schmerzlich vor Augen, dass die Welt fehlte, in der sie einmal eine Funktion erfüllt hatten. Als ich später nach Eos-Darstellungen suchte, fand ich eine, auf der sie einen mit ihren Tränen gefüllten Krug in den Händen hielt. Bei dieser Gelegenheit erfuhr ich auch, dass Eos die Tochter der beiden Titanen Hyperion und Theia war. Am Abend desselben Tages drückte mir meine Tante einen Zettel in die Hand, auf dem sie die Prognosen der Wahrsagerin notiert hatte. Bezüglich meiner Anfrage setzte sie sich aus folgenden drei Punkten zusammen:

1. Dunkle Mächte sind am Werk, doch die hellen werden siegen.
2. Du wirst einen Berg besteigen und dort die Lösung finden.
3. Mnemosyne

Beim Rest der Botschaft ging es um meine Verdauung und dass es nun an der Zeit sei, für Nachkommen zu sorgen. —— Ich nahm mir vor, nicht über die Bedeutung des Orakels nachzudenken, sondern einfach nur Hoffnung und Inspiration daraus zu schöpfen. Erstes Ergebnis war, dass ich die Dokumentation der Eos-Statue, das einzige Filmprojekt, an dem ich in den letzten Jahren zwar kontinuierlich und auch ernsthaft, aber doch ohne besonderes Ziel gearbeitet hatte, für abgeschlossen erklärte. Da sich nun die Spaziergänge nach Lindau erübrigten, begann ich stattdessen, regelmäßig auf den Pfänder zu gehen, und das, obwohl ich das Aufwärtsgehen, überhaupt das Wandern in den Bergen, immer abgelehnt hatte. Um mir nicht ganz untreu zu werden, weigerte ich mich immerhin, dabei etwas anderes als Sandalen zu tragen. —— Den Hinweis auf die Titanin Mnemosyne, die Göttin der Erinnerung, nahm ich zum Anlass, endlich etwas gegen den miserablen Zustand meines Gedächtnisses zu unternehmen. Es gab Tage, da fielen mir nicht einmal mehr die Vornamen guter alter Bekannter ein, die ich auf der Straße traf, was wohl mit ein Grund für meinen allmählichen Rückzug aus der Gesellschaft gewesen war. —— Ich las nach, welche Arten von Mnemotechniken es gab und fand, die mit dem Spaziergang, bei dem man sich an verschiedenen Stationen unterschiedliche Inhalte einprägte, passe ideal zu meiner momentanen Situation. Ich begann also, an ungestörten Plätzen jenes Weges, den ich auf den Bregenzer Hausberg nahm, verschiedene Passagen aus der klassischen Literatur zu memorieren, in denen die Titanen und deren Herrschaft über die Welt eine Rolle spielten, aber auch aus anderem Material, das ich mir aus dem Internet und aus der Sekundärliteratur zusammengeschrieben hatte. —— Schon nach kurzer Zeit zeigten sich erste Erfolge. Nicht nur, dass ich nun in der Lage war, den gesamten Ursprungsmythos mit allen Teilnehmenden und deren Schicksalen nachzuerzählen, es gewannen auch nach und nach Motive an Kontur, die sich für eine Verwendung im Film eignen würden. Zum Beispiel der Berg, auf dem der Legende nach die Titanen ihr Lager während des elfjährigen Krieges gegen Zeus und die anderen olympischen Götter aufgeschlagen hatten. Er hieß Othrys und wurde im Unterschied zu seinem Pendant, dem Olymp, in den Erzählungen nur selten erwähnt. Ohne zu wissen, was genau auf diesem Berg Othrys real geschehen würde, fasste ich den Entschluss, jeden Film der Serie mit seiner Besteigung zu beginnen. Ich sah Nebelschwaden über felsigem Ödland vor mir, mediterranes Gestrüpp, vielsagendes Spiel von Licht und Schatten und über allem das Drama eines thessalischen Himmels. Dazu hörte ich sphärische Klänge und eine männliche Stimme aus dem Off, die über den antiken Schöpfungsmythos sprach, über die Geburt von Gaia, der Mutter Erde, aus dem Chaos, über Uranos, den Himmel, der mit ihr die ersten 12 Titanen zeugt:

Himmelbefruchtet gebar sie Okeanos' wirbelnde Tiefe,
Koios und Kreios dazu und Iapetos und Hyperion,
Theia sodann und Rheia und Themis, Mnemosyne ferner,
Phoibe, die goldbekränzte, und auch die liebliche Thetys;
Als der jüngste nach ihnen entstand der verschlagene Kronos,
Dieses schrecklichste Kind, er haßte den blühenden Vater.

Und wie Kronos, der Prophezeiung gemäß, seinen Vater stürzt, um zusammen mit seinen Geschwistern über die Welt und die erste Generation der Menschen zu herrschen. Und wie sich schließlich das Schicksal wiederholt und Zeus, der aus der Verbindung zwischen Kronos und Rhea geborene jüngste Sohn, seinen Vater, je nachdem, welcher Erzählung man den Vorzug gibt, in den Tartaros stößt, auf die Insel der Seligen verbannt oder tötet. —— Mir passte die Geschichte mit dem Tartaros am besten in den Kram, denn den konnte ich, Hesiod folgend, unter dem Berg Othrys ansiedeln, was meinem Besuch dort eine weitere konkrete Bedeutung verliehen hätte. Die Generationenkämpfe und ihre Folgen interessierten mich vorerst nicht besonders. Mir waren die Geschichten von abgeschnittenen Geschlechtsteilen, herumspritzendem Blut und Samen, oder von Vätern, die ihre Kinder fraßen und wieder heraufwürgten zu plakativ. Bemerkenswerter fand ich die ruhige Zeitspanne dazwischen, die Herrschaftsphase der Titanen, die als *Goldenes Zeitalter* Eingang in den Mythos gefunden hatte und die als eine Ära beschrieben wurde, in der Einklang herrschte zwischen Göttern, Menschen und Natur. Wenn ich an die Ausgangssituation dachte, nämlich an den Auftrag, zwölf reiche und mächtige Manager und Unternehmer zu porträtieren, dann warf dieser Ansatz sicher ein paar brauchbare Fragen auf. Mir gefiel die Vorstellung, die Protagonisten der Filme mit diesem unspektakulärsten, von den Wissenschaftlern vernachlässigten Teil der Titanengeschichte zu konfrontieren und sie zu fragen, was nach der Schlacht des Kapitals, nach den Schockwellen, die in regelmäßigen Abständen über die freien Märkte dieses Planeten hinwegfegten, ihrer Ansicht nach folgen würde. Ob es eine Aussicht gebe, dass *Die neuen Titanen,* als die sie sich ja mittlerweile bezeichnen ließen, auch für ein *Neues Goldenes Zeitalter* sorgen würden? Seid ihr diejenigen, würde ich sie fragen, denen wir das Schicksal der Welt anvertrauen können? Seid ihr in der Lage, einzuspringen für die offensichtlich überforderten politischen Eliten? Und wenn ja, welche Eigenschaften, außer eurem Wissen, wie man Erfolge erzielt und Geld verdient, befähigen euch dazu? Ich fühlte mich mutig und war gewillt, niemandem gefällig zu sein, gleichzeitig jedoch wusste ich, dass ich diese Fragen so nicht ohne Weiteres würde stellen können. Schließlich war ich den Geldgebern des Projekts verpflichtet und die würden mich vermutlich nicht für eine kritische Hinterfragung des Ethos ihrer Klienten bezahlen. Aber darüber wollte ich mir jetzt keine Gedanken machen, darüber konnte ich dann mit ihnen diskutieren, wenn es soweit war.

Ich saß am Schreibtisch und öffnete gerade den Brief mit der Ankündigung des 12. Philosophicums Lech, das unter dem Titel *Geld – Was die Welt im Innersten zusammen hält?* im nächsten Jahr stattfinden würde, als mein Bekannter anrief. Mir war inzwischen wieder eingefallen, was uns miteinander verband. Auch an den Film über die Herstellung und Anwendung von Formaldehyd, den ich damals für seine Abteilung gedreht hatte, erinnerte ich mich wieder. Er entschuldigte sich für sein langes Schweigen und teilte mir mit, dass er nun die Erlaubnis erhalten habe, mir die Liste der

Neuen Titanen zu übermitteln. Außerdem hätten die Auftraggeber Mitte der kommenden Woche in Innsbruck zu tun und würden mich gerne dort treffen. Sollte ich allerdings unabkömmlich sein, dann gäbe es auch die Möglichkeit, mich in Bregenz zu besuchen, da sie anschließend weiter in die Schweiz reisen müssten. Ich zögerte. Vor mir lag der Aussendungstext des Philosophicums Lech. Die Worte *Macht und Mythos* stachen mir ins Auge. — Ich sagte, wir könnten uns doch in Lech treffen, auf halbem Weg sozusagen, es sei denn, die wollen das nicht. — Nein, nein!, beeilte er sich zu antworten, da sehe ich gar kein Problem. So wie ich die drei mittlerweile kennengelernt habe, sind sie zu jeder Schandtat bereit. — Wenn das so ist, erwiderte ich im Scherz, dann werde ich mir etwas Besonderes überlegen müssen.

Auf der Zugfahrt nach Langen am Arlberg las ich das neueste Buch des Philosophen Konrad Paul Liessmann *Zukunft kommt – Über säkularisierte Heilserwartungen und ihre Enttäuschung.* Es ging darin unter anderem um die Zukunftsrhetorik der Politiker, die Liessmann als ein Indiz für ihre Unfähigkeit wertete, die Probleme der Gegenwart lösen zu können. In einem anderen Zusammenhang zitierte er den britischen Autor Stephen Baxter, dessen Name einem Science-Fiction-Fan wie mir natürlich ein Begriff war. Bemerkenswert fand ich Baxters Erwähnung vor allem deshalb, weil er in den späten Neunzigerjahren ein Buch mit dem Titel *Titan* geschrieben hatte, das ich für sein bestes hielt und an dessen Inhalt ich mich auf einmal derart lebhaft erinnerte, dass ich ganze Kapitel daraus hätte wiedergeben können.

Da ich ohnehin der einzige Fahrgast war, ließ mich der Buschauffeur direkt vor dem Hotel *Chesa Rosa* aussteigen, in dem ich ein Zimmer für eine Nacht gebucht hatte. Ich hatte mich dazu entschlossen, einen Tag früher anzureisen, da ich mich noch in Ruhe im Ort umsehen wollte. Ich richtete mich in dem sehr geräumigen, freundlichen Zimmer mit Balkon und Blick auf das Omeshorn ein und ging anschließend aus dem Haus, um jene drei Objekte aufzusuchen, deren Standort ich mir von meiner Tante hatte beschreiben lassen, die sich hier heroben zum Glück gut auskannte. –– Trotz des herrlichen Herbstwetters waren die Straßen leer. Nur hie und da hörte ich die Geräusche von Werkzeugen in der Ferne, die auf diverse Bau- und Reparaturtätigkeiten hinwiesen. Alle Hotels, bis auf das, in dem ich wohnte, schienen geschlossen zu sein. Auch jenes unweit der Talstation des Schlegelkopfliftes, das ich als erstes der drei Objekte aufsuchte, machte einen versiegelten Eindruck. Ich drehte mit meiner Canon Ixus v3 kurze Einstellungen von Haupt- und Nebenhäusern und ging dann hinauf nach Oberlech, wo ich ein paar Aufnahmen eines schönen Grundstücks in Hanglage machte. Von dort aus wandte ich mich in Richtung Zug. Mein Ziel war ein dreigeschossiges Appartementhaus in moderner Holzbauweise, hübsch, sehr gepflegt aber ebenso verlassen. Ich wusste zwar noch nicht, wozu ich dieses Filmmaterial brauchen würde, wollte aber die Gelegenheit nicht ungenützt verstreichen lassen, mir sozusagen ein Bild von jenen verblüffenden Tatsachen zu machen, auf die ich in den letzten Tagen gestoßen war. Genau genommen hatte es mich nicht einmal eine halbe Stunde gekostet zu erfahren, dass drei Namen auf der Liste der *Neuen Titanen,* die mir mein Bekannter nach unserem Gespräch gemailt hatte, mit Interessen an diesen drei Immobilien in Lech verknüpft waren. Google ist ein Segen, wenn man die richtige Eingebung hat, dachte ich bei mir, und staunte, wie gut dieser altmodische Begriff zu dieser jungen Technologie passte. Bei den drei Namen handelte es sich um die des Vorstandsvorsitzenden eines großen deutschen Handelshauses, des Chefs eines ebenso großen deutschen Industriebetriebs und eines russischen Oligarchen, den der Handel mit Aluminium reich gemacht hatte. Auch die anderen sieben Männer und zwei Frauen auf der Liste trugen klingende Namen, ein paar davon hatte ich sogar erraten, was mich sehr freute. Obwohl wenig Zeit gewesen war, die neuen Informationen in mein Konzept einzuarbeiten, war mir die Sinnfälligkeit der Zusammenhänge sofort klar gewesen.

— Sinnfällig war auch die Wahl des Ortes, an den

ich mich mit meinen Auftraggebern treffen würde. Auch in dieser Hinsicht konnte ich auf die Erfahrungen meiner Tante zurückgreifen. Ich fragte sie, ob sie mir eine schöne Wanderung vorschlagen könne, nicht zu steil und nicht zu lang, die zu einem Platz in eindrucksvoller Lage führe, er sollte aber auch mit dem Auto erreichbar sein, wie ich mit schlechtem Gewissen hinzufügte. Sie dachte nicht lange nach und meinte, da komme nur der Formarinsee in Frage und fuhr in verschwörerischem Tonfall fort: Etwa zweihundert Meter vom Parkplatz entfernt, Richtung See, steht eine kleine Hütte. Ziemlich neu, nicht zu verfehlen. Sie sieht aus wie ein Geräteschuppen oder so etwas Ähnliches. Auf der windgeschützten Seite gibt es eine Bank, dort ist es warm, dort kannst du warten. Warum sie wusste, dass ich dort würde warten müssen, fragte ich sie nicht. Sie hätte vermutlich nur abgewunken und mich zum Teufel gejagt. Ich leitete die Wegbeschreibung, in der die Überquerung einer Mautstelle, ein kurzer Fußmarsch und als Ziel ein Geräteschuppen enthalten waren, an meinen Bekannten weiter, der sie vermutlich deshalb ohne Verwunderung zur Kenntnis nahm, weil er wusste, dass er bei dem Treffen nicht dabei sein würde. —— Nachdem ich die Aufnahmen der drei Objekte im Kasten hatte, ging ich zurück ins Hotelzimmer. Dort machte ich mir ein paar Notizen für den kommenden Tag, las in einer schön gemachten Anthologie über Lech und Zürs die kurze Erzählung *Eos – Die Abendröte* von Michael Köhlmeier, schaute mir den Anfang eines dummen Horrorfilms an, in dem Medizinstudenten in einem anatomischen Institut an sich selbst herumexperimentierten und ging dann schlafen. Ich war guter Dinge, denn ich spürte, dass sich alle Elemente der Geschichte, an der ich arbeitete, bald zu einem Ganzen fügen würden. Schon der Umstand, dass ich mit Lech jenen Ort gefunden hatte, an dem alle Handlungsfäden auf so natürliche Art zusammen zu laufen schienen, stimmte mich gelassen. Morgen, dachte ich, werde ich die drei Auftraggeber verblüffen, indem ich ihnen nicht nur mich selbst, sondern auch schon meine ersten Erkenntnisse präsentieren werde. Inmitten des imposanten Bergpanoramas, über dem Formarinsee stehend, werde ich die Arme ausbreiten und ihnen vom Mythos der Titanen, vom Goldenen Zeitalter und vom Lager auf dem Berg Othrys erzählen. Und dann werde ich ins Tal hinunter zeigen und sagen: Das ist der Ort, an dem *Die neuen Titanen* ihr Lager aufschlagen werden. Drei von ihnen sind schon angekommen, die anderen werden folgen. Hier, zwischen Himmel und Erde, werde ich sie so ins Licht setzen, dass ihr wahres Wesen sichtbar wird. Und dann, nach dieser etwas melodramatischen Einleitung, werde ich unter Beweis stellen, was ich bereits über *Die neuen Titanen* in Erfahrung gebracht, was ich in Wirtschaftszeitungen, Biografien, Autobiografien und Ratgebern gelesen habe, all die Details, die ich nicht mehr aus dem Kopf bekomme, über ihre atemberaubenden Karrieren, über die übermächtigen Gegner, die sie aus dem Feld geschlagen haben und über die entscheidenden Augenblicke in ihren jeweiligen Lebensläufen, als plötzlich feststand, dass sie es waren, die zur richtigen Zeit am richtigen Ort die richtige Idee hatten, und wie ihre Risikobereitschaft, Skrupellosigkeit, Erziehung, Herkunft oder einfach ihr

Glück ausschlaggebend dafür waren, dass sie am Ende zu den Wenigen gehörten, für die sich die Prophezeiungen erfüllten und nicht zu den Vielen, für die das nicht galt. Und dann werde ich vielleicht zur Roten Wand hinüber zeigen und sagen: Klein vor einer großen Kulisse, ohne Gefühle wie Neid, moralische Entrüstung oder naive Verehrung werde ich sie befragen, um zu sehen, ob sie tatsächlich Menschen sind wie du und ich, oder ob es vielleicht besser wäre, ihnen den Status des gewöhnlichen Erdenbürgers abzuerkennen und sie stattdessen mit den Pflichten und Leiden einer alten, in einen mythischen Kampf verstrickten Göttergeneration auszustatten, und über all diesen Gedanken schlief ich irgendwann ein.

Titanen, herrliche Kinder
Des Uranos und der Gaia;
Altvordern unserer Väter,
Wohnend tief in der Erde
In des Tartaros Erdschlucht;
Uranfänge und Quellen
Alles mühseligen, sterblichen Seins,

Was fliegt, was wohnt auf der Erde;
Denn es rinnet aus euch
Alle Zeugungskraft durch das All.
Euch rufe ich an, laßt fahren
Dahin den grimmigen Zorn –
Wenn von den Erdschluchtbewohnern
Ein Ahne den Häusern sich naht!

Immer noch nackt, zitiere ich laut aus den Gesängen des Orpheus, kratze anschließend den Namen des ersten Titanen in den Stein, auf dem ich gesessen bin, und ziehe mich an. Nachdem ich in meine neuen Wanderschuhe geschlüpft bin und nun das Brennen auf meinen Fersen sehr viel intensiver spüre als vorher, weiß ich, dass es keine gute Idee war, die Füße so lange im kalten Wasser einzuweichen. Trotzdem nehme ich das scharfe Tempo wieder auf, mit dem ich vor der Rast unterwegs gewesen bin, denn es wird mich Zeit kosten, auf dem Weg hinauf zum See nach weiteren möglichen Drehorten Ausschau zu halten. Ich finde etliche, die sich eignen und markiere sie mit Götternamen. Um etwa 14 Uhr erreiche ich die Formarinalpe. Keines der Gebäude scheint im Augenblick bewohnt zu sein, nirgends steht ein Auto, auch der Parkplatz ist leer. Als ich die letzte Kuppe überquere, sehe ich ihn zum ersten Mal. Türkis bis stahlgrau schimmert er in seinem Krater. In diesem Augenblick weiß ich, dass ich immer schon, wenn ich früher seinen Namen hörte, an jene Lösung dachte, in die anatomische Präparate zur Konservierung eingelegt werden. Formalin, Formaldehyd, CH_2O, eine chemische Umdeutung jenes Materials, aus dem das Leben besteht, zusammengeflossen zu einem See, der Tausenden dieser Leben die Bewahrung ihrer äußeren Form über den Tod hinaus garantieren könnte. Trotz dieser makabren Assoziation bin ich hingerissen vom Anblick des Sees. Auf dem Display meiner Ixus v3 schwingen die Farben von Quellwasser, Almwiesen, Fels, Himmel und Wolken in ihren idealen Frequenzen. Unter diesem Eindruck bin ich bereit, die aufgeplatzten Blasen an meinen Füßen als gerechtfertigten Eintrittspreis in die Uraufführung eines Bergweltspektakels zu akzeptieren, das nur für mich veranstaltet wird. —— Die Beschreibung meiner Tante entspricht weitgehend den Tatsachen, nur finde ich, die Hütte sieht eher aus wie ein Kiosk, den man gerade geschlossen hat. Die übergroßen Fensterläden sind dicht, an der Tür hängt ein dickes Vorhängeschloss. Ein frischer Westwind ist aufgekommen, deswegen ziehe ich mich auf die windgeschützte Seite der Hütte zurück und lege mich dort auf die Bank, die eigentlich eine Truhe ist, um mich ein wenig auszuruhen. —— Etwa eine Stunde später schrecke ich hoch. Nicht aus Angst, verschlafen zu haben, sondern wegen des Gefühls, sofort wissen zu müssen, was sich unter mir in der Truhe befindet. Nachdem ich mich umgeschaut habe, ob die drei Börsenmakler vielleicht schon eingetroffen sind, aber niemand in dem gut überblickbaren Gelände auszumachen ist, öffne ich den Deckel, um mich zu vergewissern, was sie enthält. Ich finde einen alten Holzkohlengrill, einen Sack Grillkohle und Holzspäne zum Anfeuern. Dazu einen mattroten Anorak, einen Norwegerpulli und eine blaue Trainingshose. Alles in der Größe eines vielleicht zehnjährigen Kindes. Längst aus der Mode gekommene Kleidungsstücke, deren Anblick mich aus unerfindlichen Gründen derart anrührt, dass ich einen Augenblick lang mit den Tränen kämpfe. — Dann höre ich sie. Es ist nicht einmal eine Minute vergangen, aber sie sind da. Keine zwanzig Meter von der Hütte entfernt. Nicht dem schnellsten Läufer wäre es gelungen, sich in so kurzer Zeit, egal aus welcher Himmelsrichtung, auf diese Distanz anzunähern, schon gar nicht diesen drei alten Damen. Eine von ihnen hat auffallend geschwollene Füße, die in grauen orthopädischen Schuhen stecken. Auch die halbhohen Straßenschuhe der anderen beiden sind ungeeignet für den groben Schotter des neu angelegten Weges. Überhaupt tragen sie für diese Höhenlage viel zu feine Hosen, Röcke und Jacken. Alles ist in Pastellfarben, Beige oder Grau gehalten, dazu da und dort der Farbtupfer eines Schals, einer Bluse, eines Lippenstifts. Herausgeputzt wie zum Jahrgängerinnenausflug. Unwillkürlich schaue ich mich um, ob nicht irgendwo noch andere aufgetaucht sind, doch ich sehe nur diese drei. Ich schätze ihr durchschnittliches Alter auf etwa 75 Jahre. Sie machen, bei aller Vorsicht, mit der sie sich bewegen, einen rüstigen Eindruck. Dennoch, und das ist das Sonderbarste, gehen sie alle drei am Stock, es sind eher Stecken und zwar solche, die man sich selbst im Wald zurechtschneidet, nur diese hier laufen oben in zwei Enden bedrohlich spitz zu und sehen aus wie archaische, zweizinkige Mistgabeln. Mir fällt Orson Welles' Macbeth-Verfilmung ein, in der die drei Hexen nie ohne diese Gabeln zu sehen sind. —— Und dann sagt tatsächlich die Erste: Heile! —— Und die Zweite: Heile! —— Und auch die Dritte: Heile! —— Und ich antworte: Hallo!, und schaue offenbar sehr verdattert drein, denn die Erste sagt: Ja, mit uns alten Schwestern hättest du hier nicht gerechnet, oder? —— Darauf die Zweite: Und was tust du hier, hübscher Mann? —— Und die Dritte: Der wartet auf *uns!*, worauf alle drei loslachen. —— Ich beobachte sie misstrauisch, weiß nicht mehr genau einzuschätzen, was hier passiert. Ich frage mich, ob Börsenmakler auch so aussehen könnten, verwerfe diesen absurden Gedanken aber sofort wieder. Dennoch bleibe ich wachsam, um auf ein etwaiges Zeichen richtig

Wolfgang Mörth

reagieren zu können. — Wegen des heftiger gewordenen Windes sind die Dauerwellen der drei Damen in Mitleidenschaft gezogen. Ich sage: Hinter der Hütte ist eine Sitzgelegenheit, dort ist es warm und windstill. — Die Erste: Das wissen wir. — Die Zweite: Wir sind öfter hier. — Die Dritte: Trotzdem danken wir dir. — Und wieder lachen sie los. Um nicht wie ein Depp dazustehen, frage ich: Wissen Sie vielleicht, wozu diese Hütte gut ist? — Die Erste: Das ist die Vorhut. — Die Zweite: Bald geht's los. — Die Dritte: Formarin! Formarin! Hier kommt es hin! — Dann wenden sie sich ab und die ersten beiden verschwinden hinter der Hütte. Nur die Dritte dreht sich noch einmal zu mir um und sagt: Kümmere dich nicht um diese Dinge, zeuge du lieber einen Sohn. — Was kommt hier hin?, frage ich, ohne auf ihre Bemerkung einzugehen, aber sie sagt nichts, zeigt nur mit den Zinken ihrer Mistgabel Richtung See hinunter, beschreibt einen großen Halbkreis und verzieht ihr Gesicht als handle es sich um etwas, was andere für sehr wichtig und bedeutend halten. Dann verschwindet auch sie.

Ich warte etwa eine Stunde oben beim Parkplatz, versuche mehrmals vergeblich, meinen Bekannten auf seinem Handy zu erreichen, schreibe ihm eine erboste SMS und gehe dann zurück ins Tal. Ich lege den Weg ausschließlich auf der Straße zurück, denn ich möchte die drei, sollten sie doch noch heraufkommen, nicht verpassen. Außerdem zwingen mich die Wunden an meinen Füßen ohnehin dazu, in Socken zu gehen, und das ist nur auf dem Asphalt einigermaßen gut möglich. — Ich verlängere meinen Aufenthalt um eine Übernachtung, denn ich bin zu keiner Bewegung mehr fähig. In der Nacht schlägt das Wetter um. Ich erwache aus einem unruhigen Schlaf und sehe, dass alles tief verschneit ist. Ich bleibe liegen, ziehe die Decke bis zum Kinn und versuche, mich an den letzten Satz aus der Macbeth-Verfilmung von Orson Welles zu erinnern. Er kommt aus dem Mund einer der Hexen. Gestern war er mir sofort eingefallen, heute ist alles wie weggeblasen.

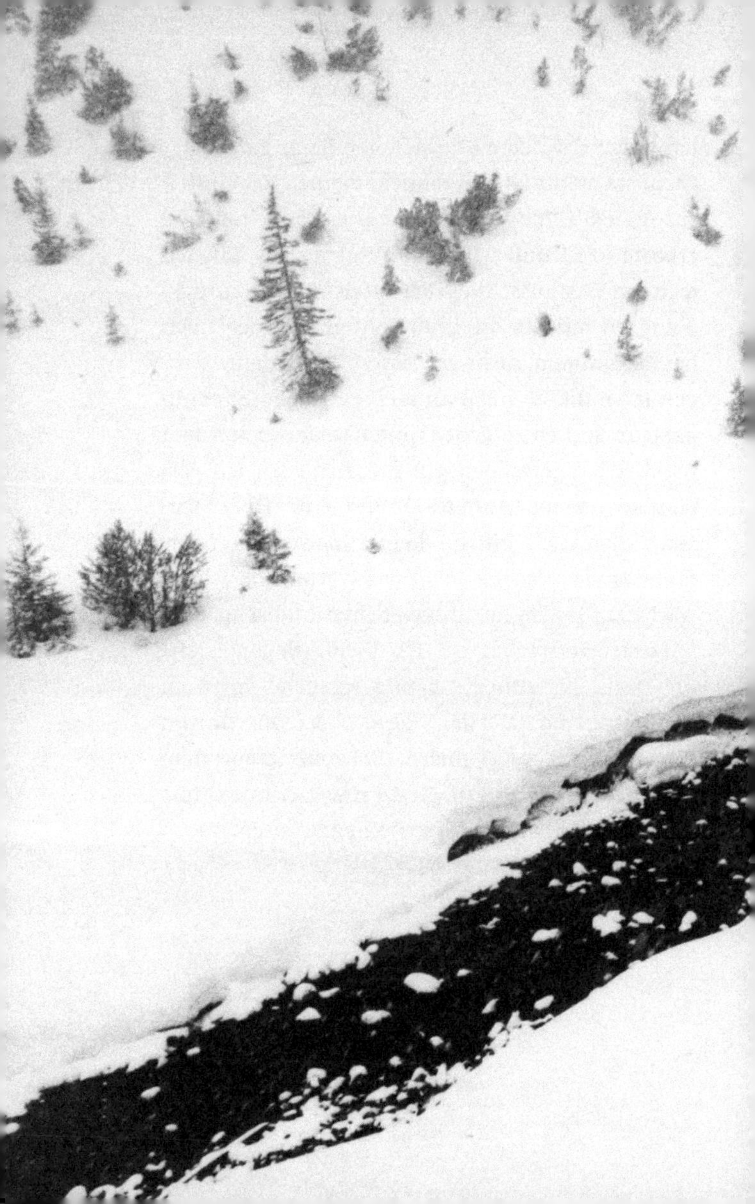

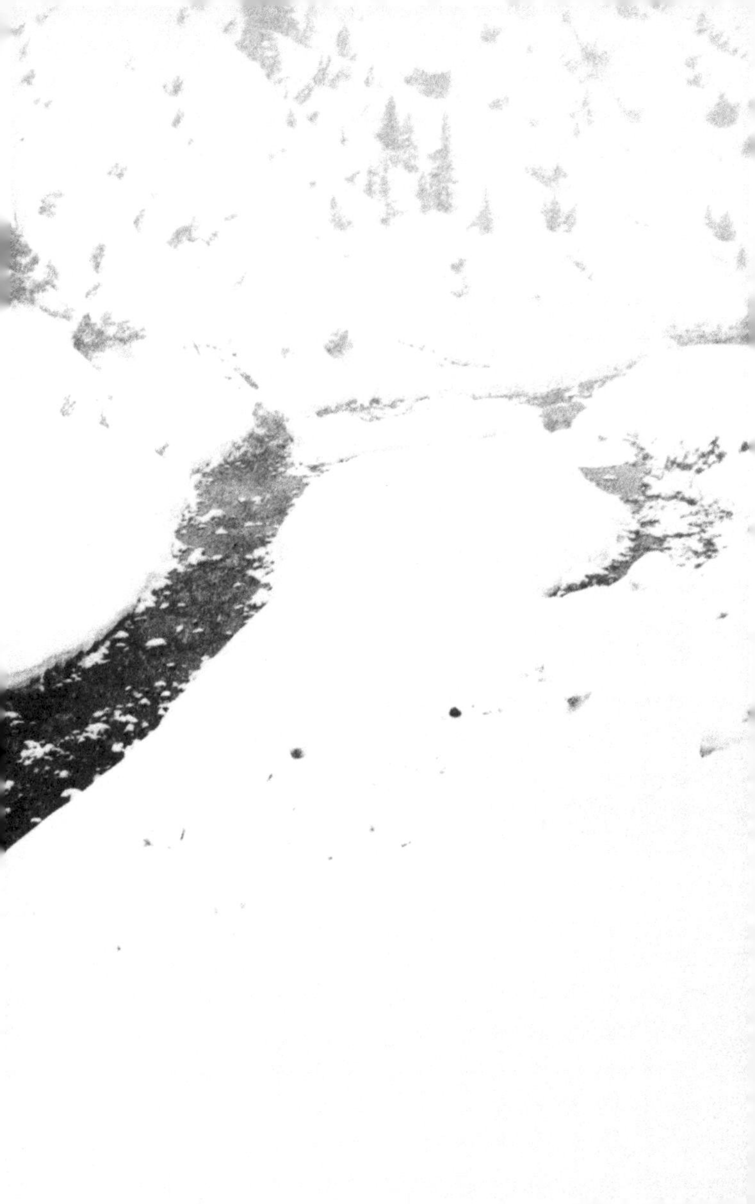

Goldener Berg
Oberlech 117
6764 Lech am Arlberg
Österreich
T 0043-(0) 55 83-22 05-0
www.goldenerberg.at

Zsuzsanna Gahse
Kreisen Stürzen Fallen Gehen

Beinahe zwei Tage lang stieg ich durch die nahe liegenden Wanderwege in Oberlech, fuhr mit dem Bus in Richtung Lechquellen, ging wieder in der Nähe des Hotels spazieren und wunderte mich über die Gipfel neben- und hintereinander, deren stille Umrisse sogar ich mir allmählich merken konnte, wobei mir die Gebirgswelt fremd ist und ich immer den Eindruck habe, dass man, wo man auch stehen mag, bei dem ersten unsicheren Schritt in die Tiefe stürzen, oder besser gesagt aus der Welt fallen kann. –– Am zweiten Nachmittag war ich wieder unterwegs, schaute zu den Umrissen hinauf, die Sonne schien, ich war in irgendwelche Gedanken versunken (dabei hatte ich mir vorgenommen, in den Bergen nie in Gedanken zu versinken), da wurde es dunkel über mir, kurz war die Sonne weg, nachher wurde es wieder hell, und ein Schatten flog vor mir her, über dem Schatten ein Adler. Schlicht und still, mit angehobenen

Flügeln zog er einen weiten Kreis, ohne seinen Schatten ein zweites Mal über mich zu werfen, obwohl er sicher gesehen hatte, dass ich stehen geblieben war und ihm lang zuschaute, und er blieb eine ganze Weile in der Nähe. — Gleich am nächsten Morgen beschloss ich, die restliche Zeit im Zimmer zu bleiben, die Berge auf meine Art auszuloten, sie vom Fenster aus anzuschauen. Ich sprach darüber am Telefon mit der Leiterin des Hotels, Lisa, und sie verstand mich auf Anhieb. „Keine Sorge", sagte sie und brachte mir bald das Frühstück, heißen Kaffee, weizenhelle Semmeln, die hellen Eier von den Sommerhühnern und Sommermilch. Sie sagte, dass sie mir jederzeit helfen würde. — Auf alle Fälle werde ich niemals klettern und mich lieber vorsichtig umschauen. Jemand muss mit dieser Betrachtungsweise anfangen. Die freiwilligen Klettereien und Wanderungen in den Bergen waren auch nicht seit jeher selbstverständlich, jemand musste damit erst einmal anfangen. — Und noch früher war man sich nicht einmal einig darüber, was ein Berg ist. Die Walser zum Beispiel, sie gehören ja auch zu dieser

Gegend, sagten *Berg* zu jenem Punkt, wo man ohne große Umwege von der einen auf die andere Hangseite wechseln konnte. Andere nennen einen solchen Punkt einen Pass, und diese Verwirrung kommt mir entgegen, weil ich die Leichtigkeit, mit der andere über Berge reden, nicht habe und nicht sehen kann, wo ein Berg anfängt, wo er aufhört, wo er in einen anderen übergeht. Eigentlich verstehe ich nur das Wort *Gebirge,* und natürlich auch das Wort *Gipfel,* selbst, wenn er Horn, Spitz, Fluh oder Kopf heißt. Einen Gipfel kann jeder erkennen. —— Ich wollte in der Gegend von Oberlech den jungen Lech sehen, das Quellgebiet, die weiten Mooslandschaften der Alpen, moosig bedeckte Bergwellen, die ich nur aus den Vorstellungen kannte. Hier hatte ich nackte Bergkuppen vor mir, erst tiefer unten an den Bergflanken setzte das Grün ein, andererseits, und damit hatte ich nicht gerechnet, war ich gleich in der Nähe des Hotels mit dem Lech verbunden, durch den weißlichen Gipsbach, so heißt der Bach, der halb versteckt zwischen den Steinen, so schnell er kann, zum Lech hinab springt. Die Eile ist entscheidend,

Zsuzsanna Gahse

schnell muss das Wasser den Hang hinab. In den knapp zwei Tagen, die ich anfangs noch außerhalb des Zimmers verbracht hatte, sah ich aus allen steilen Berghängen das Wasser hervorbrechen, um sich auf schnellstem Weg in den Lech zu stürzen. Selbst der Zürsbach, eigentlich kein Bach, sondern ebenfalls ein Fluss und so eisig hellblau, weißlich blaugrün, milchig wie der Lech, auch der Zürsbach wirft sich geschwind mit voller Wucht in den Lech, besser gesagt auf ihn, kurz fließt er spritzend auf dem Lech, und dann geht es mit ihnen zusammen weiter. —— Um den immer breiter werdenden Lech beobachten zu können und gleichzeitig die Bergmassive zu sehen, hätte ich in einen Hubschrauber steigen müssen, aber abgesehen davon, dass ein Ausflug durch die Lüfte nicht billig ist, wäre es nicht in meinem Sinne, wenn jeder mit Helikoptern durch die Lechtaler Alpen fliegen würde. —— Nachts kreiste ich trotzdem dort oben, versuchte es im Traum wohl mit dem Adlerblick und meinte, dem Fluss durch die Berge weit bis Nordosten und Norden folgen zu können, breitete später beim Frühstück das gesamte Kartenmaterial, das ich bei mir hatte, am Boden aus und versuchte, mir den wirklichen Verlauf einzuprägen, da brachte mir Lisa einen Computer, als hätte sie gemerkt, dass ich ohne Computer angereist war und nun doch einen brauchte. „Machen Sie sich keine Sorgen", sagte sie. So setzte ich mich ans Fenster, hatte zugleich den Bildschirm vor mir und war mit dem Lech unterwegs, bis nach Augsburg hinab, weiter bis zur Donaumündung, wieder zurück zu den Quellen und las zwischendurch über die Geologie der Lechquellen, über Kalkstein, Dolomit und Mergel, wobei ich auf wunderbare Ausdrucksweisen stieß, wie, nur zum Beispiel, die Mittelrippen der Berge. –– Draußen, vor dem Gebäude lagen die Bergriesen aus Kalkstein, bestehend aus früherem Leben. Lebensberge. Die Gesteinsmächtigkeit sei tief, las ich im Internet weiter und freute mich wieder über ein Wort, das so deutlich war wie ein gutes Bild. –– Meine fantastische Wiener Geografielehrerin hatte, das war vor Jahrzehnten, viel Wert auf eine gute Darstellung der Alpen gelegt. Mit ihren Händen und den biegsamen Fingern führte sie uns damals die Gebirgsfaltungen vor, wir sahen das Geschehen auf ihrem sich verändernden Handrücken, sodass die Kalkalpen, nachdem die Faltungen vollbracht waren, eindeutig im Norden ihrer Hand lagen. Da ich aber diese Berge jetzt vor mir hatte, musste ich mich von dieser Hand endlich lösen und die wahrhaftigen Riesen vor dem Fenster betrachten, alle im dicken Kalkmantel, dem Rest ehemaliger Lebewesen. Ein immenser Friedhof mit der Ablagerung von Leben lag vor mir strahlend grau unter dem sommerlichen Himmel. — Tagelang saß ich mit den Lechquellen und dem Gebirge am Bildschirm und hätte es wochenlang tun sollen. Mittags kamen jeweils zwei Kellnerinnen, traten hintereinander ein, und die kleine Gefolgschaft brachte mir das Essen und einen frischen Wiesenstrauß. — Zudem hatten mich gleich zu Beginn meines Rückzugs drei junge Männer aufgesucht, Schüler aus Lech. Sie kamen in Begleitung der Hotelleiterin und sagten, dass sie mir ihr Wissen gerne zur Verfügung stellen würden, was zugleich zur neuen Art des Tourismus gehöre. Lisa nickte, sie zeigte auf meinen Bildschirm, auf dem ein hoch vergrößertes Stück

Mergel zu sehen war, im brüchigen Gesteinsbild eine winzige versteinerte Schnecke. So sehe es auch draußen aus, im Gestein, sagte sie und wartete. Offensichtlich reisen zurzeit immer wieder Leute an, um sich im Hotel in ein Zimmer einzuschließen und sich ungestört auf ihre Überlegungen einzulassen, sodass im Haus Besucher meines Schlages schon bekannt waren. —— Nach kurzem Hin und Her beschlossen wir gemeinsam, einen der nahe gelegenen Berge auszuweiden, in Segmente aufzuteilen, in Scheiben zu schneiden, zu tranchieren, das Innere hervorzuholen, und bei diesem Vorhaben entschieden wir uns für das Omeshorn, besser gesagt, für einen Nebenkopf des Riesen, auf der Südwestseite des Hauses gelegen. Sie wüssten schon, wie ich mir die Scheiben vorstelle, sagten sie, die ersten Proben könnte ich am nächsten Tag sehen und in die Hände nehmen, den Berg in die Hände nehmen. —— Mit dem Fernrohr sah ich von da an meine drei Helfer nachmittags an einer Ausbuchtung des Nachbarberges stehen, mit Fräsen und Pickeln in der Hand, und meist lachten sie, ich weiß nicht worüber. Inzwischen segelte ich mit Satellitenbildern über die

Lechtaler Alpen, die von weit oben wie versteinerte unregelmäßige Schmetterlingslarven wirkten. Ausgedruckt auf Papier sahen sie eindeutig wie Engerlinge aus, Maden, und erst auf dem Bildschirm, in einer höheren Auflösung, nahmen sie wieder Bergformen an. Ich vergrößerte das Bild noch weiter und war schließlich über Oberlech angelangt, sodass ich auch einzelne Häuser und Wege erkennen konnte. —— Kurz vor meiner Abreise stand ein hölzerner Wagen neben dem Hotel, darin die Steine vom Omeshorn. Kalkscheiben nannten wir die einzelnen Stücke, jedes einzelne etwa zwei Zentimeter dick und fünfundzwanzig Zentimeter in der Breite und Höhe. Was mit den Kalkscheiben passieren sollte, wissen wir bis zum heutigen Tag nicht. „Das ist ein weites Feld", sagte ich, und mit dieser Wendung hatte ich wieder das Lechfeld vor Augen, das flache Gelände und den Fluss unten bei Augsburg, den Fluss, der unterwegs über Klippen stürzt, eine Weile später Sandbänke und Inseln bildet, die Insel bei Hochwasser wieder verändert und dort unten die längste Zeit *der* Lech heißt, oben in den Bergen sagen aber manche *die* Lech. Das muss mich nicht kümmern, bemerkenswert ist eher, dass dieses Gewässer von der Quelle bis zur Mündung Lech heißt, als hätte man einst den Fluss entlang über den Namen gemeinsam abgestimmt. Was heißt Lech? —— Noch vor meiner Reise in die Berge hatte ich nach der Bedeutung des Wortes gesucht, sie wieder vergessen und schaute nun nochmals nach. —— Flüsse mit ähnlichen Namen gibt es bis nach Polen und Italien, in Großbritannien und Portugal. Wahrscheinlich bedeutet das Wort „steinreich, reich an Geröll", die Kelten haben es von früheren Siedlern übernommen, von Siedlern, die nach der letzten Eiszeit aus den Pyrenäen (auch) hierher gezogen waren. *Leg* hieß das Wort ursprünglich. So fand ich es im Internet. So hatte es mir einmal auch ein befreundeter Sprachexperte erklärt, fiel mir wieder ein. —— Während also die drei jungen Männer den Berg zerlegten (was Berg auch immer heißen mag), war ich täglich mit dem Flussverlauf und dem Flussnamen unterwegs, immer auf fremdes Wissen angewiesen. —— Und der oder die Lech erinnerte sich mitunter wütend an ihre Vergangenheit (jeder ist wütend über die eigene Vergangenheit, schon, weil sie vergangen ist), als er vor der letzten Eiszeit noch einen anderen Verlauf hatte, einen ganz anderen Verlauf. Mit seinem Namen ist er allerdings zufrieden, vor allem wagt er alles unumwunden, braucht sich nie zu erholen, entspringt, quillt, teicht, ruht kurz, schielt, wie alle Flüsse mitunter schielen, springt dann weiter ins Ungewisse, jedes Mal ins Unvorhergesehene und verändert sich allmählich. — Meinen Koffer hatte ich schon gepackt, und bevor ich den Computer endgültig ausschaltete, schaute ich ein letztes Mal nach den Mails. Da fand ich eine Nachricht aus Stettin, von einer Freundin, die wusste, wo ich war und mir daher die Geschichte eines ganz anderen Lechs schickte, die Geschichte des Urahns Lech, der mit seinen Brüdern Russ und Tschech auf der Suche nach neuen Ländern unterwegs war. Zwischendurch, im Schatten eines Baumes liegend, sah Lech einen weißen Adler in der Baumkrone landen, im hoch gelegenen Horst. Von dort oben schaute der Adler ruhig zu ihm hinab und er zu ihm hinauf, und so im Liegen, wie im Gespräch mit dem ruhigen Vogel, sagte Lech nach einer Weile zu seinen Brüdern, dass er soeben sein Land gefunden habe.

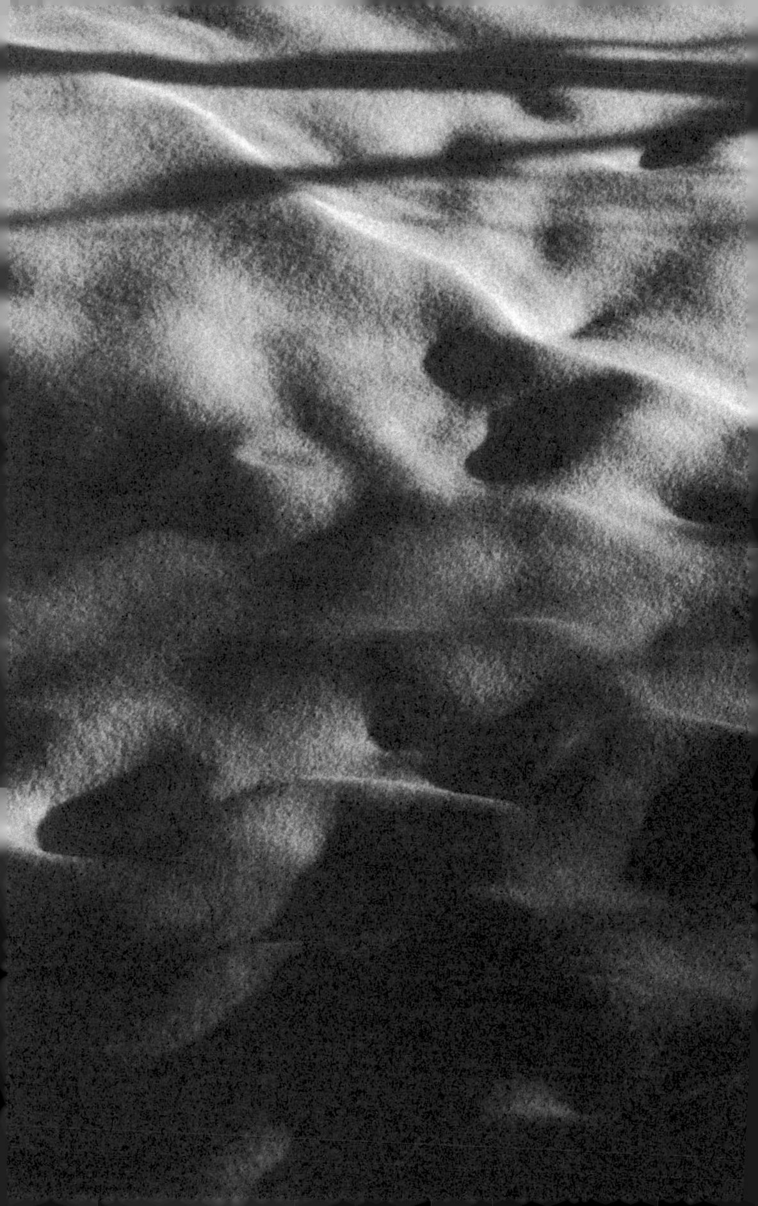

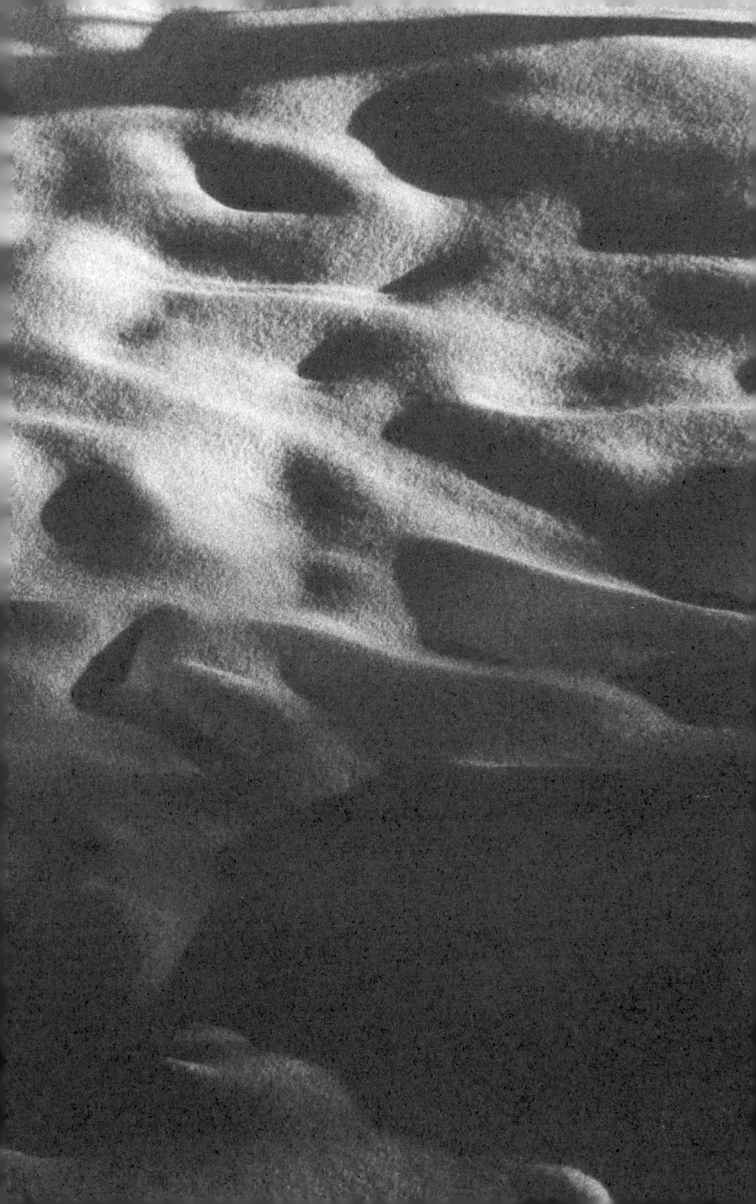

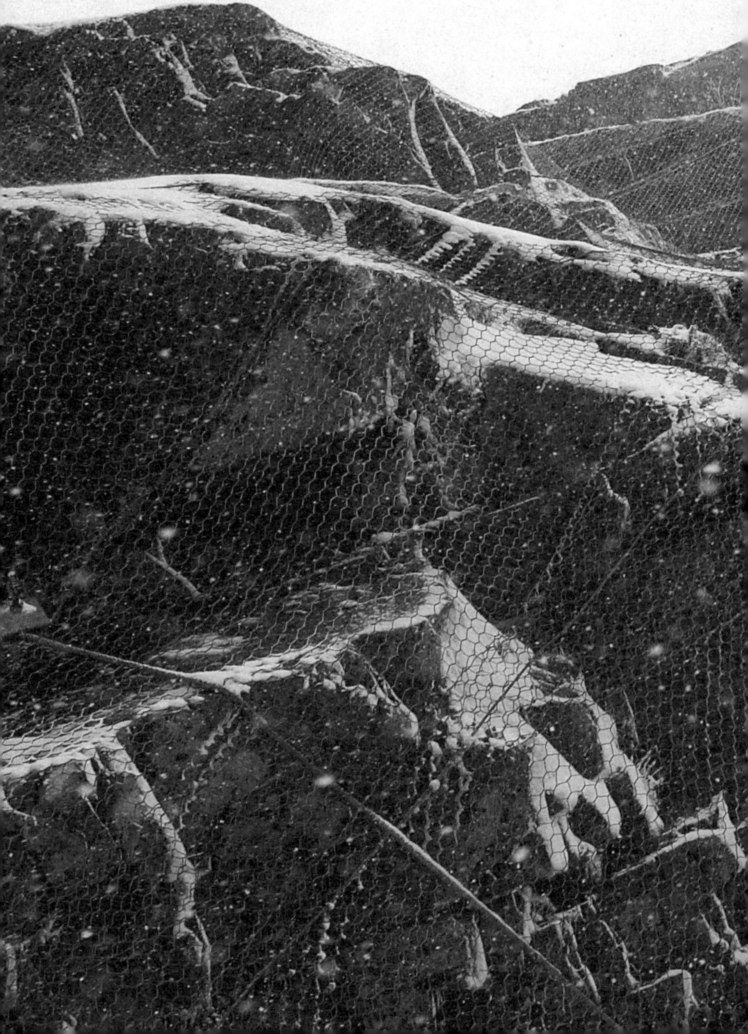

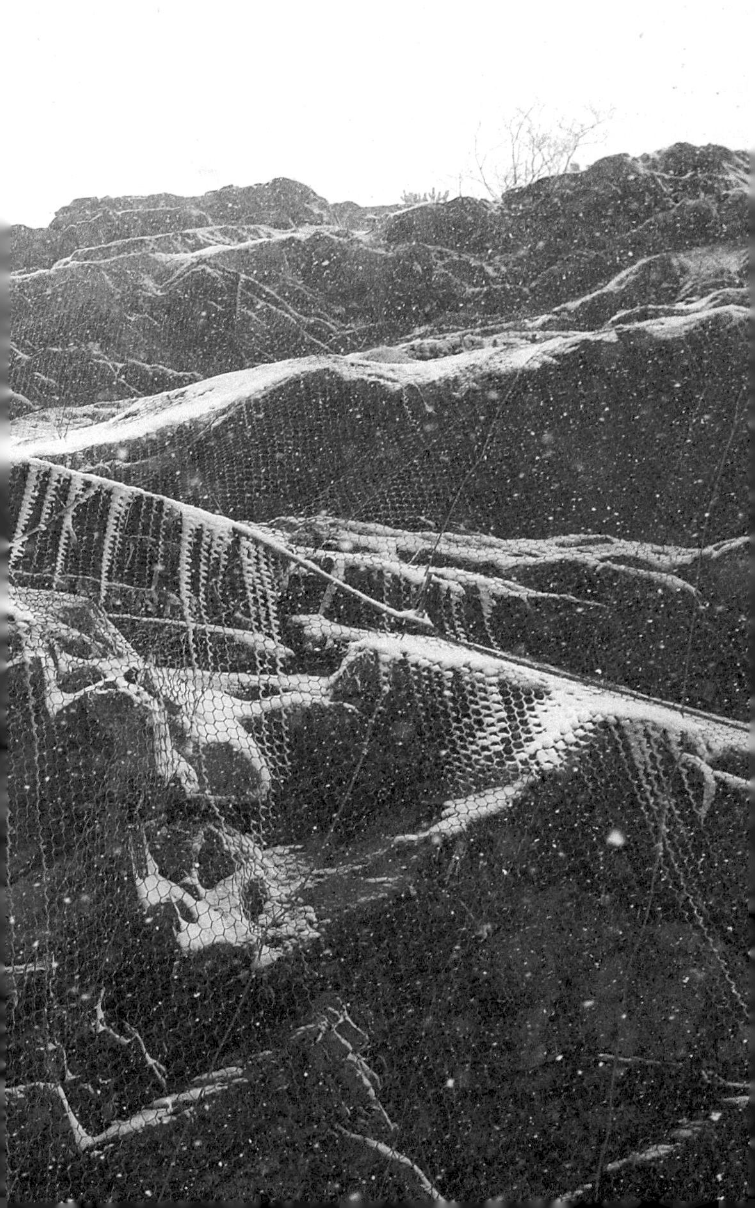

Arlenhof
Anger 25
6764 Lech am Arlberg
Österreich
T 0043-(0) 55 83-24 11
www.lech-zuers.at/arlenhof

Marjana Gaponenko
Brief Annuschka

Nacht. Ich sitze im Haus und stelle mir vor, ich sei im Bauch eines Schiffes. Ich sage: Nicht von Bergen umgeben bin ich, sondern von steinernen Wellen. Und schon ist es geschehen. Riesig bäumen sie sich vor mir auf, mit Schaumkrone als Krönung, die in der abwesenden Sonne glänzt. Es regnet seit Tagen. Ich sage, es ist kein Schnee, es ist Schaum, auf das Deck geworfen. Ich sage es und schon ist es geschehen. Ich bin ein betrunkener Kapitän. Mein Gang ist verdammt sicher in seiner Unsicherheit. Ich gehe auf und ab und Schaum knirscht unter meinen Füßen. Meine Taschenuhr schlägt wie ein Herz, ich zerre und zerre daran und kann sie nicht herausziehen. Auch meine Weste fehlt und das Knopfloch hat sich in meine linke Hosentasche verschoben und seinen Knopf dabei verloren. Ich schweige und rede ununterbrochen. Ich sage: „Es ist nur ein Traum ... ein Traum", und schlafe ein.

Annuschka Konstantinowna,

es wird ein langer Brief werden. So einen Brief haben Sie bestimmt noch niemals in Ihrem Leben bekommen. Wenn Sie ihn gewogen haben, müssen Sie bemerkt haben, dass er ein perfektes Gewicht von genau einer Woche hat – 30 Gramm! Ist das nicht entzückend? Wie Sie wissen, wurde ich in die Berge geschickt, in die herrlichen Alpen auf 1.450 m Höhe, mit dem einzigen Ziel, zu beweisen, dass die Berge und die Steppe dasselbe sind. Diese kühne Hypothese kam zu mir im Traum, den ich später Iwan Iwanitsch bei einem Glas Birkenschnaps erzählte, der ihn wiederum Wassilij Anatoljewitsch erzählte, und Wassilij Anatoljewitsch, außer sich vor Empörung, leitete ihn weiter an Konew, den Agrarminister unserer armen ukrainischen Kornkammer. Konew hingegen erlaubte sich den deftigen Witz, mich in eine unbefristete Verbannung zum Zwecke der Forschung zu schicken, und komme ich mit wenig überzeugenden Berichten zurück, ist es um meinen kahlen Kopf geschehen. Wahrlich wie im Märchen. Das macht aber nichts. Ich habe ja nicht vor zurückzukommen.

Und forschen würde ich nur im Namen der Poesie, die die einzige lebenswürdige Wahrheit ist. Wo ich schon hier bin, bleibt mir nichts anderes übrig, als zu forschen. Ich kann auch nicht anders, etwas zwingt mich buchstäblich dazu. Ich bin gezwungen, Vergleiche zu machen, die Unterschiede, die so gravierend sind, in meinen Augen zu einer vollkommenen Ähnlichkeit verschmelzen zu lassen, gezwungen, in den Bergen die Steppe zu sehen. Es gefällt mir hier recht gut, liebe Anna Konstantinowna, ich war vorher niemals in den Bergen gewesen und Schnee sehe ich zum ersten Mal seit Jahren. Es schneit ja nie bei uns unten. Nur wenn wir schlafen vielleicht und am nächsten Morgen sehen wir nichts als Dreck. Hier jubelt mein Herz im puristischen Entzücken. Bei Gott, ich würde diesen Schnee essen, wenn ich nicht so einen empfindlichen Magen hätte. —— Ich schreibe Ihnen, liebe Anna Konstantinowna, aus meinem Zimmer mit dicken Wänden und kleinen Fenstern, deren unerschütterliche Mitte ein Kreuz ist. Dieses Kreuz wird von zwei durchsichtigen Gardinen mit Spitzensaum aufgelockert und durch den gnadenlo-

sen Schneehintergrund monströs zur Geltung gebracht. Wenn ich es lange anschaue und dann die Augen ganz fest schließe, was ich gerade getan habe, sehe ich dieses Fenster hinter meinen Augenlidern wieder. Der Schnee wird schwarz und das Kreuz wird weiß und immer weißer, je mehr ich hineinschaue, bis es blutrot anläuft. Die Spitzengardine hat sich in zwei Sanduhrhälften rechts und links verteilt. Mache ich die Augen noch fester zu, kann ich sogar ihr Saummuster erkennen. Es ist wie Flaum, lodernder Flaum, Anna Konstantinowna. Wenn ich mir Ihr Bild so einprägen könnte, wenn es nur in meinen Augen so brennen könnte!
— Ab und zu gehe ich an dieses Fenster und schaue hinaus und stelle mir vor, Sie würden um die Ecke biegen und mich am Fenster des ersten Stocks sehen. Ich schaue so lange hinaus, bis die Augen zu schmerzen beginnen. Dann kehre ich zurück zum Brief, der in seiner Schwarznebelsubstanz weiße Buchstaben eine Zeit lang zittern lässt, und warte, bis sie sich beruhigt haben und dann schreibe ich weiter. Anna Konstantinowna, ich wiederhole mich, indem ich Ihren Namen so

oft nenne, aber was kann ich tun, wie soll ich Sie sonst nennen, und ich möchte Sie nennen, ich möchte es ausdrücklich. Jetzt in dieser schmerzlich weißen ungewöhnlichen Umgebung dreht sich der gewohnte Name auf meiner Zunge, und da ich hier selten mit jemandem rede, gleitet er mir einfach heraus, an allen möglichen Orten: In den Bergen, in den stolzen Bergen, in den einsamen Bergen, in den gefährlichen Bergen, in den Bergen mit blendendem Schnee, in den Bergen mit wandernden Tannen, die im Wesen grün sind, doch in diesem teuflischen Licht schwarz erscheinen. Schaue ich hin, erstarren sie. Schaue ich nicht hin, setzen sie ihren mühevollen Abstieg fort. Manche brechen sich dabei die Beine und kommen, begleitet von neidischen Blicken ihrer Genossen, schneller ans Ziel ihrer Wünsche, zum eiligen Flüsschen, und trinken von der reinen Quelle zum ersten und zum letzten, zum einzigen Mal. Ihr Name, Anna Konstantinowna, glitt mir beim Anblick einer so durstigen, sterbenden und glücklichen Tanne heraus. Sie lag, ihren Kopf ins Wasser getaucht, und löschte ungeniert ihren Durst. Da

Marjana Gaponenko

rief ich Ihren Namen so laut ich nur konnte. Ich rief ihn der Tanne zu, ich rief ihn den Bergen zu, in alle Himmelsrichtungen, ich verteilte ihn wie Öl auf jede Wölbung und jede Schlucht, rieb ihn in die Berge, ich drehte mich im Kreis und Ihr Name spritzte nur so von mir. Ich drehte mich und ich fiel und Ihr Name kam zärtlich herunter und deckte mich zu, Anna Konstantinowna. — Da, wo ich jetzt so lag, da spürte ich die flache Landschaft um mich, ich spürte, wie die Weite sich zusammendrängte und vor mir aufbäumte, um sich wieder aufzulösen, immer wieder und wieder. Ich schloss meine Augen und hörte den langsamen Schrei des Schwarzen Meeres, unseres Meeres, in das die Steppe mündet. Auf einmal war ich zu Hause und lag in den Gräsern, aufgewühlt von der undefinierbaren Nähe des Meeres und besänftigt von seiner Gegenwart. Und ich fragte mich da, wo ich so lag: Was ist Heimat, was ist das? Ist sie etwas? Was ist Weite und was ist Enge und warum empfindet man es so? All das fragte ich mich, als ein betagter Dorfbewohner vor mir stehen blieb, sich bückte und mich auf die Beine stellte und mich auf das gelb-rote Schild mit der Aufschrift „Geschlossen Lawinengefahr" hinwies. Warum er wohl hier geblieben ist, hier in der luftigen Enge, wo das Leben so viel härter ist als im Tal, warum sie hier alle von Generation zu Generation dem Beispiel der Vorfahren folgen, die auf diese Höhe mit ihren Kühen klettern mussten? Warum bleiben sie in ihren großen alten Häusern sitzen, jetzt, wo sie schon seit Jahrhunderten die Gelegenheit haben, ins Tal hinunter zu gehen. Auch wenn es keinen Fremdenverkehr und keinen Skisport hier gäbe, würde die Walser (wie sie sich selbst nennen) nichts ins Tal bringen. Auf jeden Fall nicht ihn, so zäh und zufrieden wie er aussieht. Das dachte ich mir. Der alte Mann. Sein braunes, reichlich mit Falten verziertes Gesicht harmonierte mit der massiven Gebirgslandschaft. Die Nase, breit und kurz, glänzte genauso wie sein mit spärlichem Kükenflaum bewachsener Schädel. „Mit dr Laula darfscht net schpiela!", drohte er mit dem Zeigefinger. Diese Drohung war mehr eine Mahnung, die weniger mir galt als einem Kind, das schon vor Jahrzehnten in den hitzigen Armen der Lawine umgekommen sein muss, vielleicht einem Schulfreund, der Ambros oder Oswald oder Leopold hieß. Ich nickte. Ich nicke gerne und fühle mich dadurch weder kleiner noch ärmer, vielleicht etwas leichter. Ach, ich nicke übertrieben oft, schon zu Hause pflegte ich vor Menschen mit meiner strahlenden Glatze die Luft zu schneiden. Kaum fängt jemand an, etwas zu erzählen, kann ich mich nicht beruhigen, bis mir und dem Erzähler von meinem Nicken schwindlig wird. Manchmal vergesse ich mich dabei derart, dass ich in einen Schlaf falle und meine Zunge herausstrecke, was recht unhöflich und unschön ist. Also nickte ich einmal und gab dem alten Bergmann meinen Segen. Es wurde mir warm ums Herz und so ging ich meines Weges. —— Die Sonne schien ganz gewiss, jedoch nicht auf die Erde. Ich ging und stellte mir vor, wie die Sonne auf ihren langen spitzen Strahlen über die Wolkendecke gleitet und sie irgendwo, aber nicht hier, eine Eisschicht durchbricht, sodass einer ihrer Strahlen hindurch rutscht. Irgendwo, aber nicht hier. Das stellte ich mir vor auf dem Weg zur einzigen Bar im Dorf. Ich ging und ging und es wurde blau. Zu Hause, in der Steppe würde ich „dunkel" sagen, aber hier ist es blau. Blau werdendes Weiß, um poetisch zu sein. Aber auch darüber könnte man sich streiten. Die Maler haben ihre eigenen Kategorien dafür, sie reden von Farbkreis oder Farbkontinuum und stützen sich auf große Philosophen und Mystiker. Die Physiker haben nicht weniger aufregende Definitionen, was Licht und Farbe angeht. Sie reden von farb- und lichtempfindlichen Zellen im menschlichen Auge, deren Existenz die Vermutung nahelegt, dass es tatsächlich Farben und Licht gibt. Wir gewöhnlichen Bürger können uns jedoch auf nichts verlassen, wir wollen gar keine Beweise dafür, dass Blau blau ist. Beweise müssen von Beweisen bewiesen und die wiederum von anderen Beweisen bewiesen werden, und so geht das ad infinitum, bis der Suchende blau wird. Darum ist Blau niemals blau. Genauso wie ich nicht gehe, sondern stehe. Eben ging ich und jetzt stehe ich. Und vielleicht gehen meine Beine immer noch in einer anderen Sphäre. — Ich ging also (abgeschlossene Tatsache, weil ich einmal stolperte und mit dem Gesicht in den

Schnee fiel) und stellte mir dabei vor, wie die Geister der Murmeltiere, die, wie ich später erfuhr, „Buuramänta" heißen, meinen Weg säumen, rechts und links wie gotische Chimären. Ich sah sie um mich, ihre klugen Kugelaugen, getrocknetes Gras im „Muul". Ich sah sie, sie waren da und nichts kann das widerlegen. Anna Konstantinowna, Ihre Katze war auch da. Sie war unter ihnen. Ihre verstorbene Katze, der Sie kurz vor ihrem Tod alle 30 faulen Zähne haben ziehen lassen, auch sie stellte sich auf die Hinterpfoten wie die anderen und riss ihren gigantischen Rachen auf, mich zu grüßen. Ich grüßte sie zurück, indem ich gähnte. Es wurde Nacht, kann man sagen (abgeschlossene Tatsache, weil ich gähnte, wobei es in meinem Hals einen Knacks machte, dessen Druckwelle eine kleine Lawine auslöste, die ihrerseits alle Murmeltiere sowie Ihre Murka verscheuchte). —— Ich näherte mich der Trinkstube und schon von fern erkannte ich, dass es Petroleumlampen oder Kerzen waren, die da brannten. Ich blieb vor den Fenstern stehen. Scherenschnittähnliche Gestalten führten Gläser zum Mund, schüttelten beim Trinken ihr fehlendes oder dürres Haar, neigten sich beim Reden einander zu, schnitten beim Lachen Halbmonde in ihre Gesichtsprofile, die mich seltsamerweise an die blasenwerfenden Regentropfen in Pfützen erinnerten. Wie verzaubert stand ich da. Mozarts Geist setzte rührend zu einer Melodie an, Weihnachtskuchen schwebte durch die Luft, bis zur Unkenntlichkeit in seinen Duft gehüllt, Menschen in den Fenstern ließen mundgeblasene Kugeln langsam durch den Raum schweben. Wenn es nicht so kalt und mein Durst nicht so groß gewesen wäre, hätte ich so Stunden verbringen können, Tage, denn ich liebe Weihnachten, wie ich Ihnen vielleicht schon erzählt hatte. Ich trat ein und alles wurde plötzlich gelb. Man kann sich darüber streiten, weil Gelb eine der listigsten Farben ist, wenn sie überhaupt existiert. Zum Beispiel die Sonne. Wenn man sie nicht ansieht, ist sie gelb. Wenn man sie direkt anschaut, wird sie schwarz und alles andere um sie herum nimmt ihre wahre Farbe an. Ob es Gelb ist, kann man nicht sagen. Im Auge ist alles relativ und unwichtig. Und in Wirklichkeit weiß nur der liebe Gott, was gelb ist und was

Marjana Gaponenko

nicht und ob überhaupt. Ich kann aber eines sagen: Die Beleuchtung in der Trinkstube war teuflisch gut wie bei uns auf dem Land in ärmlichen Dörfern, wo die Bauern mitunter nichts außer einer Petroleumlampe haben, die ihr Elend vergoldet und den vorbeiziehenden Wanderer gerade zu solchen romantischen Vergleichen veranlasst. Ich sah mich um. Von überall her schauten mich Männergesichter an. Ihre rauchenden Bärte, ihre Bräune, dieses dünne, im Raum verschmierte Blattgold und die Eichentische mit krummen Füßen, Stühle mit Herzen in der Lehne, das alles habe ich schon einmal gesehen, Anna Konstantinowna, vielleicht in einer Kirche, im Traum. Bei einem Gottesdienst im Stehen. Ich weiß es nicht. Braune Seemannsköpfe, ach was sage ich, pensionierte Skilehrer schauten mich an. Und ich hatte sie schon alle hundertmal gesehen bei der Feldarbeit bei Bilajewka, diese ehrlichen Bauern, die auch im Sarg nach Kartoffeln riechen, ihre aufgesprungenen Fingerkuppen, ihre kurzen Nägel mit ewig dreckigem Sichelmond. Nichts ist schöner als diese Hände auf einer durchsichtigen bauchigen und kühlen

Wodkaflasche. Bei Gott, Anna Konstantinowna, mir fällt nichts Schöneres ein. Dieses Bild ist friedlich, tröstlich und unheimlich rein, auch wenn es dreckig ist. Sie müssen mir Recht geben. Erinnern Sie sich, wenn Sie in die Kartoffelmarktreihen gehen, erinnern Sie sich an diesen Steppengeruch, als wären tausend Pferde eben vorbeigeritten, erinnern Sie sich an das Geräusch Ihrer Schritte in der Markthalle, Sie schreiten über den Kartoffelstaub, über die Erde, die diese Bauernhände anfassen, tagaus, tagein, Kinder ihrer Kinder, Väter ihrer Väter! Erinnern Sie sich an die Kartoffelsäcke, als ob sie Wurzeln in den Betonboden geschlagen hätten. Sie sind immer da, so wie die Bauern selbst, den Säcken so ähnlich und nichts wird sie von ihrem Platz vertreiben, weder der Krieg noch die Pest. Unerschütterlich wie die Kartoffelsäcke sind ihre Herzen, und nichts kann sie rühren, weder ein Fluch noch das Schimpfwort des Käufers. Nur das Wort der Poesie wirkt auf sie, ihr Wort allein. Nie werde ich vergessen, wie ich selbst als junger Mann in der Kartoffelreihe das Lied der Lieder weinerlich sang, um den Preis herunterzu-

Marjana Gaponenko

handeln: „Schwarz bin ich und doch anmutig, ihr Töchter Jerusalems." Das Ergebnis meiner Mühen übertraf meine Erwartungen derart, dass ich es an meinem eigenen Leibe zu spüren bekam. Wie der Zorn der Bauern kein Pardon kennt, so kennt ihre Rührung keine Grenzen. Ich wurde reich beschenkt mit allen möglichen Kartoffelsorten, mit Früchten der Erde wie mit Blumen von allen Seiten beworfen, ich schwamm in einem Kartoffelsee, es tat mir weh doch ich jubelte, denn er war mein und die Bauern jubelten auch, ihre Augen verklärten sich und glänzten, ich schaute in diese Augen und dachte, wie schön, blaue Augen, oh diese blauen kleinen Äuglein, oh du herrliche Kraft der Poesie! Wie Sie wissen, liebe Anna Konstantinowna, heißt die beste Kartoffelsorte unserer Heimat Sineglazka (Blauäuglein), so poetisch können nur Bauern sein. Oder die anderen uns zur Freude gedeihenden Kartoffelsorten, hören Sie nur, wie sie klingen: Adretta, Diamant, Nikita, Udatscha (Glück), Wodopad (Wasserfall), Podsneshnik (Schneeglöckchen)! —— Die Bauern selbst sagen diese Namen ohne Pathos, sie tun es den besten Dichtern nach, die ihr Handwerk ernst nehmen, um den Zauber sehr wohl wissend, doch beim Vortragen der romantischsten Passagen nicht einmal mit der Wimper zucken. Die Bauern sind, meine liebe Anna Konstantinowna, Dichter der Erde, so eins mit ihr, dass sie schon Gedichte sind, ehrliche und reine Erdknollen. Daran dachte ich, als ich mitten in der Trinkstube stand. Ich spürte ungefähr alles, was ein geschmückter Weihnachtsbaum spürt: die Schwere der Blicke, die wie Weihnachtskugeln an mir hingen, an meinem ganzen ukrainischen Körper. Ich muss glitzern in allen unmöglichen Glitzerfarben wegen dieser Blicke, dachte ich und von diesem Gedanken wurde es mir recht warm. Ich lehnte mich an die Theke und trank ein einsam stehendes Bier mit einem Schluck. Das tat mir gut. Ein braungebrannter Bauer, eine gestrickte Skimütze mit Elchmuster auf dem Kopf, kam und zeigte mir seine Faust. Ich roch daran. Sie roch nach Feld. Der Bauer ging. Ich folgte ihm mit den Augen. Er ging zurück in seine Ecke, setzte sich und fing an, mit seiner Zeitung zu rascheln. Meine Augen wanderten weiter und sie sahen, dass wir nicht allein waren. Unter die Bauern haben sich nämlich unbemerkt mehrere kräftige Budjonow-Pferde gemischt. Sie saßen mit ihnen an den Tischen, spielten Karten und rauchten Pfeife. Einige standen draußen und schauten mit gespielt uninteressierten Mienen durch die Fenster in die Stube herein. Ich drehte mich um und musste sofort die Augen zusammenpressen. Neben mir saß eine Stute, eindeutig eine Stute, die ihre besten Zeiten hinter sich hatte, und trank, ihr haferfarbenes Gebiss entblößend, Campari Orange aus einem Strohhalm.

„Sie sind nicht aus dem Dorf, oder?", fragte sie mich. — Ich sagte „Oder", das erschien mir am richtigsten. — „Es gibt V-Täler und es gibt U-Täler. Wir sind ein U-Tal." — „U wie ein Hufeisen?" — „Ganz genau."

Beim Bierbestellen schaute ich mir ihr Profil noch einmal an. Ich erinnerte mich an meine erste Lehrerin. Einmal kam sie mit einem metallfarbenen Lockenwickler zum Unterricht. Er hing in ihrem

Haar wie eine satte Raupe am Weinstock, wie das Leben an einem Faden. Dominant und verzweifelt vergessen. Etwas, das ihre Stimme übertönte und ihre Gesichtszüge, ja ihr Fleisch verdrängte, etwas, das zum Angelpunkt des Universums wurde im Moment des Wahrnehmens. Ich warf einen Blick auf die Mähne meiner Nachbarin. Außer ein paar Grashalmen war da nichts. Sie war die einzige Frau, wenn auch ein Pferd, in dem Raum. Als Kavalier der alten Schule riss ich mich zusammen und fing ein charmantes Gespräch an. Als erstes stellte ich mich vor. Piotr Michailowich Petrov, ukrainischer Bürger. Nachdem ich ihr verraten hatte, woher ich komme, verriet sie mir, dass sie im Zweiten Weltkrieg an der Ostfront diente und damit ihr ungefähres Alter. Als ich große „So-lange-lebt-man-doch-nicht-als-Pferd-Augen" machte, winkte sie nur mit der Hand und sagte, sie seien hier alle dank Bergluft so gut erhalten. Ihr Vater habe im Ersten Weltkrieg gekämpft und lebe immer noch. In Paris habe er heiße Schokolade getrunken, die so dickflüssig gewesen sei, dass man sie mit dem Teelöffel fast essen konnte. Er habe

Marjana Gaponenko

das Dorf nur einmal in seinem Leben verlassen, aber dafür habe sich der ganze Aufwand gelohnt. Nie habe er sich danach etwas Schöneres als dieses Getränk vorstellen können. Er habe ihm ewige Treue gehalten, indem er es nie wieder trinken wollte, nur der Erinnerung wegen. Ist das nicht rührend, Anna Konstantinowna? Da dachte ich an Sie, und dass ich niemanden und nichts lieben will außer Ihnen, solange mich meine Füße tragen. — „Im Sommer ist es sehr schön hier", sagte die Stute. „Alles blüht, die schönsten Kräuter haben wir hier, sie wachsen überall, auch am Wegrand, dann ist das Tal nicht zu erkennen." Ich stellte mir vor, dass das Grün des Sommers den Augen so wehtut, wie das Weiß des Winters. Anstelle von Lawinen schreiten Blumenherden herunter, schmiegen sich an die Beine der Tannen, laufen hindurch, springen übereinander. Blaue Kugelblumen, große Sterndolde, Silberwurz, Goldpippau! Lauter zärtliche Namen, nicht weniger schön als die Namen unserer Kartoffelsorten. Der einzige Unterschied ist nur, dass unsere Kartoschka nicht elegant sondern plump ist und dass sie nicht laufen kann.

— „Es wächst hier kein Obst und kein Gemüse, dafür sind wir zu hoch", sagte sie mit ihren Wimpern klappernd, „aber wissen Sie, ich esse gerne Erdbeeren. Ich bin verrückt nach Erdbeeren. Wenn ich träume, dann träume ich von Erdbeeren. Vor meinem Haus habe ich einen winzigen Erdbeergarten, um den ich mich kümmere, den ich hege und pflege und warm zudecke, wenn die Nacht kommt. Und die Nacht kommt manchmal nicht allein. Auch im Sommer kann es schneien. Darum wächst hier kein einziger Obstbaum weit und breit." Ich stellte mir vor, wie es wäre, wenn jemand sich trauen würde, ihn hier zu pflanzen, in dieser Höhe und diesem Boden. Was wäre das für ein Prachtbaum. Das wäre ein Held, wenn auch ein Krüppelzwerg. Man könnte Wasser auf so einem Baum fahren, ohoho! Aber Menschen sind entweder zu faul, haben Mitleid oder sie sind vernünftig. — „Meine Tante war Gartenschwester in einem Kloster unten im Tal", setzte sie fort. „Bevor ich in den Krieg zog, kam ich bei meiner Tante vorbei und aß einen Teller voller Erdbeeren, die ich vorher nie gesehen hatte. Ich träumte davon im

Krieg, im Schnee, in heißen Sommermonaten, in den russischen Birkenwäldern, in der Steppe, ich sah Wassermelonenfelder, schoss über grüne Streifenmützen und träumte von Erdbeeren, ich sah Bären auf Hinterpfoten, stellte mich tot und träumte von Erdbeeren. Ich kroch im Gras, im gelben stachligen Gras, das wie bestickt war mit schwarzen Käfern, und träumte von Erdbeeren, ich lag auf dem Rücken, sah das durchlöcherte Kleid des Himmels und träumte von Erdbeeren, von ihren roten glänzenden Poren. Als der Krieg vorbei war, kam ich an dem Kloster meiner Tante vorbei und fand meine Tante nicht, denn sie war einen Sommer davor gestorben. Ich grub einige der Erdbeerpflanzen aus, legte sie mit Erde in meinen Rucksack und trug sie einige Tage auf meinem Rücken bis zu meinem Heimatdorf. Dann legte ich einen Garten an. Ich wollte es anders als mein Vater mit seiner heißen Schokolade machen. Ich wollte die Erinnerung anders am Leben halten. Durch das Leben." —— Das sagte sie mir ernst in die Augen schauend. Die Stute. Ihre zwei bewimperten Traurigkeiten blinzelten nicht. Ich sah mich darin, einen Spinnenkopf im schwarzen Tau, Petroleumlicht – eine bewegliche Schliere, Flaschen mit Alkoholgetränken im Bar-Regal, den Wirt davor – eine Grille mit dem weißen Tuch, die Gläser abtrocknete. Annuschka Konstantinowna, meine Liebe, das alles erschien mir plötzlich so unwirklich, dass ich in mein Bierglas biss, und siehe da – es geschah nichts, nur die Dorfkirche begann zu läuten. Ich schlug mich ins Gesicht, es tat nicht weh, ich schlug mit dem Kopf gegen die Theke, nicht einmal ein Glas fiel um. Ich rannte heraus, schubste zwei rauchende Pferde weg, rutschte mehrmals aus, stand auf und rannte, rannte. Ich rannte die Straße hoch, und je länger ich rannte, umso wirklicher kam mir alles vor, umso wirklicher und bewusster wurde mir, dass ich tatsächlich lebe, dass ich eben von Schokolade und Erdbeeren gehört hatte und dass ich am Morgen mein Brötchen in meine Teetasse hatte fallen lassen, weil ich an Sie denke, jetzt und damals und in diesem Moment, in dem Sie diese Zeilen lesen, denke ich an Sie, auch wenn ich nicht an Sie denke, denke ich im Schatten meines Nichtdenkens an Sie, unmerk-

Marjana Gaponenko

lich für mich, aber es geschieht. Alles denkt an Sie, Anna Konstantinowna. Alles, mein Atem, mein Bein, meine Pfeife; wenn ich ein Glasauge hätte, würde es an Sie denken, Bäume, an denen ich vorbeirenne, denken an Sie, Steine, die ich trete, denken an Sie, Wachhunde, denen ich mit der Faust drohe, denken an Sie und träumen zuckend von Ihnen. —— „Heilig, heilig, heilig ist der Herr der Heere!", riefen die Seraphim einander zu, über mir schwebend. Ihre Körper und Gesichter mit Flügeln bedeckt, wie es sich gehört. „Heilig, heilig, heilig ist der Herr!" Und es bebte mein Kinn wie eine alte Türschwelle von ihren Stimmen und meine Augen füllten sich mit Tränen wie ein Schuh mit Sand. „Heilig, heilig, heilig und von seiner Herrlichkeit ist die ganze Erde erfüllt!" Dieses Rufen war so laut, dass es am Rande des Hörbaren stand, so laut, dass sich kein Zweig im Wald rührte, keine Schneeflocke fiel, kein Vogel aus dem Schlummer erwachte, so laut, dass es schon ein Seufzen war. So war das, Anna Konstantinowna, ich konnte es selbst nicht glauben, doch sie waren da, die Seraphim, ich sah sie und verlangsamte meine Schritte, sie zogen ihre Kreise über mir und ich zog meine Mütze von dem kahlen Kopf vor herzzerreißender Ehrfurcht. Im selben Moment stiegen sie nieder. Wie hübsch ein Seraph sein kann, das kann man sich nicht vorstellen, das übersteigt die menschliche Vorstellungskraft. Wie schön eine Nase sein kann, wie schön ein Mund sein kann, die Augen, die Locken. Ich erinnerte mich sofort, ich hatte sie oft in der Kirche beim Küssen mancher Ikone gesehen. Eigentlich hatte ich sie nicht gesehen. Meine Lippen an sie gepresst, hatte ich sie nicht sehen können, ich war blind gewesen. Daran erinnerte ich mich. Ich hatte sie hundertmal nicht gesehen, ja, doch ich hatte sie wahrgenommen, im Kuss erfahren. Nun sah ich, geblendet von ihrem Licht, die Seraphim, wie sie sich auf einen umgefallenen Baumstamm setzten und ihre geflügelten Feuerradfüße zärtlich einzogen. Kein Wunder, dass ich sie auf den Ikonen nicht gesehen hatte. Unsere Ikonen können nichts davon wiedergeben, aus dem einfachen Grund, weil manches nicht wiedergegeben werden kann, weil das Verborgene seinen Träger überstrahlt, sie

Marjana Gaponenko

mussten es auch nicht wiedergeben und meine Vermutung ist, sie wollten es nicht wiedergeben, der Botschaft willen, um die Botschaft hervortreten zu lassen, weil sie allein zählen soll. Die Botschaft strömte von den Seraphim als derart unsagbares Licht, dass ich leicht zu singen begann. „Schu-schu-schu-schubidu-udu…" Dieses Lodern der Flügel, diese Federn, diese Züge, ich schaute und schaute und sang, und ich hätte meine Haut abgezogen vor lauter Entzücken, vor ihnen, die sich mir, einem ukrainischen Bürger, zeigten, als wäre ich Jesaja, aber das bin ich nicht, bei Gott. Das wollten die Seraphim mir nicht glauben. Ich durchwühlte fieberhaft meine Taschen, fand wie immer meinen Pass nicht, dafür aber ein bräunliches Papierchen, auf dem jemand in schwarzer Tinte und mit meiner Schrift „Ich bin ein Mann mit unreinen Lippen" geschrieben hatte. „Das genügt", sagte einer der Seraphim, zückte eine glühende Kohle aus seiner Federpracht und presste sie an meinen Mund. „Jetzt bist du rein! Geh deines Weges, sei froh und singe frohe Lieder!" ––
Und ich ging, wohin die Augen schauten, wie man

bei uns so schön sagt, und war froh. Ich ging wie betrunken und rieb unterwegs meinen Mund mit Schnee ein. Ich ging und stolperte und fiel und lag eine Weile so, stand auf und ging weiter und sang: „Schu-schu-schu-schubidu-udu..." Mir fiel nichts anderes ein. Dafür sang ich es auf unterschiedlichste Weise, mal mit Betonung auf „schu", mal mit Betonung auf „bi", mal mit Betonung auf „du", und das war das Fröhlichste, das war die unbändige Kraft, die mich da weitertrug durch den tiefen Schnee. Mir fiel beim Singen der Bekannte meines seligen Vaters ein, Anatolij Panassowich, der an der Türschwelle seines Hauses an Herzversagen starb, seine Morgenzeitung in der Hand, sich an die Hauswand klammernd, doch er konnte sich an dieser rauen Struktur nicht festhalten, er zerkratzte sich nur seine Handflächen. Nichts konnte ihn halten, denn es war seine Zeit zu fallen. So konnte auch mich nichts halten, denn ich sang. Es war meine Zeit zu singen. Ich sang zum ersten Mal mit voller, wenn auch am Anfang leiser Stimme, doch ich sang. Und mein Lied wuchs, wurde immer gewaltiger und gewagter. Aus dem „schu" wurde ein

„schuuuhuu-u" und aus dem „bi" wurde ein „bibabu" und aus dem „du" wurde ein „didadu". Ich sang und konnte es nicht glauben, dass ich ein stotternder, schüchterner und schrecklich errötender Schuljunge gewesen war, dem die hübsche Lehrerin beim Probesingen ernst ins Gesicht „Danke, genug!" gesagt hatte. Wie konnte es genug sein? Ich hatte zwar auf sie gehört und niemals in ihrem langweiligen Chor gesungen, und es war auch gut so gewesen, ich hatte meine ganze Kraft für diesen Moment gesammelt, nichtsahnend. Ich hätte es nicht einmal im Traum ahnen können! Ich war rein, ich durfte froh sein, ich sang! So ging ich singend meines Weges. Ich ging allein, doch ich wusste: Ich bin nicht allein, neben mir lassen Hunderte von Fuhrleuten ihre Pferde durch 50 cm hohen Schnee hüpfen und ebnen ihren Söhnen und Enkelsöhnen die Spur. Sie fahren ihre Frauen, ihre Mütter ins Tal, ihre hochschwangeren Frauen, ihre todkranken Mütter, und der Schnee aller Winter fällt auf sie, türmt sich vor ihnen, reißt seinen Rachen auf und gebiert neuen Schnee. Kinder ihrer Kinder, Väter ihrer Väter, die

Kutscher, sie gingen Schulter an Schulter mit mir, ich wusste es so sehr, dass ich mich gar nicht umzuschauen brauchte. Eine blendende, vollkommene Sicherheit überkam mich. Dass die Fuhrleute da waren, war eindeutiger als die Tatsache meiner Geburt. Das hätte ich eher zu bezweifeln gewagt. Ich war mir sicher, so sicher wie noch nie. Alles war richtig und gut. Auch die Trojka, die plötzlich erschien; ich war keineswegs erstaunt oder erschrocken, dass sie es bis hierher, bis in die Berge geschafft hat. Von einer russischen Trojka und einem lustigen Kutscher kann man Wunder erwarten. Das weiß jedes Kind. Also war ich ruhig und sicher. Dass die Trojka keinen lustigen Kutscher, keinen betrunkenen, keinen blinden, keinen toten und keinen Kutscher überhaupt hatte, machte mir auch nichts aus. Ich war mir ja sicher. Ruhe füllte mich aus, Ruhe floss durch mich, Ruhe, herrliche Ruhe. Ich ging und lächelte der neben mir trabenden Trojka zu. Wie schnell müssen meine Schritte gewesen sein, dass ich mich mit einer russischen Trojka messen konnte, mein Gott! Ob Sie schon mal damit gefahren sind, liebe Anna Konstantinowna? Ich hatte das Vergnügen nicht. Es ist nur wahr, wenn man sich an die Tatsachen hält. Wie albern ist das. Natürlich hatte ich das Vergnügen, mit einer Trojka zu fahren. Mehrmals habe ich es getan. Es ist so oft nicht geschehen, so oft habe ich es gewollt, so innig und verzweifelt sehnte ich mich danach, so oft, dass es für eine Trojkafahrt genügte, sie möglich, ja mehr als möglich, mehr als wirklich machte. Überreal. Ja. Anna Konstantinowna, ich gestehe, ich lege meine Hand dafür ins Feuer, auf meinen roten Pass, auf das rote Buch der Natur, ich gestehe, ich bin mit einer Trojka mehr als einmal in meinem Leben gefahren. Durch den tiefsten Schnee, durch die blühende Steppe, über den vereisten Ladoga See, ja. Fürwahr! Und nun holte sie mich ein. Ich sah sie so, wie ich Sie nicht sehe. Die Konturen ihrer Anwesenheit waren genauso scharf wie die Ihrer Abwesenheit. Das konnte nur eines bedeuten, Anna Konstantinowna, dass alles möglich war. —— Ein Zeichen von Ihnen, ein Zeichen, das den Raum durchbohrt. Ich war der Raum. Ein Zeichen, das die Zeit durcheilt. Ich war die Zeit, meine eigene persönliche Zeit. Ein Zeichen darin kreisend, immer schneller und schneller, bis es greifbar und sichtbar wurde. Das war Ihre Trojka, das war Ihr Zeichen, von Ihnen durch mich geschickt. Durch mein Auge und durch mein Beharren im Sein. Beides fing an zu glühen von der Wirklichkeit Ihres Zeichens in der Nichtwirklichkeit. Ja. So war das, liebe Anna Konstantinowna, ich wusste, was ich zu tun hatte: Heraus aus dem Wald, in die Kirche zur Abendmesse, eine Kerze anzünden und dann schnell auf mein Zimmer, Ihnen schreiben, Sie beschwören, Sie herauslocken aus meinem glühenden Auge, Sie herausholen, auf mein Bett setzen, nein, legen, und Sie küssen, küssen, bis die Kraft mich verlässt, bis der Traum mich holt oder der Morgen oder der Tod oder etwas Unmögliches, Unfassbares, so groß, dass man davor ungewollt zusammensackt. Die Erfüllung. —— Das dachte ich mir. Ich schien zu denken, ich schien zu gehen und zu sehen, Geräusche wahrzunehmen. Das dachte ich mir. Ich dachte darüber nach, und es war eine zweite, dritte, vierte, zehnte und hundertste Ebene hinter diesen Gedanken, durch das primär Gedachte verschleiert und doch dahinter in Bewegung, in Aufregung, fischartig. Ich dachte, kein Computer kann diesen mehrschichtigen Gedankenprozess wiederholen, der jetzt stattfindet. Nie und nimmer. Weil der Computer keine Zeit hat und kennt. Anders als der Mensch. Die Zeit ist in uns. Die Zeit existiert nur, indem wir existieren. Sie lebt in uns. Wir sind ein Gefäß für sie. Ja, das dachte ich mir. Es machte mir Spaß zu denken, es erfüllte mich mit Stolz. Ich kann ja auch nicht anders. Versuchen Sie mal nicht zu denken, eine Zeit lang. Es klappt nicht. Der innere Befehl zum Nichtdenken ist schon ein Gedanke. Daran nicht zu denken, ist ein anderer. Sich darüber zu ärgern, ist der nächste. Gedanken sind wohl die Luft der Zeit, die uns wie die Luft des Raumes erfüllt. Den Atem anhalten kann man nicht ewig. Dachte ich mir. Ich war zufrieden, dass ich dachte. Ich fühlte mich nicht leer. — Man kann sicher sein, dass es im Sichtbaren und im Hörbaren Ebenen gibt, so wie die in Gedanken. Dachte ich mir. Mich in meinem Denken bestärkend, fingen die Glocken der Dorfkirche zu läuten an. Ich dachte: „Ich denke mir, es seien die Glocken der Dorfkirche, die läuten, doch gleichzeitig glaube ich, Gewittergrollen zu hören, Donnerpeitschen. Das eine schließt das andere nicht aus." Ich beschleunigte meine Schritte. Der Hang gab nach, und schneller als es mir recht war, kam ich unten auf der Dorfstraße an. Ein paar Schritte in die richtige Richtung und schon stand ich auf dem verschneiten Kirchenfriedhof. Die Glocken läuteten tatsächlich über mir, die willigen Katholiken einsammelnd, und es war ein Gewitter, das über mir mit seiner Peitsche spielte, die braven Schäfchen ängstlich oder faul stimmend. Es kamen nur vier Frauen zur Messe, die recht kurz ausgefallen ist. Es gab herrliche Orgelmusik aus dem Kassettenrekorder. Der Priester aß und trank und seine Ministranten schauten ihm mit großen Augen zu. Ich war leicht verlegen und schaute auf ihre Turnschuhe, die weißer waren als das Weiß ihrer Roben. Beim Vaterunser musste ich peinlich oft niesen. Ich wollte eine Kerze anzünden und für Sie beten, Anna Konstantinowna, doch es gab keine Kerzen in der Kirche. Ich musste, ja, ich musste eines der einsamen und erloschenen Teelichter, das auf einem tiefverschneiten Grab lag, in Anspruch nehmen, und ich hoffe, Sie nehmen es mir nicht übel. Ich zündete es an und legte es zurück aufs Grab, etwas näher zur herausragenden Kreuzspitze. Wer darunter lag, konnte ich nicht lesen, der Schnee war zu hoch. Ich dachte an Sie. Ich dachte, was sollst du jetzt sagen, Piotr. Was sagt man so an einem fremden Grab. Also murmelte ich ein Gedicht von Essenin. Ein Gebet schien mir auf einmal pathetisch und schrecklich unpassend.

Durch die Stille fährt mein Schlitten.
Feines Läuten. Schnee.
Nur die Krähen auf der Wiese
machen einen Lärm.

Der Wald ist verzaubert
vom Märchen geschaukelt
lauscht seinem Traum
und schläft ein.

Und die Tannen wie Greise
weiß betucht und
mit Krücken
stehen im Kreis.

In die Ferne läuft das Pferdchen.
Glocken läuten hell.
Und der Weg der endlos
durch den Schnee geht.

Ich dachte an Sie, Anna Konstantinowna, bei Gott, ich dachte an Sie wie an die Mutter Gottes. Ich hoffe, sie nimmt es mir nicht übel. Es fing an zu rieseln, ich blieb jedoch stehen und passte auf das Teelicht auf, wie es sich in einer Kirche gehört. Sonst kommen die Kirchendiener und nehmen die zur Hälfte abgebrannten Kerzen weg, um sie wieder zu verschmelzen und neue zu verkaufen, schnell und flott sind sie bei uns, die alten zahnlosen Großmütterchen. Ja, das fiel mir ein. Es fiel mir vieles ein, während ich wartete. Ich wartete, bis mein Teelicht ausbrannte, ich hielt meinen

Herrenhut mit ausgestrecktem Arm darüber, sodass die Regentropfen es nicht auslöschten. Mein Arm wurde steif. Zehntausend Ameisen wanderten unter meiner Haut wie auf einem Baumstamm entlang, doch ich gab nicht auf. Ich hielt den Hut eisern über das Teelicht, damit es nicht erlosch. Wasser floss mir über das Gesicht, doch ich lachte nur. Auf einmal erschien mir das, was ich tat, lebenswichtig. Auf einmal erschien mir das, was ich tat, schön und gut und edel. Ich dachte an Sie, Anna Konstantinowna, bei Gott, ich dachte an Sie. Ich schaute nicht auf die Uhr, denn ich trage ja keine. Die Totenglocken gaben mir aber zu verstehen, dass die Zeit tatsächlich verging. Jemand starb, als ich Ihre Erinnerung hütete. Ja, ein Mann starb, als ich auf mein Teelicht aufpasste. Zweimal setzte die Glocke für ihn aus. Wie lange so ein Teelicht brennt! Der Priester und der Messdiener zogen, den Blick gesenkt, vorüber, verabschiedeten sich am Tor und gingen in entgegengesetzte Richtungen. Sie schauten mich beide durch den Zaun an. Ich nickte. Ich nickte weder dem einen noch dem anderen zu. Ich nickte dem Friedhofstor zu, seiner eisernen Mitte. Ich nickte einfach so zum Zeichen, dass ich kein Denkmal war. Als mein Teelicht niederbrannte, schlug ich ein Kreuz und ging mit dem unbeschreiblichen Schmerz in meinem linken Arm und mit einem Lächeln nach Hause zur Pension, in der ich wohne. Ich wollte auf mein Zimmer. Anna Konstantinowna, Ihre Nähe fuhr mir wie ein Blitz in den Arm hinein, Ihre kitzelnde Nähe, sie machte mich wild, sie ließ mich rennen und hüpfen, sie ließ mich fluchen und zittern und vor Freude vergehen. Ich wusste, Sie sind nah. Sie sind. Mein Mantel wurde völlig nass, Anna Konstantinowna. Das machte mir nichts aus. Er wurde schwer, genauso wie mein Hut. Ich schleppte mich mit Mühe nach Hause und rutschte mehrere Male recht lustig aus. Ich brach mir jedoch nichts, Anna Konstantinowna, seien Sie ohne Sorge. Ja, seien Sie unbesorgt, das werde ich Ihr gleich schreiben, dachte ich, als ich so in der Pfütze lag, das Gesicht zu den Regentropfen gewandt wie zu langsam fallenden Sternen. Um sie besser zu sehen, öffnete ich meine Augen ganz weit. Um sie zu begreifen, machte ich meinen Mund auf. Leichte Sterne stürzten auf mich, Anna Konstantinowna, beim Aufprall ihre zarten Körper zerschmetternd. Ich war gerührt. „Ich setze mich gleich an meinen Schreibtisch und schreibe Ihnen, ich bin gerührt, meine Liebe, von der Leichtigkeit der Dinge und von deren Zutraulichkeit!", dachte ich mir. Ja, wie einfach sie mir in den Mund fielen, während ich da lag. Auch wenn ihnen nichts anderes übrigblieb, denn es war ihr Schicksal, genauso wie es mein Schicksal war, auf der Stelle an dem Tag und in dem Augenblick auszurutschen und den Mund zu öffnen, es war eine Barmherzigkeit, eine Güte, eine unsagbare Milde und Hingabe in ihrem Fall, die mich an die Taten und Leiden der besten Menschen erinnerte. Ich war gerührt. Ich hätte weinen können, doch ich wollte es für die Nacht aufheben. —— Nachdem ich in der Pension angekommen war, hängte ich meinen Mantel und den Hut an den Kachelofen. Ich nahm ein Buch aus dem Regal, ein altes dunkelbraunes Buch mit abgestoßenem Lederrücken und machte es auf. Ich machte es auf und sah, dass ich es nicht auf einer gewöhnlichen, willkürlichen und zufälligen Seite aufschlug. Ich machte es auf einer Seite mit dem geknickten Eselsohr auf. Es sah eisern und zart aus. Schutzlos und unantastbar. Ein trockenes Blatt, bereit, zu zerfallen, zu Staub zu werden, sich in der Welt zu zerstreuen. „Sieg über unsere Leidenschaften gründet sich immer auf Sieg über unsere Imagination. Nur der ist ein wahrer Weltüberwinder, der die Welt seiner eigenen bösen Gedanken in der Einsamkeit überwindet. Der heilige Hieronymus befreite sich da von manchem Laster; aber die Wollust war ein Feind, den er im Busen trug. Bis in seine schauervolle Höhle folgte ihm dieser Feind; und zeigte ihm da, dass derjenige, der einen Teufel in die Wüste trägt, immer mit vieren wieder herauskommt." — Gerne hätte ich mit einem feinen Bleistift ein Fragezeichen daneben gemalt, wie mein Vorgänger mit dem unleserlichen aber kunstvoll geschriebenen Namen aus dem Jahr 1790. Was hat dieser Leibarzt und Popularphilosoph Zimmermann in seinem Buch *Über die Einsamkeit* damit sagen wollen? Dass der Melancholiker auf seinen einzigen letzten und ersten Trost verzichten soll? Es roch nach Heu. Unter meinem

Mantel bildete sich ein kleiner See, eine Fliege schlug ihren kleinen Kopf gegen die Fensterscheibe. Ich blätterte weiter. „Willst du herrschen über dich selbst, so musst du herrschen können über deine Imagination. Durch diese allein schnappen die Sinne auf. Wie oft wären sie ruhig, wenn man erst Ruhe suchte für die Imagination." —— Mein Vorgänger hatte hier ein Ausrufezeichen gemalt. Niemand wird jemals sagen können, ob er mit dieser Aussage einverstanden war oder einfach empört, oder beides, oder weder noch. Vielleicht war dieses Ausrufezeichen nur ein Kopfschütteln, eine Notiz, diese Passage der Frau oder der Geliebten zu zeigen. „Schau, meine herzallerliebste Pauline, was für ein Wahnsinniger, ich will ja gar nicht herrschen über mich, ich will dich nur küssen, küssen, küssen …" —— Ich glättete das Eselsohr. Mein Herz tat weh. Ich dachte mir, wenn ich auf meinem Zimmer bin, schreibe ich Ihnen: „Machen Sie sich keine Sorgen um mein Herz, liebe Anna Konstantinowna." Ja, ich konnte es kaum abwarten, ich brannte förmlich darauf, Ihnen das alles zu schreiben. Ich stand auf, legte das Buch zurück.

Den Mantel und den Hut ließ ich hängen und weiter tropfen. Die alte Holztreppe knarrte wieder unter meinen Schritten. Ich öffnete meine Tür, betrat mein Zimmer, nahm ein Blatt Papier, nahm einen Stift aus meiner Brusttasche und begann zu schreiben:

Liebe Anna Konstantinowna

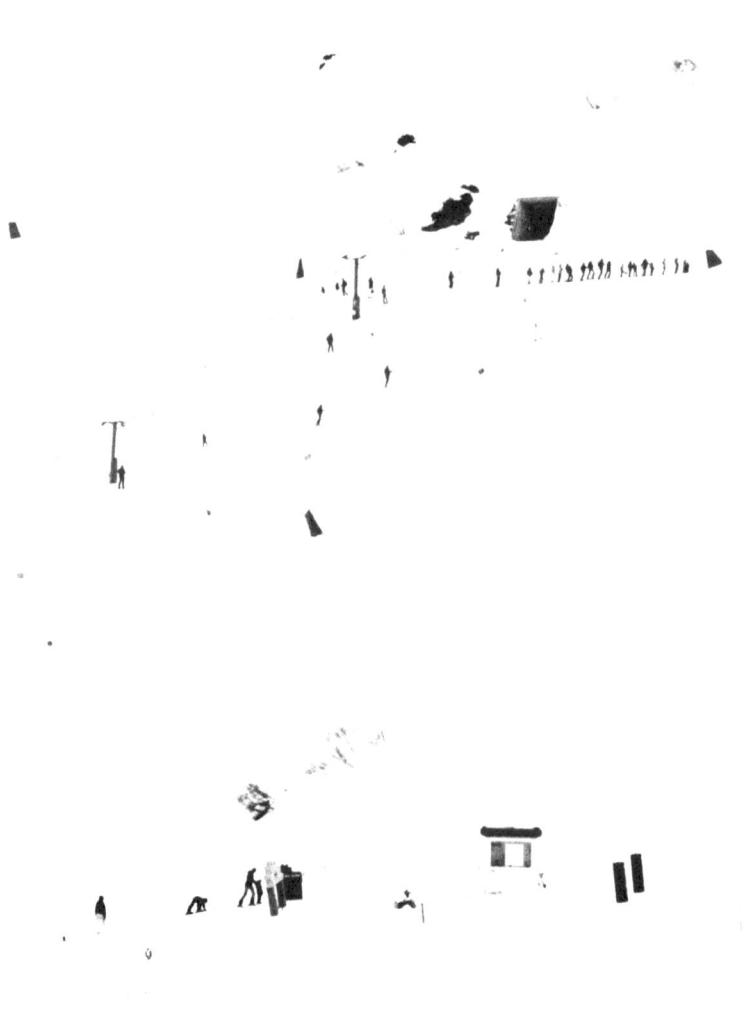

Der Berghof
Dorf 161
6764 Lech am Arlberg
Österreich
T 0043-(0) 55 83 -26 35
www.derberghof.at

Michael Stavarič
Am Ende war der Schnee

Ich erinnere mich, wie mir jemand erzählte, ich würde endlich zur Ruhe kommen, mich „fangen", vielleicht sogar Wurzeln schlagen in Lech, am Arlberg ticken die Uhren anders. Kein Hahn kräht dort nach dir, bestimmt, in der Stadt bekommst du noch Allergien, nicht selten eine Bleivergiftung, niemand wird dort nach dir suchen, ein entlegener und sicherer Hafen. Angeblich werde ich mir ein Leben fernab der Berge danach nicht mehr vorstellen können, ich meine, wer würde nicht gern über den Wolken leben, in dieser Landschaft, die einem den Kopf verdreht, zwischen den Wiesen, Almen, Bergkulissen, zum Frühstück nur Bio-Nahrungsmittel, da hast du aber Glück gehabt. — Kein Hahn kräht nach dir, wirklich, entspann dich, bring nicht alles durcheinander, die roten Socken sind sauber, die schwarze Maske gehört gewaschen, verbrannt, in eine Felsspalte gezwängt, wo sie keiner finden kann. Kein roter Hahn steigt in

Lech auf die Dächer, durch die Gegend, der Boden fängt nicht gleich Feuer, er wird nicht heiß unter deinen Füßen. Früher haben sie die roten Hähne nur zu gern durch die Dörfer getrieben, allerlei Mordbuben, die gern mit dem Feuer spielten, um sich alles einzuverleiben. —— Einmal habe ich einen im Kino gesehen, der wusste alles besser; dass man sich an keinen binden darf, hat er gesagt, halte dich an die Herzlosen, von denen kannst du noch eine Menge lernen. Du darfst dich an niemanden gewöhnen, innerhalb einer Stunde muss alles gepackt sein, die Spuren verwischst du zuletzt, mit einem Lächeln gibst du noch zu verstehen, ich hole etwas Milch, die obligatorischen Zigaretten, weg nur, weit weg aus dieser Stadt. Ich bin tatsächlich noch einmal davongekommen, was für ein Glück, oft genug habe ich mir schon überlegt, wo es wohl hinführt, ich meine, immer wenn einer wie ich Glück hat, muss doch irgendwo ein anderer um sein Leben bangen. —— Der nächste Bahnhof lag eine halbe Stunde entfernt, in Langen eingepfercht, die Bäume schossen wie Pilze aus dem Boden, zierten die steilen Bergwände, viele ihrer

Äste waren voller Elstern und Eichelhäher. Ich stand reglos am Bahnsteig, war viel zu still für mein Alter, ich meine, es wäre mir nie in den Sinn gekommen, davonzulaufen, ich hatte keine Angst vor Tieren. Die Elstern und Eichelhäher konnten mir gestohlen bleiben, die vermeintlichen Freunde in jeder Stadt, die zahllosen Frauen in meiner Wohnung, ein blaues Wunder würden sie erleben, wenn sie morgen an meiner Tür klopfen. Der kommt gleich wieder, holt etwas Milch, ein paar frische Brötchen zum Frühstück, die Morgenzeitung will er nie versäumen, die mit den großen Balkenlettern: BANKÜBERFALL! — Wie versprochen wurde ich am Bahnhof abgeholt, wir fuhren in einem schmucken Lieferwagen, dem alten Bäcker hatte der angeblich gehört, bis er sich irgendwann einen Herzinfarkt holte, seitdem gab es zum Frühstück nur noch Toast. Ich sah verstohlen in den Rückspiegel, aber niemand fuhr auf, hinten alles wie ausgestorben, da und dort buschige Augenbrauen der hiesigen Bauern, dazwischen bewaldete Bergkuppen. Hier oben sind wir ganz unter uns, sagte der Fahrer, er kratzte sich am Hals,

Michael Stavarič

im *Berghof* können sie sich entspannen, es gibt dort keinerlei Ablenkung. Die kleine Blonde an der Rezeption ist verheiratet, alle Frauen hier oben haben ihr Glück schon gefunden, du bist doch auf nichts aus, oder? — Ich erinnere mich an den ersten Winter irgendwo in den anderen Bergen, da haben wir nicht eingeheizt, um uns abzuhärten, wir mussten Kohle schaufeln im Keller, aber nicht in den Ofen, immer nur zur Seite, hin, her, eine grandiose Erfindung um uns aufzuwärmen. Johnny wusste es immer besser ... so kalt ist es auch wieder nicht! Ich meine, wenn man zuvor einen dicken Pulli zur Seite schaffen konnte, wenn man seine körperlichen Grenzen richtig auszuloten wusste, war die Temperatur bestimmt kein ernstes Problem. — Meine beiden Kumpels hießen Johnny und Jack, aber ihre richtigen Namen musste ich ganz schnell vergessen, die vergisst du aber ganz schnell wieder, sagte Johnny, als mir zufällig ein an ihn adressierter Brief in die Hände fiel. Ich konnte zunächst gar nicht glauben, dass sich jemand die Mühe machte, ihm zu schreiben, er war ein richtiger Schweinehund, ich meine Jack stand ihm keinesfalls nach, führte aber die feinere Klinge. —— Eine Rückblende für Fortgeschrittene: Johnny, Jack und ich, die Boa mit den Feueraugen, das Bankgebäude, die Sirenen, Revolverschüsse, sie fielen in der Einsicht, nie wieder zurück zu müssen. Polizeifunk, hastige Schritte, die Wagentüren schnell zu, wir müssen sofort weg, ich schalte, schalte schnell, überhole, blinke nicht, was töricht ist, wir können es uns wirklich nicht leisten, im dichten Schneetreiben aufzufallen, wo ich den Winter doch mag, aber nicht seine Kälte. —— Ich mag die Stille des Winters, jeder Schritt, als hätte ich Schalldämpfer an meinen Füßen, ich bin ein Puma, ein Luchs, Bergfuchs, der hier zwischen den Flanken der Wälder abtaucht. Was ist gegen Luftveränderung schon einzuwenden, wohl nichts, wenn ich ehrlich sein soll, ich bin meiner Zeit doch immer wieder voraus, bestimmt war es gut, hier einzukehren, sie würden vor Lech meine Spur verlieren, die Berge meiden. —— Die Ankunft im Berghof, der Wagen bremst unter einer morschen Pappel, die wird übermorgen gefällt, pass auf, dein Kopf, die Äste, die mürben, sagte die Kleine

Michael Stavarič

von der Rezeption, ich meine, der Fahrer hatte völlig recht, sie war blond. Ich steige aus dem Wagen, nicke höflich, bin reserviert, alles andere wäre auch viel zu töricht, man darf sich nie zu früh in die Karten blicken lassen, sagte mir später der Hotelier, Stefan heißt er, der weiß wie es läuft. Seine Frau Isabelle reicht mir die Zimmerschlüssel, sie lächelt, ich bin im Inneren eines Bergfrieds, den Häschern war ich entkommen. —— Mit meiner Zimmernummer verband ich nur zu schnell vielerlei Annehmlichkeiten, ich meine, die „68" war tatsächlich meine Lieblingszahl, wo doch das Jahr 68 einen wahren Umbruch bedeutete, der Hauch von etwas Neuem lag in der Luft, die vom Prager Frühling glaubten jedenfalls daran. Ich lag im Bett, hörte mich atmen, lauschte den Grillen, im *Berghof* zirkulierte die Luft angenehm kühl, schon bald werd ich mich eingewöhnen, bestimmt. Bald wirst du dich eingewöhnen, mein Junge! Für gewöhnlich dauert das angeblich eine Woche, wer es dann noch nicht kapiert hat, dem ist nicht zu helfen. —— Die Kleine von der Rezeption duzte mich vom ersten Moment an, nannte mich einen (ihren)

Jungen, mir fiel auf, sie war nicht die Hellste, ich meine, ihre blonden Haare waren nicht echt, die Himbeerlippen allerdings überzeugten. In meinem Alter, mit meinen Problemen, sollte man vielleicht wirklich keine Zeit mehr verlieren, schnell die schweren Taschen abstellen, die mit den grauen Zippverschlüssen, noch einmal ganz tief durchatmen. Natürlich habe ich mich darauf eingestellt, dass meine Flucht länger dauert, gewiss, ich war einer von der schnellen Sorte, die Zeit, das Unglück, dass heute auch alles so schnell seinen Wert verliert. —— Später erzählte sie mir, sie sei nicht in Lech geboren, reichte mir ihre Hand und zwinkerte, kam irgendwann als junges Mädchen hier an, jetzt sei sie 28 (verdammt, wie alt bin ich?). Gleich in der ersten Woche haben sie ihr ein Fahrrad in die Hand gedrückt, eines mit löchrigem Sattel, ganz unbequem, eine Frau weiß angeblich warum, sie sagten, das hat noch keiner Frau geschadet. Der Hausmeister (er ist auch der Fahrer) will nach den Taschen greifen, aber ich stelle mich zwischen ihn, die Zippverschlüsse lasse ich nie aus den Augen, seine Hand zuckt zurück, mir in den

Michael Stavarič

Schritt zu fassen, wäre doch zu verwegen. — Vom Berghof aus sehe ich der Landschaft zu ... Madloch, Schwarzwand, Flühen, Wöster, Krieger- und Omeshorn, ich kann nur sagen, dass sie schön sind, der liebe Gott hat bestimmt sein Bestes getan, unter dem Horizont alles sorgfältig eingeklemmt, damit nichts abhanden kommt. Meine Unschuld ging flöten, sagte die kleine Blonde, irgendwann später, hinter einem Felsvorsprung, mit irgendeinem dahergelaufenen Hund. Sie zeigt mir das Bad, das Bett, den Safe, erklärt, wann es Frühstück gibt, wo der Pool liegt, betont die Massagen, wenn sonst gar nichts mehr läuft. — Am nächsten Morgen, noch bevor ich richtig wach bin, sehe ich die Berge in mein Zimmer schielen, die wollen bestimmt wissen, was für einer ich bin, so einen haben sie schon lang nicht gesehen. Ich höre die Elstern, wie sie etwas aus den Dachrinnen picken, aus irgendeinem unerfindlichen Grund folgen sie mir, sammeln sich über den Wäldern, im Gegenlicht, als würde es darum gehen, mich zu täuschen, mir vorzugaukeln, ich sei immer noch in der Vergangenheit gefangen, irgendwo in den anderen Bergen mit Johnny und Jack. Dort lebten Elstern in Hülle und Fülle, alle glitzernden Gegenstände kamen uns regelmäßig abhanden, bis wir merkten, was los war, dass die Elstern hinter all dem steckten, hatten wir uns gegenseitig fast tot geprügelt. — In Lech wiederum verflogen die Schmerzen, meine Schrammen verheilten, das viele Schlafen, es half, das Beten weniger, ich meine, ich bin im *Berghof* gestrandet, weil ich auf der Flucht war, nicht weil es mein Wunsch war, irgendwo Fuß zu fassen. Die Tage, wenn sie hier oben kürzer werden, erkennt man den ersten Anflug des Winters über dem Tal, er lechzt nach Bewunderung, ich meine, der Sommer hat doch die Bewunderung von uns allen, aber der Winter muss sich richtig ins Zeug legen, Stück um Stück vom Tag abschneiden, damit er endlich zum Zug kommt ... die Kleine hier weiß, was Sache ist. Wie schnell gerät man doch in eine Situation, die so gar nicht zu einem passt? Und wenn das an der Rotation des Himmels liegt? Ich glaube, ich hatte schon immer das Talent, irgendwie auszukommen, den Kopf gerade noch aus der Schlinge zu ziehen, ei-

Michael Stavarič

nen guten Schnitt zu machen, einen sauberen. — In Lech war die Welt zweifellos überschaubar, die Elstern streiften durch die nahen Wälder und Boas gab es nicht ... ich meine, Jack besaß damals eine Boa, die wir überall hin mitnahmen, war auch zunächst kein Problem, als sie noch in die meisten Handtaschen passte. Mit der Zeit brauchte sie eine ganze Rückbank (für sich), der ganze Wagen roch nach ihr, als wäre er ihr verlängerter Schlund, mein Abgrund, wie ich ihren Geruch doch hasste, während Johnny und Jack zu Werke gingen. Ich saß im Wagen, das Lenkrad fest in beiden Händen, die Schlange wand sich im Rückspiegel, bis schließlich Johnny und Jack ins Auto sprangen, die Geldsäcke wogen schwer an ihren Schultern. Mit beiden Händen umklammerte ich das Lenkrad, konzentrierte mich auf die Straße, beschleunigte zuversichtlich, Baby, das war Entschlossenheit, das war irgendwie unbezahlbar. — Manchmal hatten sie der Boa nur so zum Spaß einen Partyhut aufgesetzt, ich erinnere mich, dass Jack irgendwann sagte, Boas seien für jeden Spaß zu haben. Vor langer Zeit kroch die Boa durch den

Flur, kam durch die Tür, in mein Zimmer, hätte ich kein Licht angemacht, ich wüsste bis heute nicht, ob mir der Verstand manchmal Streiche spielt. Ich meine, ein intimer Moment zwischen zwei Jägern, vier Augen und keine Ahnung, wer als erster den Schwanz einzieht. Unweit von Lech, irgendwo gleich hier in der Nähe, wollte eine Riesenschlange einmal sogar ein Wildschwein fressen, wer hätte das gedacht, Touristen riefen schließlich die Rettung. Geben Sie nicht auf, Herr Doktor, das Schwein ist ja noch so jung! Der Hausmeister lachte, aber Geschichten erzählen konnte er vielleicht ganz gut. —— Ich erinnere mich, wie wir früher zu Weihnachten Karpfen fingen, in einem schlammigen Teich gleich vor der Stadt, ich meine, natürlich war das Fischen verboten, aber was konnten sie einem schon anhaben, wenn man gar nichts respektierte. Manchmal saß ich am Wasser, stellte mir vor, wie meine Mutter nach mir rief, sie wollte wissen, wann ich nach Hause komme, ob sie mit dem Essen auf mich warten soll. Meine langen Beine, sie mutmaßten, ich hätte die bestimmt von meiner Mutter ... bestimmt war deine Mutter

Michael Stavarič

eine ausgemachte Schlampe, sagte Johnny, aber das wird ihm noch leidtun. — In Lech war das Leben keinesfalls ungefährlich, ein Unglück kommt selten allein, erzählte Stefan, unlängst hing ein Bergsteiger eine Woche lang in einem Schraubstock aus Fels, bis er sich schließlich selbst den Arm abtrennte (mit einem Schweizer Taschenmesser), ich meine, Jahre später war er wieder ein ganz passabler Klettermaxe. Ich selbst habe mich früher als Fassadenkletterer versucht, war keine üble Nummer, bis ich an Gewicht zulegte und mich lieber ans Steuer setzte. — Als ich den letzten Sommer mit Johnny und Jack verbrachte (aber wann weiß man wirklich, ob etwas zum letzten Mal passiert?), kam sogar einer vom Magistrat zu uns, der wollte unser Schlupfloch renovieren, etwas mehr Farbe ins Leben bringen, ich meine, der übliche Platzhirsch. Wir kamen dem Ganzen nicht aus, nach zwei Monaten waren die Arbeiten tatsächlich abgeschlossen, die Räume glänzten, auf den ersten Blick sah alles ganz schön aus, aber bald stand der Keller erneut unter Wasser, wochenlang hatte es in den Bergen geregnet und nicht mehr aufgehört. Der nahe Fluss trat über die Ufer, die Almen, die Höfe, alles geriet ins Straucheln, ringsum ging das Land völlig unter, zwischen Bergrutschen, Gewittern und Muren. Alle wurden provisorisch auf sicheren Bauernhöfen im Tal einquartiert, eine Notlösung versteht sich, keinesfalls von langer Dauer, meinte Johnny. —— Auf einem der Bauernhöfe kam irgendein Unglücksrabe mit einem Stier ins Gerangel, war später an inneren Blutungen krepiert, ganze zwei Monate soll das gedauert haben. Dann hörte endlich der Regen auf, die Sonne schien heller als zuvor ... war ein zähes Luder, dieser Bengel, sagte Jack plötzlich ... der zog die ganze Aufmerksamkeit auf sich, gut für uns. Er erzählte mir viel, hatte Vertrauen, aber da wusste er auch noch nicht, dass ich mit seinem Geld durchbrennen würde, dass ich ihn und Johnny ans Messer liefere, ohne auch nur mit der Wimper zu zucken. —— Vielleicht blieb ich auch zu lange in Lech, von meinem Zimmer im *Berghof* aus sahen wir den Schneeflocken zu, ich und die kleine Blonde, wie sie umherpfiffen, diese winzigen stumpfen Messer, die beim Aufprall besonders

Michael Stavarič

wehtaten. Ein andermal habe ich unten im Tal ganze vier Stunden auf einen Bus gewartet, das darf man sich später nicht vorwerfen. Wenn man sich entschließt, auf einen Fahrer zu warten, bleibt einem gar nichts anderes über, als auszuharren, gute Miene zu zeigen, wie soll man auch sonst den Berg hoch. Ich überlegte mir immer wieder, wer wohl meine Eltern waren (ich erfuhr es nie), vielleicht arbeitete mein Vater als Busfahrer, die Mutter war zweifellos Kleptomanin, das würde wenigstens einiges erklären, dass ich Steine und große Autos mag. — Vor sechstausend Jahren hat noch irgendwer mithilfe von Steinen Feuer gemacht, sie zu Speerspitzen verarbeitet, daraus Häuser gebaut, sie gemahlen, industrialisiert, um irgendwelche Hälse gehängt, um manches Bein wohl auch. Steinigen wäre ein verdammt schöner Tod, wenn es nicht so verflucht wehtäte, sagte die kleine Blonde, womit sie ins Schwarze traf. Ich erinnere mich, mit Johnny und Jack sammelte ich allerlei Steine, wir mochten Rubine, Smaragde, Diamanten, versteckten uns hinter Büschen, lagen auf Lauer, brachen Villen auf, schossen auf alles, was sich uns in den Weg stellte, Touristen, Polizisten, Bauerntrampel. — Hast du Feuer?, wollte die kleine Blonde wissen, bevor sie zum ersten Mal die Nacht bei mir verbrachte, ich meine, wenn mir schon etwas passiert, dann aber gleich aus heiterem Himmel. Sie saß an ihrer Rezeption im *Berghof* (zwischen den Heckenrosen, Tulpen, Chrysanthemen), die Schultern vornüber gebeugt, malte sie mit einem Kugelschreiber zwei nahezu vollkommene Kreise auf einen Briefumschlag. Das hier, sie deutete auf den ersten, bist du ... einem wie mir gelingt es einfach nicht durchzuatmen. — Du bist doch auf der Flucht, dein Blick, ich kenne das, wenn man die anderen nie aus dem Auge lässt, mit deiner Knarre unter dem Kopfpolster machst du dich allerdings lächerlich. Wenn ein Monster (Johnny und Jack?) kommt, iss es, einfach einsaugen, mit dem Staubsauger, Mund auf, Augen zu, das machen in Lech alle so, sie sprechen nur nicht darüber. Diese Kleine, die mir so einfach unter die Füße kam, sie wusste demnach Bescheid, alles war business, meine Tasche, fuck, so eine hätte sie noch nie gesehen, ein grauer Wolf, der sich ordent-

Michael Stavarič

lich satt fraß, nicht? Sie zog ihre Augenbrauen hoch. Ich überlegte kurz, ich meine, es gab Johnny und Jack, die, irgendwann aus dem Knast entlassen, nach mir suchen werden, dass sie mich in Lech aufspüren, halte ich allerdings für gänzlich unmöglich. — Ihre Muskeln entspannten sich ein wenig, meine Stimme tat ihre Wirkung, deine Stimme, du hast eine schöne Stimme, weißt du das? Dann reichte sie mir ihre Hand, die linke, mit der anderen berührte sie leicht den Bauch, holte tief Luft, als wollte sie auf Nummer sicher gehen, mich zu Boden ringen, unterwerfen, wie das Tiere bisweilen tun, um in aller Ruhe fressen zu können. Bei solchen Gesten, da kommt einer wie ich nicht umhin zu fragen, ich meine, bestimmt haben einst die Alten die Zeichensprache erfunden, in grauer Vorzeit, weil sie zu viel wussten, weil sie still sein mussten, auf der Flucht. — Bei der kleinen Blonden hatte man stets das Gefühl, Haare mitzuatmen, Haarpartikel, dünne Fäden, die man nicht gleich spürt auf der Haut, ein Altweibersommer in zwei, drei Atemzügen. Man hüstelt, denkt sich, eine Erkältung, hält die Hand vor, aus Höflichkeit, aber schon bald will man nach Luft schnappen, ein paar Schritte, verdammt, bis zur Tür fehlt noch ein ganzer Meter. Nicht dass ich allergisch bin gegen Haare, das fehlt noch, dass ich so ende, ich meine, Kurzhaarfrisuren fand ich eine Zeit lang richtig gut. Ich werde dir etwas holen, dein Husten, er soll ja nicht chronisch werden, wobei sie den Kopf schüttelte, du musst dich wärmer anziehen, der Rat einer kleinen Blonden ist teuer … ich meine es nur gut mit dir, du stiller Pilger mit Zippverschlüssen. —— Ich erinnere mich noch gut an den Tag, als die Boa starb, ich meine, in der Tierhandlung erzählte Jack, es gehe ihr prächtig, noch fast einen Monat lang hat er Futter für sie eingekauft, aus Gewohnheit. Die vielen Mäuse machten sich damals in unserem Vorzimmer breit, manchmal entkamen sie aus den Käfigen, nagten an meinen Zehen, ich konnte weißen Mäusen keinen Wunsch abschlagen. Später hat Jack im Park manchmal sogar Tauben gefüttert, einem vorbeifahrenden Parkwächter den Vogel gezeigt, irgendwie muss wohl jeder mit seiner Trauer fertig werden. Er trägt schwer daran, sagte Johnny, sei nicht zu streng mit ihm. —— Ich glaube, mein Denken, das darf man seltsam finden, über den Tag verteilt fällt es vielleicht nicht auf, über ein Jahr oder noch länger bin ich gänzlich unauffällig, aber über ein ganzes Leben, gar nicht auszudenken, so eigenartig wie ich bin. Früher sagten sie, bloß nicht auf dumme Gedanken kommen, du Wildfang, such dir später einen Job, bei dem du ordentlich Geld einsackst, sonst landest du in der Gosse, zwischen den Zeilen, ungeheuerlich, wie sehr sie sich irrten, war ich doch heute ein gemachter Mann. —— Tagsüber zog es mich in die Berge, vom *Berghof* hoch zu den Almen, auf fast vergessenen Steigen, später saß ich mit anderen Gästen beim Abendessen, sie erzählten einander Anekdoten, manchmal musste ich sogar lachen. Irgendwann im vorigen Jahrhundert hat man demnach das Klopapier erfunden, aber noch wichtiger war die Erfindung des heißen Wassers, das hat alle windelweich gemacht. Am wichtigsten jedoch war das Feuer (da war er wieder, der rote Hahn), die Grundlage von überhaupt allem, das musste man einfach lieben. Irgendein anderer wusste zu berichten, dass es bis weit ins zwanzigste Jahrhundert gar kein richtiges Klopapier gegeben habe, man benutzte Weidenstöcke, an denen man sein After rieb, ich meine, war doch gar nicht weiter schlimm, die alten Römer taten das auch, und die waren schließlich das Imperium schlechthin. — Nachts wachte ich am Bett der kleinen Blonden, bis sie schlief. Wenn ihre Schicht um war, schlich ich mich in ihr Quartier und wachte über ihren Schlaf. „Schirmherr des Schlafes" nennen mich die Indianer, eine Tasche voller Geldbündel und Smaragde in der Armbeuge, die ist mir wie auf den Leib geschneidert. Für die Eskimos bin ich seit jeher ein „Mann, der allmählich hervorgeht aus einem Zustand des Träumens", aber sie brauchen nur ein Wort, um es auf den Punkt zu bringen. — Lange schon spielte ich mit der Vorstellung, dass Menschen nur ganz selten jemanden wirklich lieben, bei Johnny und Jack überspielten wir Gefühle stets mit ordinärem Gehabe ... die Liebe ist doch nur ein fetter Schwanz im Magen-Darm-Trakt, oder so ähnlich. Später, wenn man unsere Opfer fand, die wir um die Ecke brachten, um an Geld oder Steine zu ge-

Michael Stavarič

langen, war deren Haut nicht selten von Algen oder Würmern übersät, die Sonneneinstrahlung war manchmal nicht von schlechten Eltern, die muss unglaublich gewesen sein, sagte einer der Ermittler am Fundort der Leichen. —— Es gab sogar eine Zeit, da mochte ich meine „Arbeit", wusste, sie war richtig wichtig, ohne den Räuber gab es doch gar keine Gendarmen, keine Hollywoodfilme oder Legenden, smarte Ganoven waren doch die wahren Helden unserer angepassten Zeit, fast wie Eisverkäufer (die zogen auf ihren Wegen auch ganze Scharen glücklicher Kinder hinter sich her). —— Vielleicht hätte ich mit der kleinen Blonden in Lech ein neues Leben beginnen, den *Berghof* aufkaufen können, aber ich hätte sie gewiss nur ins Unglück gestürzt. Manchmal sehe ich mir zu, wie sich meine Augen schließen, zwei viel zu müde Kreise, das sind sie, die letzten Atemzüge eines Flüchtigen. Ein paar Hüftknochen wird man vielleicht noch von mir finden, in den Wölbungen des Beckens zwei Wachteln am Brüten hindern, an meinen Knochen finden sie bestimmt keine verwertbaren Spuren. —— Im Supermarkt in Zürs habe ich mir neulich sogar den Fuß verstaucht, da kam mir natürlich keiner zur Hilfe, vermutlich mangelte es mir an Fantasie, mir etwas Derartiges überhaupt vorzustellen, ob es daran lag? Junger Mann, dir mangelt es an Respekt, du weißt zu viel, sagte jemand im Hintergrund, Johnny oder Jack, bevor ich ihm das Maul stopfte. Als ich den Supermarkt verließ, hatte mich die Kamera über dem Eingang voll im Visier, dabei hatte ich gerade heute die Haare nicht gewaschen, selbst die Mundwinkel nur beiläufig abgewischt, dass sie einen immer so erwischen. —— Die kleine Blonde hatte eigentlich dunkles Haar, die grünen Augen vom Vater, von der Mutter zweiunddreißig gesunde Zähne, wenn sie lächelte, ging irgendwo auf der Welt bestimmt die Sonne auf. Sie beäugte jede Ecke im Flur, täglich, das Interesse genau hinzusehen sei ihr angeboren, das lernt man in einer Hotelfachschule, es hat nichts mit dir zu tun. Vor dieser Frau muss ich auf der Hut sein, sie ist elastisch, biegsam, wenn man nur lang genug hinschaut, wenn sie geht, dazwischen ist manchmal ein Spagat zu erkennen. Vielleicht lag es daran, dass ich

Michael Stavarič

mich langsam im Stillen auf die Socken machte, es war die einfachste aller Erklärungen. — Gleich hinter dem *Berghof* wurde der Wald wieder lichter, manchmal ging ich dort mit ihr spazieren, die Silhouetten der Bäume erinnerten mich an Scherenschnitte, war das alles wirklich nur Transparentpapier? Das Grün der Fichten und Föhren, das gebeizte Braun der Stämme, ganz fern hörte man einen Wasserfall, entspann dich endlich. Im Wald arbeiteten Männer, von der Witterung ausgemergelte Gestalten, überall Baumschlag, das Holz spritzte auf und die Haut war sogleich von Schiefern durchzogen. Was es bedeuten mag, aus Holz zu sein, aus Stein oder etwas Ähnlichem? Dein Herz ist aus Stein, sagte die kleine Blonde plötzlich, als sie kehrtmachte und wieder zum *Berghof* zurück lief. Wenn ich doch ein Herz aus Holz hätte, ich könnte wenigstens Feuer fangen, einmal nur richtig auflodern, krähen, aber ein Herz aus Stein, das ist schlimmer, damit kann man anderen bloß den Schädel einschlagen, es wäre besser, man hätte gar keines. — Wer in Lech durch einen Wald geht, unter den Bäumen Halt sucht, dem kommen die seltsamsten Gedanken ... die Hänge werden steiler, geh einfach weiter und denk dir, du tust alles für einen guten Zweck. Und dann werden die Bäume kleiner, sie verklumpen, schrumpfen, wie Trunkene fassen sie einander unter die Arme, stützen sich gegenseitig. Die Wolken köpfen die letzten Wipfel, die Elstern bohren sich plötzlich durch die Haut, als wäre man selbst nur ein Baum oder Fels, einer, der abstarb oder schlimmer noch, nie gelebt hat. —— Später stand ich endlich am Gipfel, weit unter mir sah ich den *Berghof,* die kleine Blonde an ihrer Rezeption, die Klarheit kam wieder, das viele Geld im Safe, ich könnte Johnny und Jack einfach umlegen lassen, müsste es vielleicht gar nicht selber tun. In der Ferne trotteten Gämsen auf entlegenen Pfaden, denen manches viel leichter fiel, das Muskelspiel ihrer Körper weithin erkennbar, doch war diese Herde längst im Zielfernrohr eines Jägers, es gab vielleicht gar keine entlegenen Plätze mehr, nirgends. —— Hast du dir je überlegt, wie sagt man doch, völlig von der Bildfläche zu verschwinden? Die kleine Blonde will es später wirklich wissen, hast du? Habe ich?

Michael Stavarič

Wenn du davonläufst, wird es nicht besser, keine Chance auf Besserung, die Hände bleiben immer verkrampft in deinen Manteltaschen. Selbst wenn Pilger irgendwohin gehen, ist das nur pure Verzweiflung, niemandem nähergekommen zu sein, darum geht es, Nähe, sie setzte alles auf eine Karte. Ich erinnere mich, auch die Vogelmenschen verschwanden einst aus der Geschichte, als hätten sie nie existiert, hoch oben in den Bergen lebten sie einst mit ihren Masken aus Gold. Vielleicht hätten sie in Lech eine neue Heimat gefunden, entlegene Gipfel gab es hier wirklich genug. Wenn du nur hoch genug steigst, niemand vermag dich von unten noch zu erkennen, das ist tatsächlich die Freiheit, sagte die kleine Blonde, aber so etwas konnte nur jemand glauben, der noch nicht viel von der Welt sah. –– Ich seufzte, was blieb mir schon über, als wieder zu verschwinden, die Zippverschlüsse sorgfältig zuzuziehen, die Taschen mit dem geraubten Geld ließen mich niemals straucheln, du bist eiskalt, gehörst nicht hierher, du gehörst nicht einmal mehr dir selbst ... der Himmel über dem *Berghof* verfärbte sich grau, es hätte mit uns beiden nie gutgehen können.

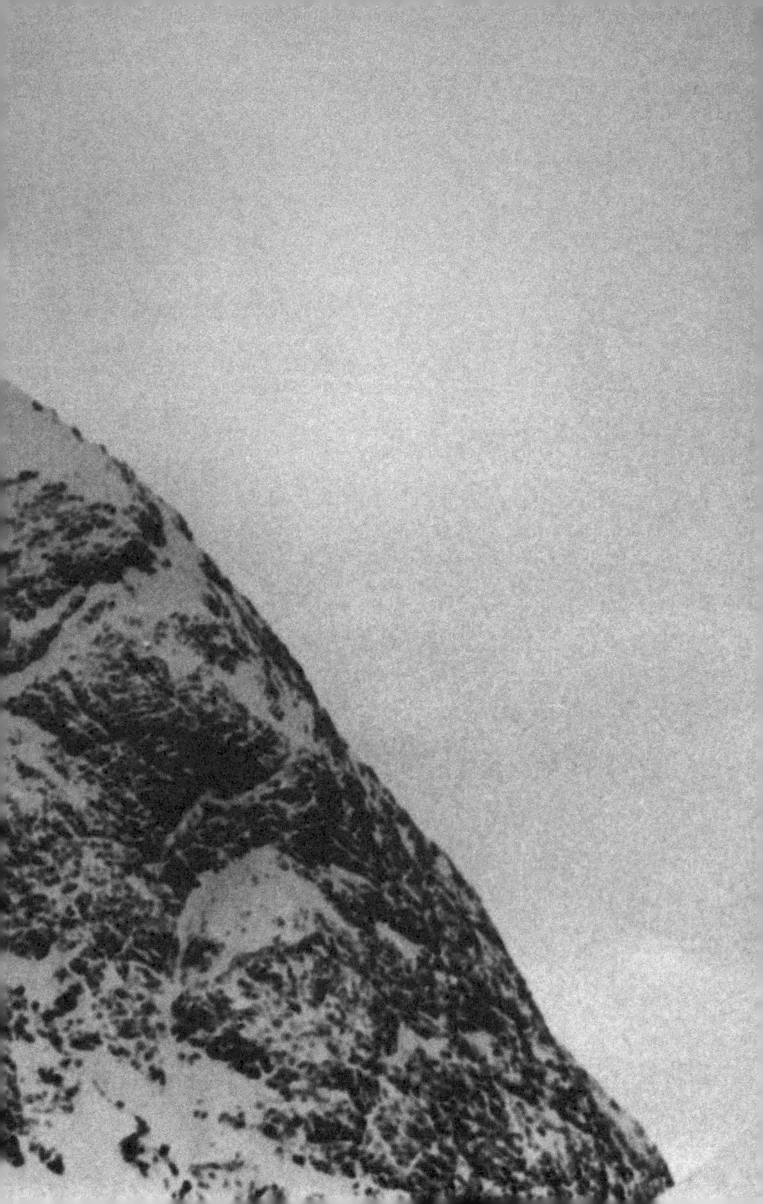

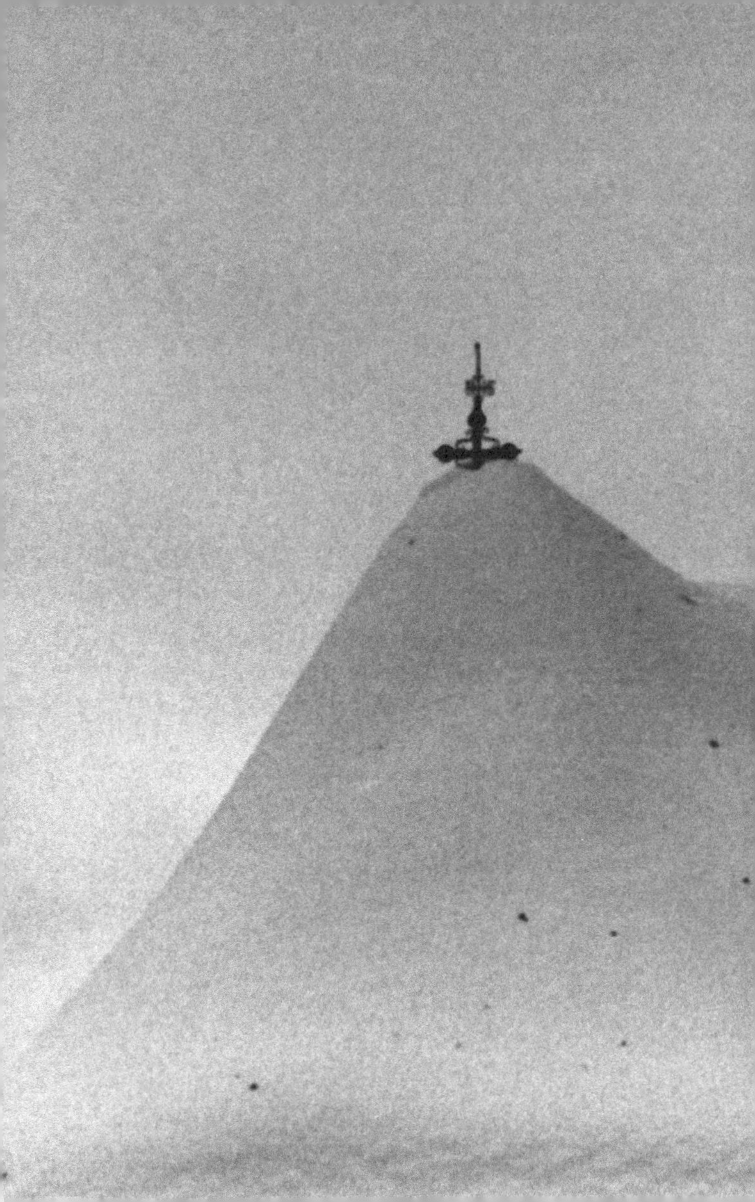

Gasthof Post
Familie Moosbrugger
6764 Lech am Arlberg
Österreich
T 0043-(0) 55 83-22 06-0
www.postlech.com

Kurt Bracharz
Lech blanc, Lech noir

Im April 2008 verbrachte ich auf der Suche nach einem geeigneten Schauplatz für ein spektakuläres Verbrechen einige Tage in Lech am Arlberg. — Spektakulär sollte das Verbrechen sein, um sich von anderen, realen wie fiktiven, abzuheben, was nicht mehr ganz einfach ist, seit wir auch in der österreichischen Provinz in „interessanten Zeiten" leben. (Ich weiß nicht, ob die Behauptung wahr ist, der altchinesische Wunsch „Mögest du in interessanten Zeiten leben" sei ein Fluch gewesen, aber wenn nicht, ist sie jedenfalls gut erfunden.) — Ich wollte ein solches Verbrechen nicht tatsächlich begehen (ich bin einerseits zu alt, um noch eine spektakuläre kriminelle Karriere zu beginnen, andererseits nicht alt genug, um schon verlässlich verhandlungs- und haftunfähig zu sein), sondern lediglich ausdenken und beschreiben. Das hing damit zusammen, dass ich jedes Mal, wenn ich erwähne, ein neues Buch veröffentlicht zu haben, gefragt werde, ob es ein Krimi sei, und das seit Jahren verneinen muss. Nicht, dass ich etwas dagegen hätte, mich wieder einmal in diesem Genre zu versuchen, aber meine Maßstäbe haben sich im Laufe der Zeit durch die Lektüre von Schriftstellern wie George V. Higgins, K. C. Constantine, Charles Willeford, James Lee Burke und Tony Hillerman verändert – diese Autoren schrieben „realistisch" (ohne dass ich jetzt eine Debatte über den Realismusbegriff beginnen möchte), und taten das qualitativ ein paar Stufen über jenem „Realismus", der seit einigen Jahren bei uns – also im deutschen Sprachraum – recht verlässlich binnen einiger Monate einschlägige Magazinstories in TV-Drehbücher umwandelt. Sie kannten ihre Pappenheimer aus erster Hand (Higgins beispielsweise als Strafverteidiger, Willeford als Kriminalreporter) und sie kannten ihre Schauplätze aus dem Effeff. Ich kenne gerade mal einen abgehalfterten, alt und fett gewordenen Stein-Absolventen (8 Jahre), der ganz gegen seine sonstige Gewohnheit wortkarg wird, wenn man auf dieses Thema zu sprechen kommt, und ich kenne Vorarlberg, das auch verbrechensmäßig provinziell ist (wogegen ich realiter natürlich nichts einzuwenden habe, ich mag nur als Romancier nicht mehr mordende Ex-Legionäre zu absinthabhängigen Kriminalern nach Bregenz kommen lassen). Wien, München und Zürich sind mir nicht ganz fremd, aber ich bewege mich dort nicht wie der Fisch im Wasser.

In Vorarlberg schien mir Lech noch am ehesten als Schauplatz für einen halbwegs glaubwürdigen Kriminalplot geeignet – zumindest in der Wintersaison versammeln sich an diesem Ort doch genügend Reiche und Mächtige, dass sie kriminelle Energien auslösen könnten. So schien es mir jedenfalls, bevor ich eine Woche als „location scout" dort war.

Lech besteht hauptsächlich aus Hotels, Pensionen und Fremdenverkehrseinrichtungen wie Liften, Restaurants, Geschäften etc. Natürlich gibt es auch Schulen, Kirchen, Feuerwehrhaus, Gemeinde etc., aber an der Main Street reiht sich ein Beherber-

Kurt Bracharz

gungsbetrieb an den anderen. Von den vier Bauernhöfen habe ich immerhin einen mit eigenen Augen gesehen, die anderen sollen sich an den Grenzen der Lecher Gemarkungen befinden.

Eine bei Chandler und Zeitgenossen noch notorische Figur, nämlich den Hoteldetektiv, gibt es längst nicht mehr. An seine Stelle ist heute weltweit charakterlich wesentlich weniger farbiges Security-Personal getreten, allerdings nicht in den Lecher Hotels. Wenn hier jemand absteigt, der Personenschutz nötig hat, bringt er ihn selbst mit. Den Hotelier freut's, es sind gleich ein paar Zimmer mehr belegt. Früher wurden noch Kriminalbeamten zum Personenschutz abgestellt, ob das heute noch der Fall ist, konnte ich nicht in Erfahrung bringen.

Hoteldiebe wie zumindest angeblich einst an der Côte d'Azur gibt es auch keine mehr, ein Ort wie Lech ist nicht einmal ein Anziehungspunkt für Kriminaltouristen, denn das Publikum hier (und mittlerweile wohl auch anderswo) trägt abends keinen teuren Schmuck, der am Tag vielleicht im Zimmer statt im Safe herumliegen könnte. Das Kopieren von Kreditkarten käme für Diebe noch am ehesten in Frage, aber was an einer italienischen Tankstelle oder im Hinterzimmer eines griechischen Nachtclubs eher problemlos machbar ist, geht an der Rezeption eines Fünfsternehotels in Lech ganz sicher nicht. Auf meine Frage, ob Zechprellerei vorkäme, sagte mir ein Hotelier, es sei schon vorgekommen, dass ehemalige Stammgäste plötzlich erklären, ihre gesamten Urlaubskosten diesmal per Überweisung zahlen zu wollen, und dann manchmal kein Geld kommt, wobei lange unklar bleibt, ob es sich um Absicht handelt oder um Unachtsamkeit oder ob der Kunde plötzlich in ein Hartz-IV-Loch gefallen ist ... — Für alle Aktivitäten, die eine schnelle Flucht erfordern, ist Lech als Tatort besonders ungeeignet, weil es sich im Winter am Ende einer Sackgasse befindet (die Straße nach Warth ist nicht nur offiziell gesperrt, sondern definitiv unbefahrbar) und auch im Sommer nur zwei Straßen aus dem Ort führen, die leicht gesperrt werden können. (Vor

Kurt Bracharz

Jahren soll es aber doch passiert sein, dass die Straßensperre mittels Baumaschine nach einem Einbruch in eines der Luxusgeschäfte so ungeschickt aufgebaut worden war, dass die Diebe seitlich daran vorbeifahren konnten.) Vermutlich hatte die Exekutive nicht erwogen, dass die Gangster so unkonventionell sein könnten, das unbefahrbare Bankett doch zu befahren. — Jene Art von Verbrechen, die sich überall ereignen kann – Eifersuchtsdramen, Familientragödien, Totschlag im Suff usw. – ist natürlich auch in Lech möglich, aber die interessiert mich nicht, in einem wirklich guten Roman sollte das Geschehen schon zum Ort passen, wie der Schlüssel ins Schloss. — Wenn ich so durch Lech und Umgebung ging – in jenem April eine schneeweiße Landschaft –, konnte ich klar sehen, dass die wahrscheinlichste kriminelle Tat in Lech die Vortäuschung eines Skidiebstahls zwecks Versicherungsbetrugs ist. Auch sie soll in den letzten Jahren zurückgegangen sein, seit die Beamten des Lecher Polizeipostens solche Fälle klärten, indem sie im Hotelzimmer nachsahen, wo die „Bestohlenen" ihre Skier unterm Bett versteckt hatten.

Also dann mal das Ganze umgekehrt, und mit Brainstorming: Welche günstigen Bedingungen böte Lech für welche kriminellen Akte? Man könnte sich zum Beispiel im Winter sehr leicht maskieren bzw. komplett vermummen. Mit Skimütze, Sonnenbrille, neutraler Skikleidung und -marke sähe man aus wie mehr oder minder ein jeder hier, und niemand könnte sich an eine solche Begegnung erinnern. Selbst eine Gruppe würde nicht unbedingt auffallen, wenn sie sich benähme wie alle Welt. Bei Entführungen könnte das Opfer dick eingepackt werden, vorausgesetzt, es ist entsprechend kalt oder – noch besser – es schneit gerade heftig; so dick, dass niemand erkennen kann, dass eine der eingemummelten Personen gefesselt oder betäubt ist. Oder dass das Bündel auf dem Ackja ein Mensch ist. —— Ein Scharfschütze könnte die Zielperson auf der Piste aus einer ganzen Gruppe von Sicherheitsleuten herausschießen und den Tatort verlassen, bevor diese auch nur mitbekommen haben, dass das Opfer nicht bloß beim Skifahren gestürzt ist. —— Wesentlich eleganter wäre es natürlich, einen Bergunfall vorzutäuschen, im richtigen Moment ein Schneebrett loszutreten oder eine Lawinensprengung auszulösen (die erfolgt allerdings computergesteuert, der Täter könnte also nicht irgendein Allerweltshacker sein, es müsste schon ein einigermaßen fähiger Geheimdienst hinter solchen Aktivitäten stecken).

Während ich Nichtskifahrer, finstere Mordpläne schmiedend, von Lech nach Zug und von dort zum Älpele und wieder zurück durch den glitzernden Schnee stapfte, wurde mir ständig klarer, dass ich hier, in *Lech blanc*, meine Zeit vergeudete, wenn ich über ein *Lech noir* nachdachte. Lech ist, was Kriminalität betrifft, noch immer eine Insel der Seligen, sagte mir einer der Hoteliers, als ich ihn direkt befragte. Er hatte schon Hoffnung in mir aufkeimen lassen, als er bei Tisch davon zu bramarbasieren anfing, wie er „diesen verdammten Hund" niedergeschlagen hätte, wenn der nicht zu schnell geflohen wäre; den Anfang der Geschichte hatte ich nicht mitbekommen, aber ich merkte bald, dass es tatsächlich um einen realen Fiffi ging, der nach ihm, seinem Herrl, geschnappt hatte, was nicht geduldet werden kann. Das gab auch nichts her für einen Krimi. —— Ebensowenig das neue Hotel in russischem Besitz. Ob der Besitzer nun ein Oligarch ist oder nicht – die Glatzköpfe mit den blauen Gefängnistattoos werden dort nicht einmal als Hausdiener beschäftigt werden und schon gar nicht als Reisende absteigen, nehme ich doch an. —— Am Abreisetag fragte ich noch einmal einen Hotelier gerade heraus, welche Art von Kriminalität er sich in Lech vorstellen könne. Er wusste sofort etwas: In gewissen Hotels blieben auch in der Sommersaison wertvolle Bilder in den geschlossenen Häusern an den Wänden. Die könnte man dann ganz unauffällig gegen Fälschungen austauschen. Die schnelle Antwort war eigentlich nur dadurch erklärbar, dass er schon länger selbst darüber nachgedacht hatte. —— Aber wenn ich das Motiv verwendete, würden die Austauscher feststellen, dass sie umsonst eingebrochen haben, was da an den Wänden hängt, sind schon lange Fälschungen.

Fazit des „location scoutings": *Lech noir* ist schwer vorstellbar, mit „Unmenschen im Hotel" (so der Arbeitstitel für den Lech-Krimi, mit einem Kompliment an Vicki Baum) wird es wohl nichts, aber kulinarisch kann ich das Dorf wärmstens empfehlen. Die Haubenrestaurants im Ort sowieso, aber auch hinten auf dem Älpele stehen in der Berghütte gebackene Wachteln auf der Speisekarte. Wirklich ein Pech, dass die derzeit so beliebte Personalunion des Krimi-Helden mit dem Gourmet für mich so gar nicht mehr in Frage kommt.

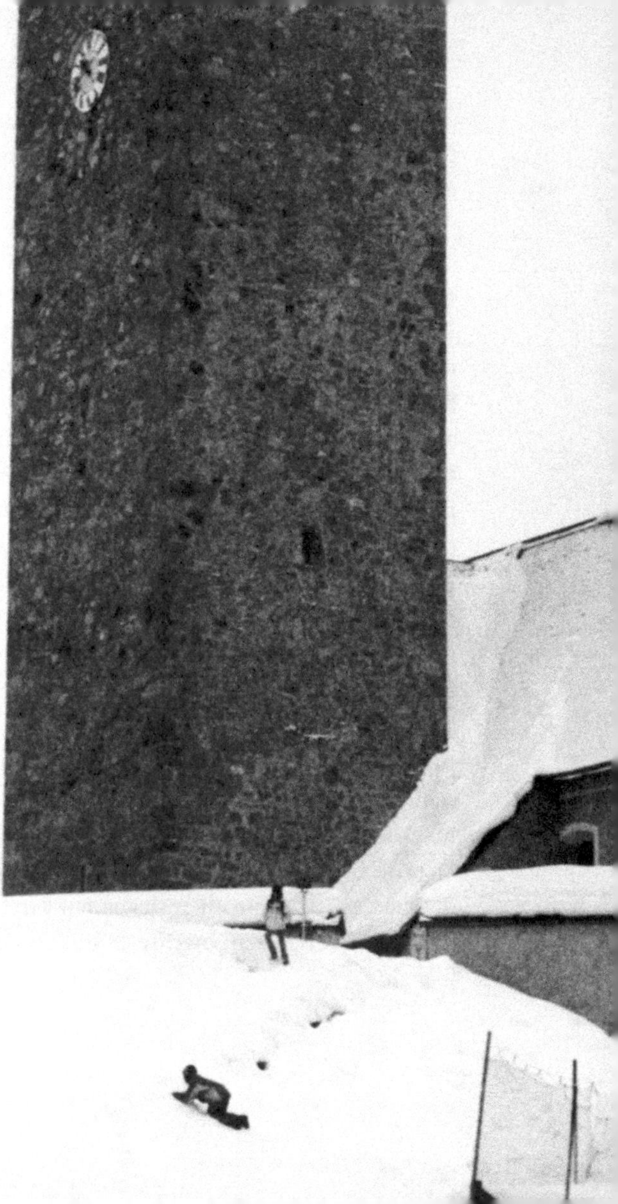

Kurt Bracharz
Eine unerhörte Begebenheit

Hoffmann war den ganzen Nachmittag über in Lech umhergelaufen und hatte fotografiert. In seinem Kamelhaarmantel fiel er auf – beinahe alle Feriengäste trugen den ganzen Tag über ihre Skianzüge. Der Hotelier, der ständig Sächsisch im Ohr hatte, von seinem Personal sowieso, von immer mehr Gästen aber auch, hatte seine Pferdelederschuhe und seinen Berliner Akzent bemerkt. Dabei kam Hoffmann gar nicht aus Berlin, lebte aber seit Langem dort, zumindest einige Monate im Jahr, in einer Altbauwohnung in Charlottenburg. Er fotografierte in Lech ausschließlich Landschaft, Straßen und Häuser, wobei nicht viel zu tun war, das Dorf war klein und von Bergen eingeschlossen. Er gab sich auch nicht viel Mühe bei der Motivsuche, sondern schien darauf aus zu sein, so ziemlich den ganzen Ort abzufotografieren. In den beiden nebeneinander liegenden Kirchen, der alten und der neuen, machte er nur in der alten

Bilder, vom Innenraum, vom Altar und von dem Reliquienschrein, in dem eine komplette Mumie zu liegen schien, von der aber wohl wie üblich nur Teile echt waren. Die leeren Augenhöhlen waren von einem Schleier überzogen. —— Als Hoffmann aus der Kirche wieder ins Freie trat und die Grabsteine an der Umfassungsmauer musterte, begann es zu schneien. Der Himmel war den ganzen Tag über grau gewesen, was für Hoffmanns Routinefotografie den Vorteil gehabt hatte, dass es nirgendwo starke Kontraste wie sonst bei Aufnahmen in einer Schneelandschaft gab und er nicht mit Blenden und Verschlusszeiten herumspielen musste, und jetzt folgte auf die ersten zögernden Flocken schnell dichter werdender Schneefall. Hoffmann verpackte die Kamera in ihre Hülle und kehrte zum Hotel zurück. —— Es war erst gegen sechs Uhr abends, also ging er auf sein Zimmer, zog den Mantel aus, wechselte die Schuhe und setzte sich in einen der beiden großen Polsterstühle, die an dem Tisch vor dem Fenster standen. Die Berge draußen – Hoffmann kannte ihre Namen nicht – waren im mittlerweile heftigen Schneetreiben kaum noch zu sehen. Er schaltete die Digitalkamera auf Wiedergabe und sah sich eine Weile lang die Fotos an, die er gemacht hatte. Nach einer Weile holte er einen Laptop aus dem Koffer, schloss per Kabel die Kamera an und überspielte die Bilder auf den Computer. —— Dann telefonierte er, am Fenster stehend, das Handy am Ohr, den Blick aufwärts gerichtet, wo der Schnee schwarz aus dem grauen Himmel fiel. —— Das ist nichts, sagte er, das könnt ihr nicht nehmen. Alles viel zu neu, so hat es damals sicher nicht ausgesehen, nicht mal so ähnlich. Morgen schaue ich ins Montafon, da findet sich vielleicht noch was Brauchbares. Oder man stellt halt doch wieder ein ganzes Dorf hin. Er hörte eine Weile zu. —— Die Schweiz geht sicher nicht, sagte er dann, in der Schweiz sieht alles so aus, dass man auf Anhieb erkennt, dass man in der Schweiz ist. Und das passt ja nun wirklich nicht. Sieben Uhr war immer noch zu früh zum Abendessen. Aber es gab eine Bar im Erdgeschoss, und dort ging Hoffmann hin. Der Barkeeper trug die grüne Weste des männlichen Hotelpersonals. Hoffmann ließ sich einen Single

Malt einschenken. —— Neben der Bar sah man in einen Raum mit einem Billardtisch. Es war ein französisches Billard. Zwei Männer spielten, ein alter, der ein bisschen wie die Comicsfigur Mr. Natural von Robert Crumb aussah (obwohl er natürlich kein Nachthemd trug, sondern einen grauen Flanellanzug), und ein nur wenig jüngerer mit einer silbergrauen Mähne bis zu den Schultern. Der grüne Filz mit den beiden weißen und der roten Kugel im gelben Lichtkegel der Lampe über dem Tisch und die beiden ernsten alten Männer mit den Queues sahen aus wie ein Bild aus einem alten Gangsterfilm, und weil Hoffmanns Blick daran hängen blieb, kam der mit der silbernen Mähne an die Tür und fragte ihn, ob er mitspielen wolle. Man hörte, dass der Mann Amerikaner war. Gern, sagte Hoffmann, solange es um nichts geht. Ich habe seit Jahren nicht mehr gespielt. Wir spielen nur zum Vergnügen. Das ist Tom und ich bin Dick. Ich setze mal aus, Tom will spielen, und mich kennt er als Gegner allmählich zu gut. —— Hoffmann stellte sich ebenfalls vor, wählte einen Queue aus und kreidete die Spitze ein, während

Kurt Bracharz

Dick die drei Kugeln neu aufstellte. —— Sie begannen. —— Hoffmann nahm einen Schluck vom Whisky und konzentrierte sich dann auf den Punkt an seiner Spielkugel, den er treffen wollte. Es gelangen ihm sieben Karambolagen hintereinander. —— Nicht schlecht, sagte Dick. Der schweigsame Tom machte seinen ersten Stoß. Und einen zweiten. Einen dritten. Und noch mehr. —— Wir haben Sie nachmittags fotografieren gesehen, sagte Dick, der seitlich an der Bande stand und Toms Stößen zusah. Arbeiten Sie für das Fernsehen? —— Für eine Filmgesellschaft, sagte Hoffmann. Man braucht ein Skidorf, das aussieht wie in den Vierzigerjahren. Ich hatte natürlich schon auf Bildern gesehen, dass Lech dafür viel zu sehr modernisiert worden ist, aber es soll der Schauplatz der Handlung sein, und ich musste mich mal mit dem Ort vertraut machen, auch wenn man dann letztlich woanders filmt. —— Ohne seine mittlerweile auf 15 Punkte angewachsene Serie zu unterbrechen, fragte Tom, der besser Deutsch sprach als Dick, ob es sich um einen Skifilm handle. —— Es geht um Flieger, erwiderte Hoffmann und dachte sich im selben Moment, dass er eigentlich nichts Konkretes erzählen und keinen zweiten Whisky nehmen sollte. Aber da war es schon herausgerutscht, und außerdem, was konnte es schaden, mit diesen beiden alten Amis zu plaudern? —— Flieger, sagte Tom und trat vom Tisch zurück, um die Aufstellung zu mustern. Die Kugeln lagen sehr ungünstig. Sie meinen, mit Flugzeugen? Hier drinnen kann man doch nicht fliegen, oder? Nur mit Skyhawks. —— Einige Naziflieger wurden hierher auf Urlaub geschickt, sagte Hoffmann. Jedenfalls steht das so im Drehbuch, das jemand aus der Gegend geschrieben hat, und der soll das aus erster Hand haben. —— Hoffmann dachte: Ich klinge, als hoffte ich, die beiden wüssten etwas Genaueres. Und ich wüsste ja gerne selbst, ob an der Story was dran ist. Der Hotelier hat behauptet, noch nie davon gehört zu haben. —— Laut sagte er: Es wird natürlich eine Lovestory. Boy meets girl. Pervitinsüchtiger junger Flieger verknallt sich in gesundes Landei aus Hoteliersfamilie. —— Pervitin, sagte Tom und dann, zu Dick: Look that pinch. —— Hoffmann fragte sich, was ein „pinch" sein mochte, sah es aber gleich: Der alte Mann setzte den Queue zu einem nahezu senkrechten Kopfstoß an, eine bizarre Lösung für ein Problem, das man nach Hoffmanns Meinung mittels Spiel über zwei Banden angehen musste. Die Spielkugel beschrieb zwei saubere Bögen, einen kleinen Kreisausschnitt zur zweiten weißen Kugel und dann einen sehr großen zur roten. —— Hoffmann wurde klar, dass die beiden ihn mit einem Einsatz hätten legen können, aber sie spielten offenbar wirklich zum Vergnügen oder als eine Art Zen-Übung. Dick war ja vermutlich auch etwa auf Toms Niveau. —— Nice pinch, sagte Dick. Was hat es mit dem Pervitin auf sich? —— Das war die Handelsbezeichnung für ein Methamphetamin. Die Nazi-Version von 1938. —— Ah, wie Benzedrine, sagte Tom. —— Kann sein, meinte Hoffmann. Die Stuka-Flieger fuhren darauf ab. —— Wie dieser Beuys? Das weiß ich nicht. Vielleicht. Wahrscheinlich. Jedenfalls schickten sie die Süchtigen zur Rehab in den Schwarzwald oder auch höher hinauf, wie eben nach Lech. —— Interessant, sagte Dick. Wie wird der Film heißen?

Nazis on Speed? —— Toms Queue rutschte ab. —— Hoffmann redete, während er spielte. Das ging gut, das Zielen und Stoßen war immer noch automatisiert, obwohl er nicht gelogen hatte, als er sagte, er hätte schon lange nicht mehr gespielt. —— Sie werden lachen, so ein Titel wurde schon vorgeschlagen, aber es gibt ein Buch, das so heißt. Da greift der Titelschutz. —— Haben Sie es gelesen? —— Nein, leider, es ist vergriffen. —— Wie wäre es mit *Drei SS-Männer im Schnee* – als Titel, meine ich?, sagte Tom. —— Hoffmann lachte. Es soll schon Komplikationen geben, aber eher mit lokalen Nazis, glaube ich, wenn das Drehbuch nicht zum hundertsten Mal umgeschrieben wird. Die sind dann im Grunde nur eifersüchtig wegen der Hotelierstochter. In einer Fassung kam übrigens Göring inkognito nach Lech, in einer anderen Udet. —— Warum nicht gleich Hitler? Das wäre doch ein guter Titel: *Hitler in Lech*. —— Ich habe nicht alle Fassungen gelesen. Ich glaube aber nicht, dass es so eine gab. Der Drehbuchschreiber hatte die Story übrigens von seiner Mutter, die selbst als BDM-Mädel dabei gewesen sein will und andeutete, es sei heftig rund gegangen mit all diesen jungen fickrigen Flieger-Assen auf Speed. —— Gab es nicht auch schon Koks, fragte Dick. *Schnee in Lech* oder so, das wäre auch ein Titel. —— Klar gab es Koks, das hatte nicht erst Röhm aus Südamerika mitgebracht. Aber man will nicht bei Visconti oder Cavani anknüpfen, die weibliche Hauptrolle ist ja der Typ gesundes Landmädel. —— Hoffmann verfehlte die Spielkugel. —— Zeit zum Aufhören, sagte er. Wenn man so daneben stößt, lässt man's besser bleiben. —— Das war eine interessante Unterhaltung, sagte Tom. —— Essen Sie hier zu Abend? Dann können wir sie ja am Tisch fortsetzen. —— Nein, leider. Dick schüttelte Hoffmann die Hand. Wir müssen weiter. —— Hoffmann ging auf sein Zimmer und zog sich um. Der Schneefall hatte noch immer nicht aufgehört. Der Wetterbericht auf dem Breitwandbildschirm sah nicht gut aus. Hoffmann zappte eine Weile herum, wie er das immer tat, fand aber nichts, was auch nur ein bisschen interessant ausgesehen hätte, und schaltete ab. Neun. Zeit zum Essen. —— Als er an der Rezeption vorbeiging, hielt ihn die junge Frau hinter dem Tresen auf. Für Sie ist etwas abgegeben worden. —— Hoffmann staunte, schließlich kannte er niemanden in Lech. —— Es war ein brauner Umschlag mit dem Aufdruck des Hotels. Im Umschlag war ein Buch mit dem Titel *Nazis on Speed*. —— Da staunte Hoffmann noch mehr. —— Er schlug das Buch auf, auf das Schmutzblatt war eine Zeichnung flott hingekritzelt, ein alter Mann, der wie die Comicsfigur Mr. Natürlich von Robert Crumb aussah und in dieser Darstellung auch das bewusste Nachthemd trug, drehte eine Pirouette auf einer großen Billardkugel. Darunter stand in Blockbuchstaben —— TOM AS PINCH ON SPEED. —— Wer hat das abgegeben? —— Der Amerikaner, Mr. John Doe, sagte die junge Frau. —— Er heißt John Doe? Ich dachte, er heiße Tom. —— Das weiß ich nicht. Er war jedenfalls als John Doe eingetragen. —— Wo finde ich ihn? —— Da haben Sie Pech, er ist vor einer Stunde abgereist, mit seinem Sekretär. —— Es gibt aber eh nur eine Straße, oder? —— Ja, aber die ist soeben geschlossen worden. —— Geschlossen? Was soll das heißen? —— Wegen der Lawinengefahr. —— Kann man auf eigene Gefahr trotzdem fahren? —— Nein, auf keinen Fall. Aber wahrscheinlich wird die Straße schon morgen früh wieder geöffnet. Es gibt da normalerweise keine Probleme, wir sind das ja gewöhnt. —— Haben Sie eine Handynummer von diesem Mr. Doe? —— Die dürfte ich Ihnen ja auch nicht geben, wenn ich eine hätte. Aber wir haben nichts von Mr. Doe, die beiden haben auch bar bezahlt, was ja eher ungewöhnlich ist. —— Hoffmann ging statt zum Abendessen in sein Zimmer zurück und sah sich alle Bilder auf dem Computer der Reihe nach genauestens an. Wenn die beiden Amerikaner ihn beim Fotografieren gesehen hatten, waren sie ja vielleicht auf einem der Fotos zu erkennen. Aber es war, als ob der verdammte Schnee sie verschluckt hätte.

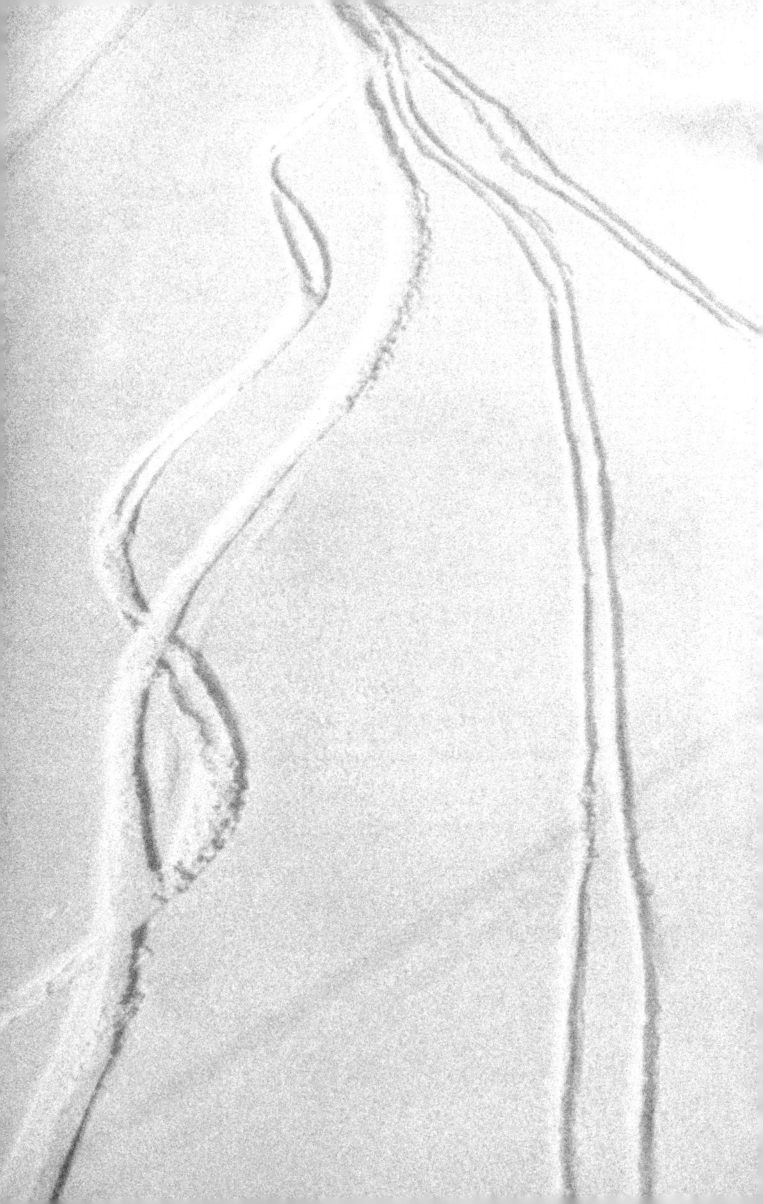

Rote Wand
Zug 5
6764 Lech am Arlberg
Österreich
T 0043 - (0) 55 83 - 34 35
www.rotewand.com

Fotografien von Gerhard Klocker
Schneebilder 353

Nachwort

Ein Versuch muss kein Experiment mit Unbekanntem sein. Es kann auch die Fortführung von etwas Bewährtem sein.

Dieses Buch war von Anfang an ein Experiment mit ungewissem Ausgang und damit verführerischer Kontrast zum Alltäglichen: keine Zielorientierung, keine Vorgaben, keine Beschränkungen, keine Erwartungen. —— Am Anfang stand zunächst noch das Alltägliche, der Job. Mit Daniela Egger, der späteren Herausgeberin des Buches, arbeitete ich an einem Tourismus-Projekt. Über Jahre hatte ich sie kennen- und schätzen gelernt als kulturell engagiertes Multitalent, das mich bei der Organisation von Ausstellungen mit japanischen Künstlern genauso beeindruckte wie mit dem Einsatz für die Literatur, beispielsweise als Herausgeberin der Zeitschrift *miromente*. —— Wie so häufig ergaben sich auch bei diesem Auftrag intensive Gespräche, die nur auf den ersten Blick abseitig wirkten und schließlich doch immer wieder um die Themen „Literatur" und „Tourismus" kreisten. Diesmal waren wir ganz antiquiert unterwegs. Erschien den Menschen in der Vergangenheit das Reisen auch deshalb so erstrebenswert, weil es von renommierten Schriftstellern verewigt und verherrlicht wurde? Inwieweit sind wir heute beispielsweise noch auf den Spuren von Goethes romantisch verklärten Reisen nach Italien, Stefan Zweigs autobiografischen Welten oder Ernest Hemingways abenteuerlichen Exkursen unterwegs, wenn wir uns auf den Weg machen? —— Geradezu zwingend landeten wir irgendwann auch bei der Frage, warum anspruchsvolle Literatur, die um das Thema „Reisen" kreist, heute nur noch eine – an großen Vorbildern gemessen – vergleichsweise kleine Rolle spielt. Liegt es an den Hotels? An standardisierten Angeboten? Liegt es etwa an den Schriftstellern? An den Lesern? Erzählen die Hotels heute keine Geschichten mehr? Regen fremde Landschaften nicht mehr die Fantasie an? Oder ist das Thema für Schriftsteller heute schlicht zu banal, weil die Ferne näher liegt und das Fremde präsenter und verfügbarer ist als früher? —— Im Nachhinein scheint es nur ein kleiner Schritt am Anfang einer spannenden Reise ohne konkretes Ziel gewesen zu sein, als wir gemeinsam beschlossen, Autoren Raum und Heimat auf Zeit zu geben mit nur einem Ziel – das Erlebte, Mitgebrachte oder Erinnerte in fremder Umgebung schreibend zu verarbeiten. Zunächst dachten wir an eine Art literarischen Hotelführer, was wir aber rasch wieder verwarfen. Zu eng schien uns das Korsett, geradezu kontraproduktiv für dieses Projekt, das erforschen wollte, wie groß die Liebe heute noch ist, zwischen den Schriftstellern und dem Reisen. —— Und dann kam – neben aller Intuition, Neugier und Fantasie – auch noch das Glück ins Spiel. Jeder, dem wir von dem Projekt erzählten, war begeistert und ohne große Überzeugungsarbeit bereit mitzumachen. Hoteliers aus Lech und Zürs erklärten sich spontan und mit einer gewissen Lust am Risiko bereit, Kost und Logis zu übernehmen, ohne jede Garantie, ob und – möglicherweise noch viel wichtiger – *wie* sie in den jeweiligen Texten überhaupt vorkommen würden. Dann sagte Fotograf Gerhard Klocker, ein wahrer Glücksfall für dieses Projekt, seine Mitarbeit zu. Er begeisterte uns so, dass wir zur Buchpräsentation eine begleitende Ausstellung organisierten. Wir konnten mit Bucher einen Verlag gewinnen, dessen Engagement weit über das einer normalen Buchproduktion hinausging. —— Die Auswahl der Autoren ergab sich intuitiv, ohne Blick auf Bestsellerlisten oder mögliche Ergebnisse. Manche Autoren kannten Lech und Zürs bereits, für einige war es Neuland und für einen Autor sogar seine Premiere im Schnee. —— So war dieses Projekt dann letztlich ein Experiment, dessen Ergebnis uns und hoffentlich auch Ihnen Bewährtes beschert: Genuss beim Lesen.

Gerhard Walter

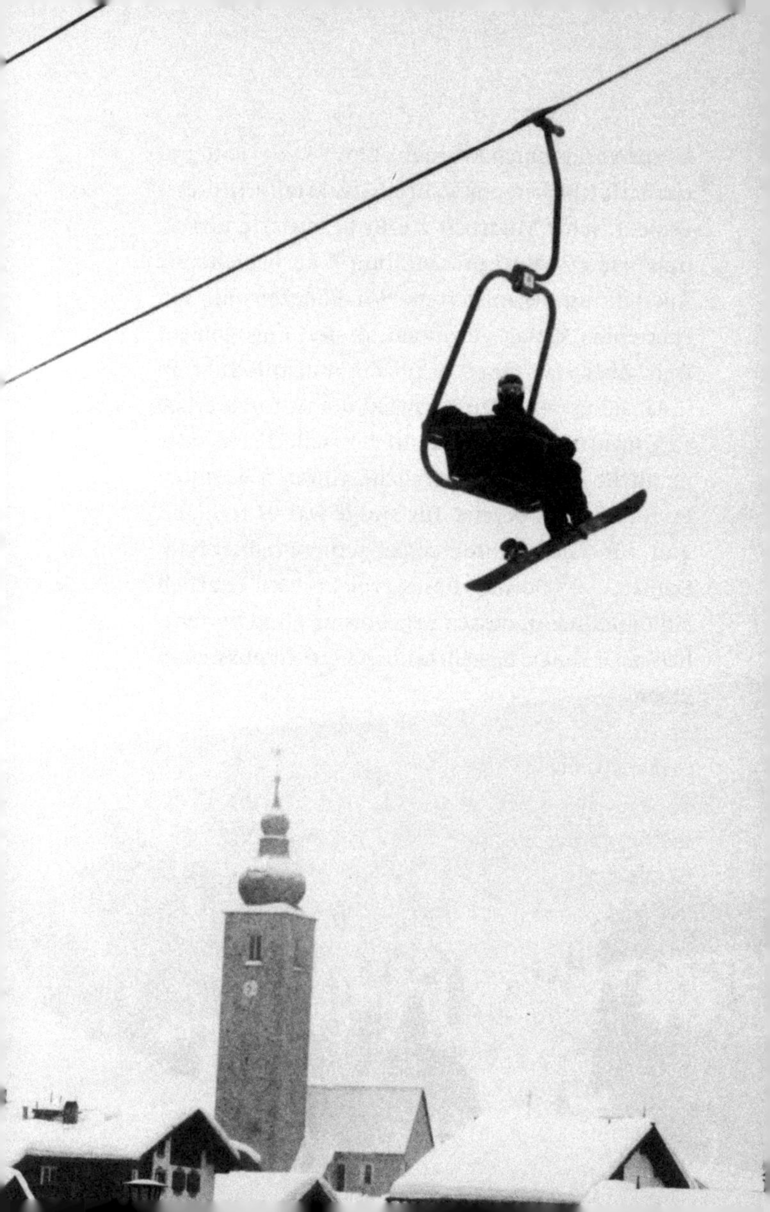

Biografien

Gabriele Bösch

Geboren 1964 in Koblach, lebt und arbeitet in Hohenems. 2004 Literaturstipendium des Landes Vorarlberg, 2005 Zweite beim Prosapreis Brixen-Hall, 2007 Teilnahme am Autorinnenforum Berlin-Rheinsberg. Publikationen in diversen Anthologien und Literaturzeitschriften. Zuletzt: *Der Geometrische Himmel* (2007).

Kurt Bracharz

Geboren 1947, lebt als Schriftsteller, Kolumnist und Übersetzer in Bregenz. Letzte Veröffentlichung: *Pantomime vor Blinden* (2008).

Daniela Egger

Absolventin der Modeschule Hetzendorf Wien und der Drehbuchwerkstatt München. Flog fünf Jahre lang als Flight Attendant auf dem Privatflugzeug eines arabischen Sheikhs um die Welt. Schreibt Drehbücher, Theaterstücke, Hörspiele und

Erzählungen. Einjähriges Stipendium und Ausbildung in der Drehbuchwerkstatt München, Hochschule für Fernsehen und Film zum Drehbuchschreiben. Rauriser Förderungspreis 2000 für das Hörspiel *Die Agentinnen*. ORF Preis für Film- und Fernsehgerechte Stoffe im Rahmen des Carl Mayer Drehbuchwettbewerbes, Diagonale Graz 2002; Mitherausgeberin der Literaturzeitschrift *miromente*.

Zsuzsanna Gahse

Geboren 1946 in Budapest, lebte nach 1956 zunächst in Wien, dann mehr als ein Vierteljahrhundert in Stuttgart, seit Ende 1998 im schweizerischen Müllheim. Veröffentlichte rund 20 Bücher. Zuletzt erschienen: *Logbuch – Livre de bord* (2007), *Oh, Roman* (2007). Schreibt zudem Essays und Rezensionen und ist als Übersetzerin tätig. Zahlreiche Preise und Auszeichnungen, u. a. Bodenseepreis für Literatur 2004, Adalbert-von-Chamisso-Preis 2006, Gast der Landis & Gyr Stiftung in London 2007.

Marjana Gaponenko

Geboren 1981 in Odessa. Studium der Germanistik. Schreibt seit 1996 in deutscher Sprache. Zahlreiche Beiträge in Literaturzeitschriften und Anthologien. Teilnahme am Lyrikfestival „Poesie International" in Dornbirn (2001 und 2004), am „Internationalen Literaturfestival Berlin" (2004) sowie am „Bardinale-Festival" in Dresden (2005). Stipendiatin im Künstlerdorf Schöppingen (2001 bis 2002), 2002 Gastaufenthalt im Literaturhaus Niederösterreich. Zuletzt erschienen: *Nachtflug – Gedichte* (2007).

Arno Geiger

1968 in Bregenz geboren, lebt in Wien und Wolfurt. Studium der Germanistik, Vergleichenden Literaturwissenschaft und Geschichte. Debütierte 1997 mit dem Roman *Kleine Schule des Karussellfahrens,* seither zahlreiche Publikationen. Zuletzt: *Es geht uns gut* (2005), *Anna nicht vergessen* (2007). 1996 Teilnahme am Ingeborg Bachmann-Wettbewerb. Mehrere Auszeichnungen und Preise, u. a. Förderpreis zum Friedrich-Hölderlin-Preis 2005 und Deutscher Buchpreis für den besten deutschsprachigen Roman des Jahres 2005.

Egyd Gstättner

Geboren 1962 in Klagenfurt. Studium der Philosophie und Germanistik. Lebt und arbeitet als freier Schriftsteller und Publizist in Klagenfurt. Veröffentlichte zahlreiche essayistische Artikel (u. a. Süddeutsche Zeitung, Die Zeit, Die Presse, Falter, Die Furche, Der Standard) und Beiträge in Literaturzeitschriften. Aktuelle Buchveröffentlichungen (Auswahl): *Fallrückzieher* (2008), *Der Mensch kann nicht fliegen* (2008). Mehrere Preise und Auszeichnungen, u. a. Förderungspreis des Landes Kärnten 1997, Leopold-Figl-Preis 2002.

Gerhard Klocker

Geboren 1962 in Hard. Studierte Elektronik und Musik in Wien und arbeitete unter anderem als Drucker, Waschmaschinenverkäufer und Fotoassistent. Er zog nach London und publizierte als Mode- und Werbefotograf. In den freien Arbeiten entwickelte er erfolgreich seinen eigenen visionären Stil. Ausgewählte Ausstellungen: 2003 I.N.R.I. – Installation KUBbillboards Bregenz, 2003 California Hardcore, galerie éf/Tokyo, 2002 12 images of Japan – Tokyo Diary, Kunstraum Dornbirn, 2001

9 CUTS, galerie éf/Tokyo, 1993 Unsweetened, E.C. ONE Gallery/London. Ausgewählte Filme: 2003 LIFT – Video, 2001 ... unter fremden Sternen – Video, 1999 Peter Herbert, a portrait in music – 16 mm Film. Gerhard Klocker lebt und arbeitet als freier Fotograf und Musiker in Bregenz und Paris.

Michael Köhlmeier

Geboren 1949 in Hard, lebt als freier Schriftsteller in Hohenems und Wien. Studium der Germanistik, Politikwissenschaft, Philosophie und Mathematik. Erhielt zahlreiche Preise, u. a. den Rauriser Literaturpreis, den Johann-Peter-Hebel-Preis, den Manès-Sperber-Preis, den Anton-Wildgans-Preis sowie den Grimmelshausen-Preis. Zuletzt erschienen: *Abendland* (2007).

Norbert Loacker

Geboren 1939 in Altach. Studium der Philosophie, Geschichte und Klassischen Philologie. 1965 bis 2004 Lehrer an Zürcher Gymnasien. Erzähler, Lyriker und Essayist. Zahlreiche Buchveröffentlichungen, u. a. *Aipotu* (1980), *Die Vertreibung der Dämonen* (1984) und *Maddalenas Musik* (1995). Preise und

Auszeichnungen (Auswahl): Ehrengabe für Kunst und Wissenschaft des Landes Vorarlberg 1985, Ehrengabe der Stadt Zürich 1995.

Wolfgang Mörth

Geboren 1958 in Bregenz. Ausbildung zum Elektrotechniker. Studium und Kulturarbeit in Graz, danach Arbeit als Werbefilmer. Seit 1991 literarisch tätig. Schreibt Erzählungen, Essays und Drehbücher. Zahlreiche Veröffentlichungen in Zeitschriften, Anthologien und im Hörfunk. Von 2002 bis 2005 Redaktionsmitglied der *V–Vorarlberger Zeitschrift für Literatur.* Mitherausgeber der Literaturzeitschrift *miromente.* Redakteur von www.literaturradio.at Literarische Auszeichnungen und Preise: Literaturpreis des Landes Vorarlberg 1993, Harder Literaturpreis 1994, Max-von-der-Grün-Förderpreis 1995. Lebt in Bregenz.

Alexander Peer

Geboren 1971 in Salzburg, freier Autor und Journalist. Veröffentlichungen (Auswahl): *Land unter ihnen* (2005), *Herr, erbarme dich meiner!* (2007), *Ostseeatem* (2008). Mehrere Arbeits- und Aufenthaltsstipendien, einige Literaturpreise.

Irene Prugger

Geboren 1959 in Hall in Tirol, lebt als Autorin und freie Journalistin mit ihrer Familie in Mils. Ehemals Mitherausgeberin der Innsbrucker Literaturzeitschrift INN. Arbeitet u. a. als Kolumnistin und Rezensentin für die Kulturbeilage der Wiener Zeitung. Zahlreiche literarische Veröffentlichungen, u. a. *Nackte Helden und andere Geschichten von Frauen* (2003), *Frauen im Schlafrock* (2005), *Schuhe für Ruth* (2008).

Michael Stavarič

Geboren 1972 in Brno, lebt als freier Schriftsteller, Übersetzer und Gutachter in Wien. Zuletzt (2008) wurde er mit dem Förderungspreis der Stadt Wien, dem Adalbert-von-Chamisso-Förderpreis und dem Projektstipendium für Literatur des Bundesministeriums für Kultur ausgezeichnet. Publikationen (2008): *Magma* – Roman, *stillborn* – Hörbuch, *Biebu* – Kinderbuch und *Nkaah – Experimente am lebenden Objekt* – Prosaminiaturen. Mit dem *Bösen Spiel* (Arbeitstitel) war der Autor 2007 zum Ingeborg Bachmann-Wettbewerb geladen. Der Roman erscheint im Frühjahr 2009.

Gedruckt mit freundlicher Unterstützung von

bm:uk Bundesministerium für Unterricht, Kunst und Kultur

Vorarlberg
Kultur

Bibliografische Information der Deutschen Nationalbibliothek Die Deutsche Nationalbibliothek verzeichnet diese Publikation in der Deutschen Nationalbibliografie; detaillierte bibliografische Daten sind im Internet über http://dnb.d-nb.de abrufbar.

© 2008 BUCHER Verlag, Hohenems – Wien
www.bucherverlag.com
Alle Rechte vorbehalten

Lektorat — Daniel Moser, Hohenems
Gestaltung — Dalpra & Partner, Götzis
Schriften — Lexicon No 1 und Akzidenz Grotesk
Papier — Munken pure
Druck — BUCHER Druck Verlag Netzwerk, Hohenems
Bindung — Buchbinderei Eibert, Eschenbach
Printed in Austria

ISBN 978-3-902612-60-1

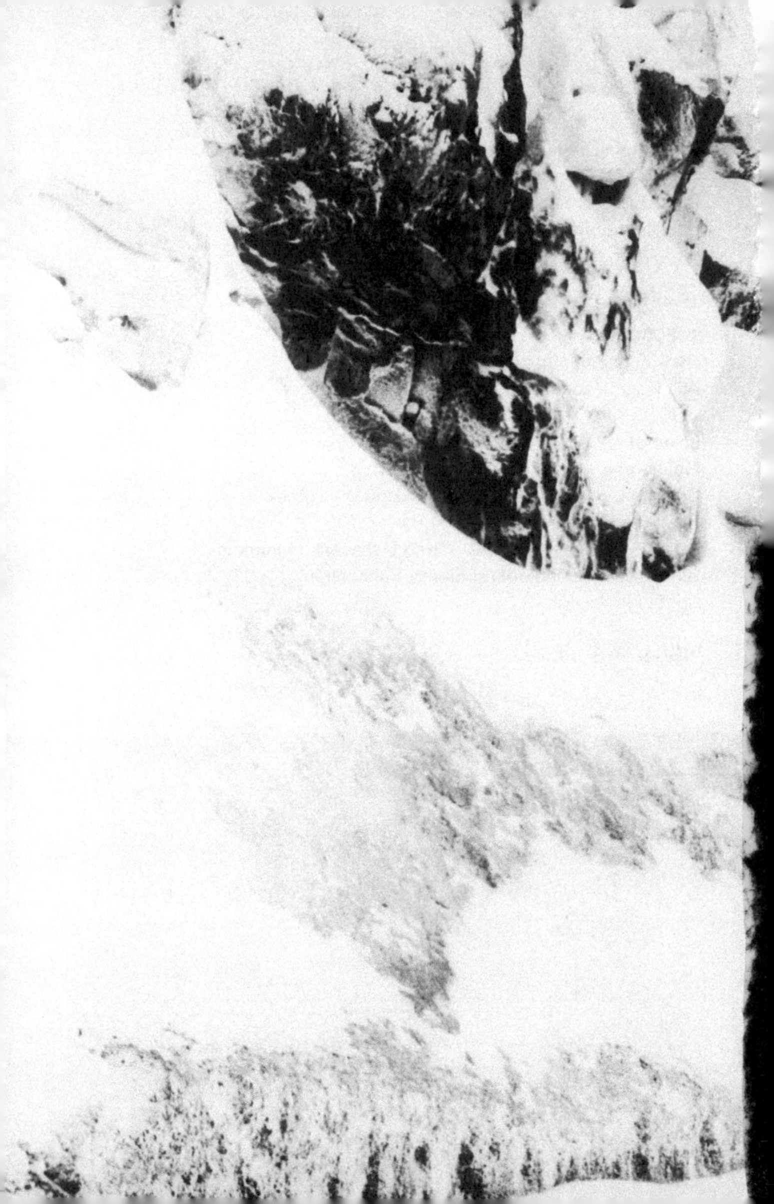